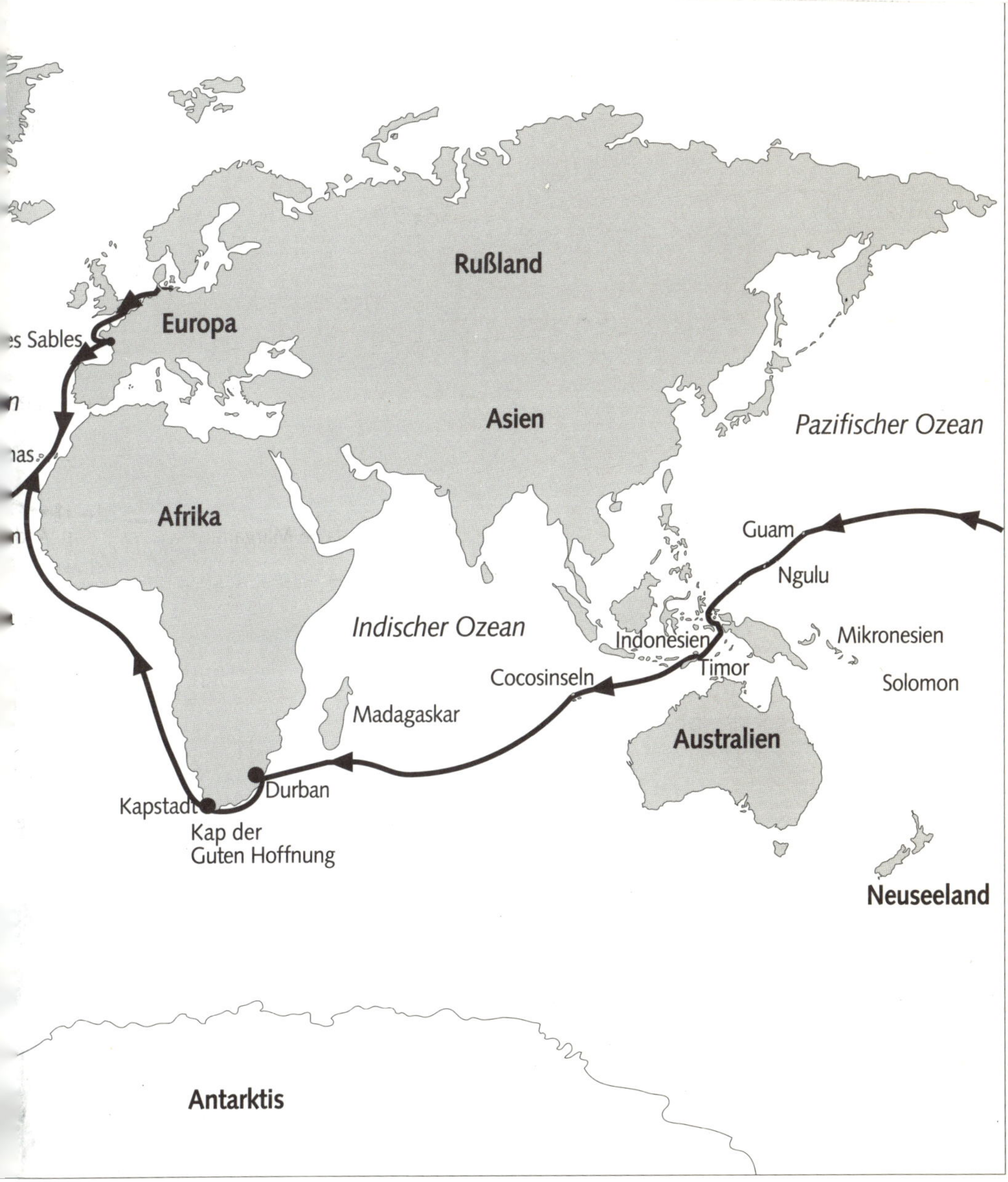

Rußland

Europa

es Sables

n

nas

n

Afrika

Asien

Pazifischer Ozean

Guam

Ngulu

Mikronesien

Solomon

Indischer Ozean

Indonesien

Cocosinseln

Timor

Madagaskar

Australien

Kapstadt

Durban

Kap der
Guten Hoffnung

Neuseeland

Antarktis

DELIUS KLASING

Hubertus Sprungala / Richard Radtke

BlueShip
Zwei Männer und viel Meer
Eine ungewöhnliche Weltumseglung

Delius Klasing Verlag

Die Deutsche Bibliothek – CIP-Einheitsaufnahme

Sprungala, Hubertus:
BLUESHIP – zwei Männer und viel Meer:
eine ungewöhnliche Weltumseglung/
Hubertus Sprungala/Richard Radtke. – 3. Aufl.–
Bielefeld: Delius Klasing, 2000
ISBN 3-7688-1123-9

3. Auflage
ISBN 3-7688-1123-9
© Delius, Klasing & Co KG, Bielefeld

Fotos (fortlaufende Numerierung im Bildteil):
Hubertus Sprungala/Richard Radtke: Nr. 1, 2, 6,
12, 13, 15, 16, 18, 19, 25–32, 35, 39–43;
Markus Sprungala: Nr. 3;
Antje Nagorsnik: Nr. 4;
Toni Greenhulgh: Nr. 5, 7–11, 24;
Werner Ellerkmann: Nr. 14, 37, 38;
Arno Segger: Nr. 17, 20–23;
René Heider: Nr. 33, 34, 36
Schutzumschlaggestaltung: Ekkehard Schonart
Gesamtherstellung: Graphischer Großbetrieb Pößneck GmbH
Printed in Germany 2000

Delius Klasing Verlag, Siekerwall 21, D-33 602 Bielefeld
Tel.: 0521/559-0, Fax: 0521/559-113
e-mail: info@delius-klasing.de
http://www.delius-klasing.de

Dieses Buch widmen wir all denen,
die das Abenteuer suchen
und entdecken,
daß die Fülle des Lebens
im Augenblick liegt.
Auf daß euch das Glück
nie im Stich läßt.

Inhalt

Vorwort

Auf der Suche nach den großen Visionären der Weltumseglung stieß ich auf Magellan, der entgegen allen Widerständen als erster die Segel für eben dieses Unternehmen hißte. Doch vor ihm ist eigentlich ein anderer Mann zu nennen, der sein ganzes Leben diesem Traum widmete: Heinrich der Seefahrer.

Sein Name ist irreführend, denn außer einer kurzen Kriegsfahrt hatte er nie ein Schiff bestiegen. Dennoch ließ ihn die Vision, die Erde auf einem Schiff zu umrunden, nicht los. Prinz Enrique war der Sohn eines portugiesischen und der Neffe eines englischen Königs und zog es vor, sowohl den vermutlich ebenso festlichen wie langweiligen Empfängen als auch den rauschenden Bällen fern zu bleiben und sich stattdessen in Abgeschiedenheit seinem Traum zu widmen. Statt sein Leben in standesgemäßem Saus und Braus zu genießen, finanzierte er Expeditionen, förderte den Schiffbau und trug Karten und Erfahrungsberichte aus aller Welt zusammen, damit wenn schon nicht er selbst, so doch zumindest einer nach ihm auf dieser Grundlage seine Vision verwirklichen sollte. Ihm war von Anfang an klar, daß er diese große Tat nur vorbereiten konnte – wie selbstlos und weitsichtig hatte dieser Mann für seinen Lebenstraum gearbeitet.

Am 20.09.1519, fast sechzig Jahre nach Enriques Tod, legte eine Flotte von fünf Schiffen mit 265 Mann Besatzung unter der Führung Magellans zur ersten Weltumseglung ab. Wie sehr dieser Mann kämpfen mußte, um seinen Traum zu verwirklichen, ist heute nur noch schwer nachzuvollziehen.

In der heutigen Zeit werden einem höchstens ein paar Steine mit so klingenden Namen wie „Finanzierung", „Karriereknick" oder „erschwerter Wiedereinstieg" in den Weg gelegt. Magellan hingegen mußte der spanischen Krone abschwören, der er jahrelang treu gedient hatte, und Fahnenflucht begehen. Er hatte sein Land verraten und war zum Erzfeind Portugal übergelaufen, nur um seinen Traum einer Weltumseglung zu realisieren. Während wir uns bei der Metro überlegt haben, bloß nicht zu viel einzukaufen, weil es in anderen Ländern möglicherweise billiger ist, ließ er neben 21.380 Pfund Zwieback, 5.700 Pfund Schweinefleisch und 984 Käselaibern noch sieben lebende Kühe laden.

Von den fünf Schiffen erreichte nach nahezu drei Jahren lediglich die VICTORIA den Ausgangshafen Sevilla. Nur achtzehn Mann hatten die Widrigkeiten der Seereise überlebt. Magellan war nicht unter ihnen. Ihm war es nicht vergönnt, das ruhmreiche Ende der Reise und die Erfüllung seines Traums mitzuerleben.

Auch wir haben lange geträumt von unserer Weltumseglung. Sicher nicht mit der gleichen Leidenschaft wie jene Helden der Geschichte. Doch gerade diese Schicksale zwingen uns zum Handeln, als die Finanzierbarkeit des Projekts endlich gesichert ist. Weshalb noch zögern oder gar kneifen? Aus welchem Grund zurückschrecken? Aus mangelnder Erfahrung? Sicherlich war Magellan erfahrener. Aber war nicht auch er geradezu verrückt, loszufahren ins Unbekannte, ins kartenlose Nichts? Drauflos, um der erste zu sein, der dem Erdumfang ein Maß gibt?

Viele erfahrene Segler werden an einigen Stellen des Buchs die Nase rümpfen oder die Stirn kraus ziehen. Wir wollten und wollen nicht für uns beanspruchen, besonders gute Segler zu sein. Doch wie wir heute das Gefühl haben, daß es Situationen gibt, in denen das Abenteuer mehr zählt als das Leben (zumindest das bürgerliche), so sagte man damals: „Navigare necesse est, vivere non est necesse." (Das Segeln, das Erkunden ist notwendig, das Leben ist nicht wichtig.)

Auf Leinen los geht's los

Der Kauf der BLUESHIP, ohne Zweifel ein echtes Schnäppchen, konfrontierte uns plötzlich mit der Tatsache, daß wir zwar dreizehn Jahre von einer Weltumseglung geträumt hatten, aber weder mit einer Yacht dieser Größe auf hoher See gesegelt waren noch uns in irgendeiner Weise auf eine derartige Reise vorbereitet hatten. Für uns war das Träumen bis in die letzten „Erlebnisdetails" stets wichtiger, als uns mit Ausrüstung, Route, Seekarten und Motorenkunde zu befassen. Zwei Dinge standen nun jedoch unverrückbar fest: Wir hatten ein Boot gekauft, und wir wollten in spätestens zehn Wochen los, um an der ARC teilzunehmen.

Die ARC oder Atlantic Rallye for Cruisers wollten wir in jedem Fall mitmachen, um bei unserer ersten Ozeanüberquerung nicht allein auf weiter See zu sein. Und das Boot? Dies war nicht irgendeine Yacht. Es war unser Traumboot: die BLUESHIP, Baujahr 1989, ein 14,70 m langer Katamaran, die mit acht Metern so breit war wie andere Schiffe lang. Sie wurde bei Jeantot-Marine produziert und hörte dort auf den Werksnamen Privilège 14,70. Jahrelang war diese Yacht das Objekt unserer Begierde gewesen und schien unerreichbar. Ein Hochseekatamaran der Spitzenklasse, gebaut von einer Werft, deren Schiffe regelmäßig auf der Miami Boat Show den Titel „Schiff des Jahres" errangen. – Wie aber kam es nun dazu, daß wir dieses Prachtstück unser eigen nennen konnten? Wir haben einfach zugegriffen, als sich eine halbwegs günstige Möglichkeit ergab. In Holland, nahe Amsterdam. Nach zweimaligen Besuch, Gutachterkopfnicken und einem letztmaligen Preisnachlaß hatten wir den obligatorischen Handschlag getan. Der Preis lag weit unter den Angeboten, die wir seit Jahren für dieses fantastische Boot gesehen hatten.

Seit geraumer Zeit hatten wir auch schon einen Namen für unser Schiff. Das Spekulieren an der Börse war schon seit Beginn unseres

Studiums unsere liebste Beschäftigung und sollte eigentlich maß-
geblich zur Finanzierung unseres Traumes beitragen. So war es kein
außergewöhnlicher Geistesblitz, der zu dem Namen „BLUECHIP"
führte, der Bezeichnung für erstklassige Aktien. Doch im Frühjahr
1992 tappten wir in eine Falle, die zu einer marginalen Änderung
des Namens führte. Wir handelten damals bevorzugt Blue Chips und
wollten unser Glück erzwingen, doch wir mußten herbe Verluste
hinnehmen und unseren Traum wieder einmal um ein paar Jahre
verschieben. Die Verärgerung über unser Börsenengagement war
so groß, daß wir auf keinen Fall als Börsianer die Welt umrunden
wollten.

„BLUECHIP muß ja auch nicht sein. Warum denn nicht einfach
BLUESHIP?" – Der Name war gefunden und wurde ein Renner. Einfach, einprägsam und international.

Wir hatten tatsächlich unterschrieben. Immerhin mit einer vier-
wöchigen Zahlungsfrist. Das Geld würden wir in dieser Zeit wohl
zusammenkriegen.

Aber alles weitere? Wie erzähl ich's meiner Freundin? Wo kommt
das Riesending hin? Was ist mit unseren Jobs? Hast du eigentlich alle
Führerscheine? Fragen ohne Ende. Aber ein Jahr warten und erst in
gut zwölf Monaten zur ARC starten, um in Ruhe alles vorzuberei-
ten, das kam nicht in Frage. Wir waren unseres Erachtens eh schon
ziemlich alt mit 29 und 30, um nach dem Ausstieg wieder einen
guten Einstieg zu finden, und außerdem tickte die „imaginäre Zins-
und Verlustuhr".

Inklusive aller Vorbereitungen sollte unser Abenteuer zwei Jahre
dauern, dann wollten wir unsere Liebe wieder verkaufen, und alles
sollte so sein wie vorher. Ein Leben im Leben leben – wir liebten
nicht nur diesen Satz, sondern meinten es damit auch verdammt
ernst.

Die Eltern und die diversen überzeugten Mahner hatten uns
unmißverständlich klar gemacht, daß ein normales Leben nach
einer solchen Tour nicht mehr möglich sei. Nie würden wir einen
Einstieg finden, da waren sich alle ganz sicher. Wenigstens konnten
sie uns nicht den Zeitverlust der geplanten zwei Jahre vorhalten,
denn wir wollten uns beide die Quälerei antun, neben dem Beruf
unser Hauptstudium an der Fernuniversität zu absolvieren.

12

Bei Richi ve
Sina, die als
hatte mit vi
Temperame
er sagte, kol
sierte eine I
Abflug nich
auf dem Rü
mentbanke

Die Gemi
Frage, waru
war auf uns
doch das Gl
seekrank wi
gen. Die Fr
dadurch ein
mußte jede
denken.

Sina sah d
hatte auch
böswillig hi
in dieser Fi
mende Neu
spanischen
Bord blend
sie hörte, da
schluß stan

Kaum hatt
gebracht, c
Hasen jetzt
envolle Vo

Auch wir hatten natürlich inzwischen längst festgestellt, daß die überwiegende Mehrheit der Weltumsegler anschließend das Leben auf See nicht mehr eintauschen wollte gegen die Monotonie des Alltagslebens. Aber das waren momentan ungelegte Eier. Erst mal losfahren und das Hier und Jetzt genießen, mit der Zukunft konnten wir uns auch in Zukunft noch befassen. Und im übrigen war unser damaliges Leben weder monoton noch in irgendeiner Form langweilig.

Die „Weltuntergangspropheten", die nach dem Bootskauf in gehäufter Form auftraten, spornten uns geradezu an. Denn eines hatten wir beide schon an der Börse gelernt: Wenn die Propheten zu einer These gehäuft auftreten, haben sie mit hoher Wahrscheinlichkeit alle unrecht. An der Börse nennt sich dieses Phänomen Hausfrauenhausse. Und unter unseren Ratschlaggebern war kein einziger dabei, der schon mal die Welt umsegelt hatte. Wir gingen also mit einer gesunden Mischung aus Trotz und Vorsicht an die Vorbereitung. Außerdem waren wir uns sicher, daß wir vor Ort jeweils echte Experten, Einheimische und Fischer, finden würden, um uns weiterzuhelfen. Denn in allen Regionen dieser Erde, auch in den schwierigsten Seegebieten, findet man Fischer, die bei Wind und Wetter, tagein tagaus, ihr Brot verdienen müssen. Dies waren die Leute, auf deren Rat wir hören wollten.

Der schwierigste Part war zunächst die Tatsache, daß wir von der Weltumseglung immer nur als Zweier-Team geträumt hatten. Unsere Weltumseglung sollte eine Zäsur im Leben auf dem Übergang von der Jugend zum Mann bzw. Vater sein. Um dieser Zäsur auch das nötige Gewicht zu verleihen, wollten wir unsere Jugend noch einmal so richtig ausleben. Mit Abenteuern und allem was dazugehört. Das Segeln im fröhlichen Pärchenboot paßte so gar nicht in dieses Bild. Und wer garantierte uns bei dieser Konstellation eigentlich die Fröhlichkeit? Richi und ich kannten uns sehr gut und unsere Fehler schon seit der Gymnasialzeit, wohingegen sich unsere beiden Liebsten noch nicht einmal besonders mochten. Wie sollte das erst auf einer kleinen Insel, sprich Yacht, im großen, weiten Ozean werden? Der Beschluß stand fest, wir blieben dabei: Wenn, dann nur zu zweit, wir und das Boot, unsere BLUESHIP – und viel Meer… Es wurde ernst.

W ir
me
unseren
speziell ir
gegriffen
lich mit c
lich klin
natürlich
ten, wir h
war eber
Vision, ei

Barbar
net, daß
wahr we
gründlicl
schonend
arbeitete
Woche ü
Babs zu
ten ausg
mozzarel
Grillen i
lumpen
Alles wa
Hälfte z
trocken
eine Bon
über das
gegen, d

unendlich langer Zeit auf See allein steht die Liebste wartend an Land? Eigentlich ja eine schöne Vorstellung. Doch war sie auch realistisch? Jemandem, der nicht segelt, aber viel Verständnis hat, kann man eine Verspätung von einem Tag oder zweien noch erklären. Aber was ist, wenn die Herzliebsten ihren Urlaub für wundervolle zwei Wochen geplant haben – der Jahresurlaub soll ja für viele Besuche reichen – doch der Schatz kommt fünf Tage zu spät und murmelt was von Flaute oder widrigen Winden und so…?

War das unser Jugendtraum? Sollten wir den nun mit schlechtem Gewissen erleben, weil die Liebste allein zu Hause sitzt? Nein, das hatten wir nicht vor. Und überhaupt, wie würden die Telefonate sein? „Hallo, Schatz, wir sind gerade in eine wunderschöne Lagune eingelaufen. Schneeweißer Sandstrand und Palmen, Kokosnüsse und … äh. Wie geht es dir?“

„Ja…(kurze Pause)…gut soweit. Komm gerade aus dem Büro. Hab zwei geschlagene Stunden im Stau gestanden. Berlin versinkt im Schnee. Letzte Nacht war die kälteste Nacht dieses Winters. -18 Grad. Schön, daß es dir gut geht.“

Klare Sache, es ging einfach nicht. Eine saubere Trennung vorab: Ging auch nicht. Das war einfach zu herzlos. Letztendlich hat sich das Problem dann von selbst gelöst. Die ersten Anrufe von Les Sables, Las Palmas oder nach der Atlantiküberquerung aus der Karibik verliefen wie in unseren schlimmsten Träumen, siehe oben. Ich bekam einen Brief. Richi und Sina hörten nichts mehr voneinander.

Erste Hochseeerfahrungen

Die Gefühle beim Auslaufen aus der Warnow sind wie ein gelungener Cocktail aus gespannter Erwartung, freudiger Erregung und ein die Müdigkeit und Erschöpfung überdeckendes Glücksgefühl. Wir haben es tatsächlich geschafft. Allen Unkenrufen zum Trotz haben wir uns von unserem fest eingefahrenen Leben gelöst und die Leinen losgeworfen. Das Gefühl, noch einmal auszubrechen aus dem schon scheinbar vorgezeichneten Weg, die ganze Sicherheit zu ignorieren und gegen Unbestimmtheit und Gefahr einzutauschen, hat etwas Rebellisches. Ab jetzt werden wir jeden Tag etwas Neues erleben und das Leben mit einer Intensität fühlen, wie es eben nur Entdeckern vergönnt ist. Wie lange werden wir weg sein? Hoffentlich kommen wir wieder.

Wir haben zwei Wachen eingeteilt. Mein Bruder Markus, genannt Muck, mit Richi und Helmut und ich. Muck hat das große Glück, gerade seinen Arbeitgeber zu wechseln, was ihm einen außerplanmäßigen Urlaub von drei Monaten beschert. Er kennt Richi seit Jahren und hat uns Helmut empfohlen, den er als Skipper auf einem Mittelmeerchartertörn kennengelernt hatte.

Die Einteilung ist nicht optimal, denn Helmut — über das gemeinsame Arbeiten an der BLUESHIP zu einem Freund geworden — hat sicherlich die meiste Erfahrung, und ich habe, begünstigt durch die Aufgabenteilung, BLUESHIP immerhin schon dreimal gesegelt. Richi und Muck sind hingegen das erste Mal mit unserer Lady auf See.

Helmut haben wir nicht nur zur eigenen Beruhigung, sondern auch unseren Müttern zuliebe mitgenommen. Sie hätten uns sicher in die Klapse geschickt, wenn wir Helmut nicht hätten präsentieren können — „Sieh mal Mutti, segeln ist doch ganz einfach, und wenn's mal schwierig wird, ist ja Helmut da"...

Wir motoren durch dichten Nebel. Kein Lüftchen regt sich, und draußen ist absolut nichts zu sehen. Der Radar läuft und vermittelt ein Cyberspacefeeling. Segeln auf dem Monitor, wie abgefahren. Doch ganz so einfach wie im Computerspiel ist es nicht. Es gehört viel Erfahrung zum richtigen Umgang mit dem empfindlichen Gerät. Zunächst müssen die vielen, kleinen Rädchen so eingestellt werden, daß nicht jeder Wassertropfen oder etwa nur ein Öltanker ein Echo erzeugt. Wenn dann die Einstellungen stimmen, wollen die Echos auch noch interpretiert sein.

Um halb sechs morgens ist Wachwechsel. Todmüde packen wir uns in die Kojen. Kaum liegt mein Kopf auf dem Kissen, da knallt's draußen. Ein Lärm, der mich ruckartig hellwach macht. Ein langgezogenes Krachen. So laut, daß ich das Gefühl habe, das Boot bricht auseinander.

„Wir haben die Brücke gerammt."

„Wie? Was?"

BLUESHIP war schon bei der Überführung aus Amsterdam unter der Fehmarnsundbrücke durchgefahren, wieso haben wir sie jetzt gerammt? Wir müssen von der Fahrrinne abgekommen sein und es zwischen den falschen Pfeilern versucht haben. Richi hat unsere Lady Gott sei Dank nur unter ganz langsamer Fahrt voraus fahren lassen. Eine Entmastung wäre uns sonst sicher gewesen. Das Ende nach noch nicht einmal vollen zwölf Stunden – da hätten sich all die Unkenrufer aber gefreut! So ist „nur" die Rollanlage der Genua geknickt, was nicht nur unschön aussieht, sondern uns später auch noch viele Probleme bereiten sollte. Wir beschließen, die Insel Fehmarn zu umfahren. Na, ja. Ist ja auch inzwischen Freitag der 13. Trotzdem Glück gehabt und haarscharf an der Schmach vorbeigeschlittert. Das Einschlafen geht trotz der Aufregung sehr schnell. Noch schneller allerdings ist der Wecker. Im Unterbewußtsein denke ich: „Viel zu früh", und „…wie einfallsreich, ein Signalhorn."

Ein Signalhorn. Wieso Signalhorn? Zum zweiten Mal aufwachen, während ein eiskalter Schauer über den Rücken läuft und alle Bodyhärchen aufgerichtet sind. Draußen ist die Hölle los. Ruder verklemmt. BLUESHIP fährt den sechsten Vollkreis, und ständig tönt dieses unangenehm laute Nebelhorn. Selbst bei kürzester Radardistanz scheint das Echo direkt, aber wirklich direkt auf uns zu sitzen. Wir hatten gerade unseren ersten near miss, wie die Kampfflieger sagen. Zu gerne würde ich Mäuschen spielen auf der Brücke des anderen Schiffs. Eins ist klar, die denken, wir sind ein Boot mit der Besatzung von „Einer flog übers Kuckucksnest". Im Kreis zu fahren beim Ausweichmanöver, das schaffen nur die Blues Brothers, Dick und Doof und wir.

Besser hätten wir gar nicht beginnen können. Auf den ersten 70 Seemeilen von geplanten 35.000 einen Brückenrammer und ein Beinah-Zusammenstoß. Das ist 'ne Leistung. Das macht uns so schnell keiner nach.

Es ist nicht einfach, den verstörten Helmut wieder zu beruhigen. Er stammelt immer wieder etwas von: „...diese Verantwortung kann ich nicht tragen", und „so geht das nicht ... ich muß von Bord, das ist mir zu gefährlich bei euch..." und so weiter.

Doch damit nicht genug, Freitag, der 13., ist definitiv nicht unser Tag. Unser Mut der Ahnungslosen hat schwer gelitten. Wir suchen dann noch ungefähr eine Stunde nach der Einfahrt des Nord-Ostsee-Kanals, obwohl wir direkt davor sind. Alles nicht so einfach mit der christlichen Seefahrt.

Nachdem wir uns aus der Elbe rausmanövriert haben, sind die Gemüter an Bord wieder ein wenig abgekühlt. Wir machen noch einen Stop in Oostende und dann geht's Richtung Englischer Kanal.

Bei der Ausstattung für die Reise hatten wir peinlich genau darauf geachtet, daß unter der Rubrik Spielzeuge nichts fehlt. Unsere beiden Paraglider haben wir mit zwei Rucksackmotoren ergänzt, die uns zwar nicht erlauben, von Bord aus zu starten, aber immerhin von jedem sonstigen freien Platz, der nicht mal abschüssig sein muß. Nach fünf Schritten up, up in the air. Des weiteren sind da die Tauchgeräte mit Kompressor, die Harpunen, die Armbrust, das Luftgewehr, unser superschnelles Zodiak-Beiboot mit 40 PS sowie eine lagunentaugliche Stereo-Außenanlage mit über 200 CDs. Und selbst zwei Wasserspritzpistolen und eine Steinschleuder sind an Bord.

An diesem denkwürdigen Abend ist ein Spielzeug der ganz besonderen Art angesagt: der erste Test des BLUESHIP-Cinemas. Auf der internationalen Funkausstellung in Berlin hatten wir einen Videoprojektor gekauft. Seitdem träumen wir davon, unsere Bilder nicht auf die Leinwand, sondern ins Segel zu projizieren. Überall auf dieser Welt wollen wir unser BLUESHIP-Hafenkino betreiben und uns damit ein wenig Geld verdienen. Video-Shops gibt es schließlich überall, so daß wir uns sicher sind, auch in der entsprechenden Landessprache Filme zu finden.

Wir segeln im Schmetterling mit guten acht Knoten durch den Kanal. Backbord bläht sich das Vorsegel und steuerbord das Großsegel. Ein wunderschönes Bild. Zunächst projizieren wir unseren Film in die Genua und anschließend, als wir den Schmetterlingskurs verlassen müssen, ins Groß. Funktioniert ganz prima. Alles läuft fantastisch. Riesenleinwand auf dem Segel. Bei traumhaftem Segeln Kino gucken. Das gibt's eben nur auf BLUESHIP. Doch warum kommen diese Frachtschiffe alle so nah? Zielsicher decken sie die Startschwierigkeiten unseres Kinos auf: Wir haben keine Videofilme dabei. Die hatten wir mit gutem Grund von der Liste der mitzunehmenden Dinge gestrichen. Auf einer Weltumseglung jeden Abend einen Spielfilm zu sehen oder gar Fernsehen an Bord zu haben, ist für uns undenkbar. Wir wollen das Lesen wieder entdecken und haben uns, von Müttern und Vätern beraten, eine „Klassikerbibliothek" angelegt.

Alles wunderbar soweit. Nur, was gucken wir dann im BLUESHIP-Cinema? Natürlich eigene Filme. Davon gibt's bisher nur leider nicht soviel. Wir sind schließlich erst am Beginn unserer Reise. Aber da haben wir doch noch diese Filmchen auf Video 8 zur Überbrückung... Die mit nicht viel Handlung aber vielen Bildern... Wahrscheinlich wären bei unseren eigenen Streifen die anderen Schiffe auch nicht so nahe gekommen. Aber Blue-Movies auf BLUESHIP, das ist augenscheinlich zu viel. Glücklicherweise haben wir die dicken Pötte selten wieder so dicht gesehen. Einer von diesen Liebchen kommt so nah ran, daß wir unser Oversea-Cinema leider schließen müssen. Denn wegen eines schlechten Filmchens in den Sog eines Frachters zu gelangen, muß ja nun wirklich nicht sein.

Biskaya im Winter oder was?

Les Sables liegt etwas oberhalb von La Rochelle und beide haben gemeinsam, daß sie in der Biskaya liegen. Das ist an sich noch nichts besonderes. Die Atlantikküste ist in dieser Region ausgesprochen schön, und wenn man sich über den Landweg der Biskaya nähert, kann man sie auch genießen. Sollten Sie aber je vorhaben, in der Biskaya zu segeln, dann empfehlen wir, die Wintermonate definitiv zu meiden. Diese Empfehlung ist grundsätzlich überflüssig, denn kein normaler Mensch segelt in den Wintermonaten durch die Biskaya, es sei denn er muß...so wie wir.

Wir haben zwar einen gehörigen Respekt vor der Biskaya, fühlen uns aber dank Helmut recht gut gewappnet. Er ist schließlich erfahrener Segler und hat schon einige Stürme erlebt. Wir haben mit unserer Waffe „Helmut" auch all diejenigen bekämpft, die berechtigterweise an unserem Verstand zweifelten. Das Triptichon Katamaran, zwei Greenhörner hinterm Ruder und Biskaya im Winter ergibt ein wunderschönes Horrorbild, an dem sich einige gar nicht satt sehen können. Ist uns ja eigentlich auch ziemlich egal. Nur recht kriegen dürfen sie nicht.

So haben wir denn ein etwas eigentümliches Gefühl, als Helmut mit der Begründung, frisch verliebt und schon so lange weg zu sein, von Bord geht. Es ist eindeutig. Unser erfahrener „Skipper" ist eben so erfahren, daß er nicht nur keine Verantwortung übernehmen will – davon haben wir ihn schon seit der ersten Nacht befreit. Nein. Er scheint nun tatsächlich Angst um Leib und Seele zu haben. Schon seit einigen Tagen ist ihm anzumerken, daß er unsicher geworden war ob seiner Versprechungen. Aber einfach von Bord zu gehen und uns allein zu lassen, damit haben wir nun wirklich nicht gerechnet.

Wir sind also nur noch zu dritt an Bord, als es uns zum ersten Mal fürchterlich erwischt. Es kommt alles ziemlich plötzlich, eben so, wie man es überall lesen kann. Von einer Sekunde auf die andere ändert sich unser ganzes Umfeld. Die gute Brise, mit der wir gerade noch relativ entspannt segelten, ist einem böigen Sturm gewichen, der die See abrupt in einen Hexenkessel verwandelt. Die Wellen scheinen urplötzlich die doppelte Höhe angenommen zu haben, und die Wellenkämme zischen über das Wasser. Überhaupt ist kaum noch auszumachen, wo die Trennung zwischen Wasser und Luft verläuft. Das Wasser, das uns senkrecht ins Gesicht peitscht, nimmt uns jede Sicht. So muß es sich anfühlen, wenn man an die Tankstelle geht und sein Gesicht vor einen dieser Hochdruckreiniger stellt.

Wir nehmen dies alles kaum war. Der einzige Gedanke in unseren Köpfen: Segel runter. Immer wieder hatten wir von der Gefahr gelesen, daß Katamarane bei zuviel Winddruck ihre Masten verlieren. Wir haben ohne Zweifel zuviel Wind. Auf jeden Fall viel zuviel, um unter Vollzeug dahinzurasen. Während Richi steuert, springe ich zum Mast. Wir hatten vorher nur einmal das Reffen geübt. Aber nun machen wir eine Erfahrung, die uns noch öfter auf unserer Reise zugute kommen soll: In Extremsituationen handeln wir auch ohne vorher trainiert zu haben gut aufeinander abgestimmt. Selbst wenn wir nicht auf Anhieb genau das Richtige tun, so machen wir wenigstens nicht den Fehler, zu diskutieren. Das Ruder hat der Captain of the day und Befehle brauchen wir nicht, denn die Situation zeigt überdeutlich, was zu tun ist.

Als ich mich am Mast mit meiner Rettungsleine einhake und an den Winschen arbeite, um diesen verflucht großen Lappen zu verkleinern, habe ich meine Begegnung der besonderen Art: Ich bin einfach fasziniert. Habe keine Angst, gar nichts. Verspüre nur reine Faszination.

BLUESHIP schießt durch die Wellen, die sich mal über uns brechen und dann wieder unter uns vorbeibrodeln, bevor wir ins nächste Tal reinstürzen und sich gleich dahinter die nächste Wand auftut. Das Getöse, die Gischt, das überkommende Wasser, das einen mitzureißen versucht. Der tiefschwarze Himmel und das Pfeifen der Böen, die ihre weißen Schleier hinter sich herziehen. Eine einzigartige Darbietung von Mutter Natur. Die unbeschreibliche, grenzenlose Kraft. Naturgewalten nicht à la Hollywood, sondern hautnah – und wir mitten drin. Ein Teil dieser ungeheuerlichen Power, die unser 16-Tonnen-Boot umherspringen läßt wie einen Spielball.

Eine kleine Ewigkeit muß ich da gestanden haben, gebannt von der Schönheit der Stärke und Macht mit der dieses Phänomen so plötzlich erschienen war, bis mich ferne Schreie wieder zurückholen.

Wir haben das Großsegel ganz geborgen, und während Richi schon dabei ist, von hinten die Genua einzurollen, muß ich mich beeilen, das runtergelassene Tuch unter Kontrolle zu bringen, das laut hin- und herschlägt. Mit einem langen Tau wird aus Segel und Großbaum eine kompakte Röhre, die dem Wind nicht mehr ganz soviel Widerstand bietet. Wir segeln jetzt nur noch mit einem küchenhandtuchgroßen Fetzen und machen dennoch ohne Probleme unsere zehn Knoten. Aus Angst, das Boot könnte in der Welle zerbrechen, sind wir vor den Wind gegangen. Wer einmal erlebt hat, bei Sturm mit einem Kat gegen die aufgewühlte See anzukämpfen und das Schlagen der Wellen gegen den Boden des Mittelteils zu hören, wird uns recht geben: Man muß dem Sturm ausweichen, es ist mörderisch laut.

Vier Stunden später können wir wieder auf Kurs gehen und Segel setzen. Die Front hat uns so urplötzlich verlassen, wie sie uns überfallen hatte.

Schreckliche Entdeckungen
in Les Sables

Les Sables bereitet uns einen wunderschönen Empfang nach der aufregenden Einfahrt in die Biskaya. Der Altweibersommer scheint auf uns gewartet zu haben. Vom Meer führt ein langer Kanal hinein in die Stadt. Bei der Einfahrt lassen wir das Nebelhorn erklingen, und alle Spaziergänger winken zurück und beobachten unsere Einfahrt. Hier hat es keiner eilig, bis auf ein paar Kids, die uns laut durcheinanderschreiend auf der Mole rennend ein gutes Stück begleiten. Wir fahren vorbei an kleinen Fischerbooten, auf denen die Netze zu großen Bergen aufgetürmt kaum noch Platz für die Besatzung lassen. Die hölzernen Boote der Krabbenfischer mit ihren langen Auslegern und ihren nostalgisch anmutenden Formen vermitteln etwas Verwunschenes und lassen die Seemannsromantik aufkommen. Oben an den Kaimauern stehen ein paar Angler, die auf jene Fische hoffen, die der starke Tidenstrom in die Kanäle der Stadt treibt. Und all das spielt sich ab vor den kleinen Häusern mit den schönen alten Fensterläden und den Fassaden, deren Patina, vom rauhen Klima der nahen See geschaffen, sich in herbstlichen Farben wunderschön in diese einzigartige Sonnenuntergangsstimmung einfügt.

Vive la France! Das kleine Städtchen an der Atlantikküste präsentiert sich, wie es in einem Pastis- oder Gauloise-Werbefilm nicht besser hätte sein können. Hier wollen wir noch am Boot arbeiten und vor allen Dingen die Nähe zu Jeantot-Marine nutzen, der Werft, die unsere BLUESHIP gebaut hat.

Die Häfen in der Biskaya sind mit einer herrlich großen Tide ausgestattet. Dieser regelmäßige Rhythmus zwischen auflaufendem und ablaufendem Wasser bestimmt hier den Tagesablauf. Diese Tatsache wollen wir nutzen, um ein weiteres Gerät zu montieren: ein vorausschauendes Echolot, Militärtechnologie macht's möglich. Der

Hafen hat in einer Ecke eine große Rampe, über der wir BLUESHIP bei Flut positionieren müssen. Bei Ebbe würde sie dann auf dem Trockenen stehen. Das einzige Problem mit der Tide ist, daß wir, um die Differenz zwischen Flut und Ebbe auszunutzen, früh aufstehen müssen. Kein Problem soweit, wenn nicht diese netten Französinnen immer erst so spät in die Nacht starten würden. Jeden Abend sind wir unterwegs und nach einer Woche eigentlich schon übereingekommen, daß dieses Ding auch irgendwann später eingebaut werden kann.

Doch an einem dieser Morgende nach durchzechter Nacht steht Richi neben meiner Koje und belebt die Diskussion von neuem. Er hat an diesem Morgen eindeutig diesen unwiderstehlichen Tatendrang, der aus einem schlechten Gewissen geboren ist und keinen Widerspruch zuläßt. Wir legen also ab und positionieren unsere Lady über der Rampe. Dann frühstücken wir noch in Ruhe, bis unser Prachtstück auf der Rampe Platz nimmt und darauf wartet, daß das Wasser abläuft. Übrigens ein weiterer ungeheurer Vorteil unseres Katamarans. BLUESHIP nimmt ohne jede Stütze und Hilfe an Land Platz, als wäre sie in einem vorangegangenen Leben schon mal eine Immobilie gewesen.

Wir haben den Leuten von Jeantot Bescheid gesagt, da wir uns keine Fehler beim Einbauen erlauben dürfen. Denn mit einem Loch im Rumpf dazustehen, wenn die Flut kommt, das wollen wir nun wirklich nicht. Die zwei Leute von der Werft stehen schon unter dem einen Rumpf, als wir die Rampe betreten. Eigentlich nur aus Langeweile gehen wir den ganzen Rumpf ab. Schließlich haben wir unsere Lady ja gerade erst vor drei Wochen ins Wasser gesetzt.

Bei diesem Rundgang wundere ich mich ein wenig über die Dichtung eines Ventils am hinteren Backbordschwimmer. Es sieht so aus, als wäre die Dichtungsmasse am Rand nach außen gedrückt worden. Mein Hirn muß an diesem Morgen noch schwere Lähmungserscheinungen gehabt haben, denn es dauert eine kleine Ewigkeit, bevor sich mir die Nackenhaare aufstellen. Nicht die Dichtungsmasse ist das Problem, die Seeventile sind beinahe zur Gänze verschwunden! Und unsere Lady ist geradezu durchlöchert von diesen Ein- und Auslaßventilen.

Ich gehe nach innen, um zu schauen, was von den Ventilen noch übrig ist. Unterhalb der Bodenplatten finde ich dann das erste. Ein

Griff, ein leichtes Wackeln, und ich halte das Ventil in der Hand. Und wieder überkommt mich einer von den inzwischen wohlbekannten eiskalten Schauern, diesmal vermischt mit einem Schweißausbruch. Dieses Bild: Gleich kommt die Flut, und wir haben ein Loch im Rumpf. Hoffentlich halten die anderen. Ausprobieren will ich das nicht mehr.

Als ich von Bord klettere, ist Richi bereits im Gespräch mit den Jeantot-Leuten vertieft. Wir haben uns soeben wortlos durch das Loch im Rumpf angeschaut. Richi hat ein kalkweißes Gesicht gehabt, und ich sah vermutlich auch nicht viel frischer aus. Die Werftarbeiter reagieren sofort und sind schon unterwegs, um ein neues Ventil zu holen. Sprachlos stehen wir unter unserer schönen Lady. Wie kann das passieren? Wir haben unser Boot doch gerade erst durchgecheckt und natürlich besonders auf die Seeventile geachtet. Wir hatten sogar zwei ausgetauscht, die uns ein wenig alt erschienen waren.

Ist unser Traum vielleicht doch eine Nummer zu groß für uns? Gibt es Risiken, die wir gar nicht ahnen? Risiken, an denen selbst Profis scheitern? Waren da nicht auch Expertenstimmen, die unsere Tour für Wahnsinn hielten? Was wäre gewesen, wenn wir faul im Bett geblieben wären? – Wenigstens diese Frage läßt sich sofort beantworten: Wir wären mit Mann und Maus gesunken. Es wäre das perfekte Drama gewesen. Mitten im Atlantik. Die ersten Ventilbrüche hätten wir ja vielleicht noch geflickt. Aber einundzwanzig Ventile wären dann vielleicht doch ein bißchen viel gewesen. Wie konnte das passieren?

Die Ventile sind ein Opfer der Galvanik. Wir stellen viele Vermutungen an. Die plausibelste ist die Kombination aus unseren neuen Bronzeschrauben und den Messingventilen. Von dem edleren Metall Bronze zu dem weniger edlen Messing ist ein elektrischer Strom entstanden und hat die Seeventile weggefressen. Wir haben sogar über das Galvanikproblem gelesen. Unsere neuen Schrauben haben deshalb auch Opferanoden. Wieso sind dann die Ventile so schnell korrodiert? Es muß einen weiteren Bösewicht geben.

Bei den Werftleuten löst unsere Fragerei leider nur Achselzucken und hochintelligente Denkermienen aus. Wenn wir die Ursache nicht bekämpfen können, weil wir unseren Feind nicht kennen, müssen wir uns eben auf die Auswirkungen beschränken. Die Lösung heißt Seeventile aus Plastik. Eine gewisse Skepsis haben wir ja gegenüber den Plastikdingern, aber die Tatsache, daß Jeantot bei allen neuen Schiffen inzwischen auf Plastikseeventile umgestiegen ist, beruhigt uns ein wenig.

In den nächsten vier Tagen wechseln wir dann einundzwanzig Seeventile aus. Ist nicht weiter schlimm. Jeden Morgen um 7 Uhr raus aus der Koje und rauf auf die Rampe. Dann warten, ran mit der Flex, neues Ventil einbauen und abdichten. Dazu kommen dann noch die Arbeiten, die sowieso anstanden. Schäden aus dem Brückenrammer reparieren und so. Was für ein toller Anfang nach den zweieinhalb Monaten Werftarbeit. Gibt ja nun wirklich nichts Schöneres als am Boot zu arbeiten. Daß dies, wie von einigen Experten prophezeit, eine unserer Haupttätigkeiten auf unserer Tour werden soll, können wir zu diesem Zeitpunkt glücklicherweise noch nicht ahnen.

Und natürlich versagt dann auch noch einer der Motoren, als wir von der Rampe ablegen wollen. Nur mit einem Motor ist unser Schiff schwer zu steuern, und kaum habe ich den Rückwärtsgang eingelegt, steht BLUESHIP auch schon quer zur Rampe. Sofort springen Richi und Muck ins Wasser, um unsere Lady wegzudrücken. Bis zur Brust stehen die beiden im dreckigen Naß, als ich plötzlich einen Schrei meines Bruders höre. Ihm ist eine tote Wasserratte direkt vorm Gesicht entlang geschwommen. Eklig! Kurz danach haben wir es geschafft. Wir liegen wieder sicher am Steg und fallen todmüde in die Kojen.

Um mal wieder ein wenig fun zu haben, nehmen wir uns vor, am nächsten Tag Les Sables aus der Luft zu erkunden. Es ist ein wunderschöner Novembertag. Der Startplatz ist nicht gerade ideal, dafür ist er aber nah; der Parkplatz direkt neben unserem Steg hat wenigstens keine unangenehmen Stromkabel. Die paar Laternen fallen nicht weiter ins Gewicht.

Wir haben gerade erst die Schirme ausgepackt, als sich schon die ersten Gaffergruppierungen zusammenfinden und an der Straße etliche Autos anhalten. Unangenehm mit so vielen Zuschauern. Zumal dies erst unser zweiter Flug mit dem Propeller ist. Wir sind zwar schon einige Male mit den Paraglidern unterwegs gewesen, aber es ist nun mal etwas anderes, mitten in der Stadt aus einer Menschentraube heraus zu starten, statt von einsamen Bergeshöhen abzuheben. Außerdem erfordert der Start mit Motor auch ein wenig mehr Konzentration und Koordination.

Richis Motor hat Probleme mit seinem Vergaser. Wir reinigen die Düse und spielen ein bißchen an der Schwimmernadel rum, aber das Ding will einfach nicht. Inzwischen ist schon ein kleines Volksfest im Gange. Jetzt aber nichts wie up in the air, bevor die ersten Flics erscheinen. Mein Motor funktioniert hervorragend. Wind okay, Schirm ausgelegt, den Motor noch mal auf Volltouren und ein letzter Leinencheck. Dann mit den fünfundzwanzig Kilo Motor auf dem Rücken mit voller Kraft laufen und den aufsteigenden Schirm über dich bringen. Ich habe oft versucht, diese Startphase sehr bewußt zu durchlaufen, aber es ist mehr die über den Kopf dirigierte Motorik des Körpers, die hier funktionieren muß. Der Schirm ist oben. Vollgas, und lauf Junge lauf. Take off. Ich hebe ab. – Wenn auch nur wahrscheinlich höchstens für eine Sekunde. Diese eine Sekunde hat meine Motorik leider dazu veranlaßt, meine Beine einzuziehen und es mir breselig in meinem Trapez bequem zu machen. Ist es die fehlende Konzentration gewesen? Hat nicht der Konstrukteur von diesem Höllenmaschinchen mir immer wieder eingebleut, in der Luft zunächst weiterzulaufen? Und hat er uns nicht auch geraten, bei den ersten Flügen möglichst ohne Zuschauer zu starten? Einen Grund hatten diese Hinweise ganz sicher: Sie sollten Unfälle vermeiden. Denn mit der Luftschraube auf dem Rücken ist nicht zu spaßen. Das Ding ist einen guten Meter lang, aus solidem Holz geschnitzt und rotiert, angetrieben von einem hochgezüchteten Zweitakter, in der Startphase mit über zehntausend Umdrehungen pro Minute. Als Schutz vor dieser Mördermaschine ist ein ultraleichter Alurahmen drumherum gebaut, damit die Leinen nicht in den Prop geraten können.

Ich sitze auf dem Boden und drücke den Notaus-Button. Die Maschine verstummt. Richi steht plötzlich neben mir und scheint sehr erleichtert. Es ist alles noch dran an mir und Blut fließt auch keines. Enttäuschte Gesichter um mich herum. Ein Mädchen weint. Sogar die Stimmung, die ich vor meinem Start gefühlt habe, dieser Mix aus Bewunderung und Spannung, ist der Enttäuschung und dem Mitleid mit dem Looser gewichen.

Es hat fürchterlich dilettantisch ausgesehen. Den Hüpfer hat man wahrscheinlich nicht mal bemerkt. Die kleine Bö, die mich angelupft hat, ist verschwunden und kann nicht zur Rechtfertigung genutzt werden. Ich war gelaufen, hatte mich auf den Hosenboden fallen lassen, der Alurahmen gab butterweich nach, der Propeller zerbarst und ist mir um die Ohren geflogen. Ein Wunder, daß die umherfliegenden Teile keinen getroffen hatten.

Bin ich einfach nur dumm? Dumm und unerfahren? Ist es nicht genau das gleiche mit der Weltumseglung? Woher kommt nur dieses Vertrauen, das uns glauben macht, dieses Abenteuer zu überstehen? Wir haben schon jetzt Rückschläge erlebt, die ohne weiteres auch als Wink des Schicksals interpretiert werden können. Können wir noch zurück? Und vor allem: Wollen wir noch zurück? Nein!

Verrückte Franzosen
und die Walparty

Wir müssen los. Länger zu warten ist unmöglich. Wir haben immerhin gute 1.600 Seemeilen (zirka 2.880 km) vor uns, und die ARC wird nicht uns warten. Es sind nur noch zwei Wochen bis zum Startschuß. Jetzt, wo Helmut nicht mehr dabei ist, fühlen wir uns noch stärker hingezogen zur Fahrtenseglerregatta. Wir wollen auf keinen Fall allein in die Weiten des Atlantik eintauchen. Also nichts wie raus aus der Biskaya. Wetterbericht einholen und Leinen los.

Die Wettermeldung ist mit Securité, Securité, Securité überschrieben und sagt 10++ voraus für die Biskaya. Unter 10++ ist wohl die Windstärke zu verstehen – eindeutig zu viel. Über zehn Beaufort, das sind mehr als 29 Meter pro Sekunde und heißt schlicht Sturm oder Orkan. Wir sind vielleicht wahnsinnig, aber lebensmüde dann doch nicht. Mit der Biskaya im Winter ist einfach nicht zu spaßen. Also gehen wir noch einen trinken und fahren zum ersten Mal die Heizung hoch auf unserer Lady – sehr gemütlich. Am nächsten Morgen sieht alles schon ganz anders aus. Das Sturmtief hat sich in den Norden verlagert, und die Fahrt ist frei. Noch mal ran an die Tanke und zwei weitere Kanister füllen.

Wir sind gerade wieder an Bord, Richi ist im Steuerbordrumpf, und ich koche einen Kaffee, als es fürchterlich kracht und mir das Gewürzbord entgegenfliegt. Hastig stürzen wir nach draußen.

„Der hat uns voll gerammt. Einfach auf uns draufgebrettert!" Wir können gar nicht glauben, was mein Bruder da erzählt. „Der" ist eine zirka 10 Meter lange Slup mit 3 Leuten an Bord. Wie konnte das passieren? Wir sind doch wirklich nicht zu übersehen, liegen an der Tankstelle am Eingang des Sporthafens und neben uns sind zudem mindestens 40 Meter Platz!

Der wahre Verursacher ist dann auch ein etwa 70 m langer Frachter auf der gegenüberliegenden Seite des Kanals, der gerade beim Anlegemanöver ist. Er hat vorne eine Spring gelegt und gibt volle Kraft voraus – man nennt das Manöver auch „in die Spring dampfen" –, um sein Heck an den Kai zu manövrieren. Dadurch erzeugt die Schraube des Frachters einen Strudel, der eine reißende Strömung von der einen zur anderen Seite des Kanals zur Folge hat und auch die BlueShip fest gegen den Steg drückt. Dies ist deutlich am sprudelnden Heck des Frachters und der Verwirbelung des Wassers zu erkennen. Der Skipper der anderen Yacht hat dies offensichtlich ignoriert und ist bei langsamer Fahrt voraus direkt auf uns zugetrieben.

„Der konnte gerade noch zur Seite drehen, sonst wär der uns voll mit seiner Nase in die Seite gekracht. So hat er uns wenigstens, nur mit seiner Breitseite erwischt." Mein Bruder hat direkt daneben gestanden und wäre bei dem Rammer gegen unsere geliebte Blue-Ship fast umgefallen.

Wir untersuchen sofort den Rumpf und können, der Elastizität des GFKs sei's gedankt, nur eine große Schramme im Lack und eine leichte Unebenheit feststellen. Innen hat sich das Ganze so angehört, als würde das Schiff auseinanderbrechen.

Jeder normale Mensch hätte es als Selbstverständlichkeit empfunden, daß der andere Skipper zu uns kommt, sich nach dem Schaden erkundigt und vielleicht sogar ein „Entschuldigung" über die Lippen quält. Natürlich haben wir mit einer gewissen Verzögerung gerechnet. Nur zu verständlich, daß man zunächst das eigene Schiff auf Schäden untersucht. Doch wir warten vergeblich.

„Sag mal, erwartet der, daß wir jetzt zu ihm kommen, oder was ist hier los?" – „Warte noch. Der kommt bestimmt gleich."

Nichts, rein gar nichts passiert. Wir beobachten, wie die andere Crew die Außenhaut ihrer Yacht überprüft, um sich anschließend nach innen zu verkriechen.

„Das darf doch wohl nicht wahr sein!" Wir begeben uns zu dem anderen Boot, und noch bevor wir anklopfen, erscheint auch schon der erste Kopf im Niedergang. Man hat uns offensichtlich beobachtet. Der Skipper, der immer noch keine Anstalten macht, das Gespräch zu eröffnen, hat ein Gesicht, das haargenau zu seinem Verhalten paßt.

Beinahe schafft er es, zusammen mit dem aufgesuchten Hafenmeister, unser überaus positives Bild vom freundlichen und sympathischen Franzosen zu zerstören. Wir müssen uns wirklich sehr zusammenreißen, als der Hafenmeister mit viel Verständnis für die Situation seines Landsmannes meint, daß wir an der Tankstelle eigentlich gar nicht mehr hätten liegen dürfen. Er toppt diese Bemerkung noch mit einem „die Deutschen meinen auch immer, sich überall hinlegen zu können." Das ist zuviel des Guten. Richard stellt sich vor ihn hin und fragt völlig ruhig: „Könnte es vielleicht sein, daß Sie keine Deutschen mögen?" Dieser diplomatische Schachzug gibt dem Gespräch die Wende. Der Hafenmeister wird rot, fühlt, daß er mit seiner Bemerkung zu weit gegangen ist und versucht von da an, verlorenes Terrain wieder gutzumachen, indem er für keine Seite mehr Partei ergreift. Da wir unter Zeitdruck stehen und auch ansonsten den „Spatz in der Hand" bei unserem Gegenüber favorisieren, einigen wir uns schließlich auf eine Zahlung von 1.500,00 Francs.

Offenbar erleichtert über den Ausgang des Handels schenkt uns der Hafenmeister dazu die zwei offenen Tage Liegegebühren. Eine nette Geste, die Richi dazu veranlaßt, ihm vorm Ablegen noch eine Flasche Rotwein zu schenken. So hinterläßt Les Sables bei uns den Eindruck, den es verdient hat: Nette Menschen, grandioses Seafood, speziell die Austern, und ein beneidenswertes savoire-vivre der Franzosen.

Jetzt aber endlich los. Wir haben eh schon viel zuviel Zeit verloren. Vor uns liegt das Kap. Finis terra, das Ende der Welt. Wir lassen es an Backbord liegen, als fast lautlos direkt neben BLUESHIP ein Wal auftaucht. Er faucht und verschwindet wieder. Zu schade, daß er nur so kurz draußen war. Aber es wird wohl nicht der letzte gewesen sein auf unserer Tour.

Kaum eine halbe Stunde später prusten, platschen und schwimmen eine Unmenge dieser Meeressäuger um uns herum. Es ist eine Schule von wenigstens 30 Tieren. Was dann folgt, ist einfach göttlich: Zwei Stunden lang ist BLUESHIP der Mittelpunkt eines Walspektakels. Immer wieder kommen Gruppen von fünf oder sechs Tieren, legen sich vorne zwischen unsere Rümpfe, tauchen gemeinsam auf und ab und fauchen uns ihren warmen Atem ins Gesicht, der erstaunlicherweise an den Geruch von Stallmist erinnert. Imposant und majestätisch gleiten die großen Leiber dahin. Einer dreht sich ein wenig und guckt mir direkt in die Augen. Ich bin völlig ergriffen von der Wärme und Menschlichkeit seines Blicks. Ein anderer legt sich am Heck des Steuerbordschwimmers auf den Rücken und patscht mit seinen Flossen auf den Bauch. Wir haben „The deep blue" aufgelegt, und unsere Wale singen mit. Ihre Schreie sind lauter als die ihrer Artgenossen vom Band. Zwischendurch haben wir den Eindruck, daß sie sich alle mal vorstellen wollen. Oder wollen die Eltern ihren Kindern nur mal die Yacht zeigen? Immer wieder lösen sich die Gruppen ab, bei denen auch oft kleine Walbabys dabei sind. Anscheinend haben sie bei uns ihre Walheimat gefunden. Und damit uns niemand der „Walfälschung" bezichtigen kann, haben wir auch alles auf Film gebannt. Am Abend gucken wir dann im Wallokal unseren Walfilm immer wieder und können kaum glauben, was uns da passiert ist. Den Walen zu Ehren veranstalten wir eine große Walparty und tanzen bis spät in die Nacht zu der Musik von den Blues Brothers wild über die Bänke.

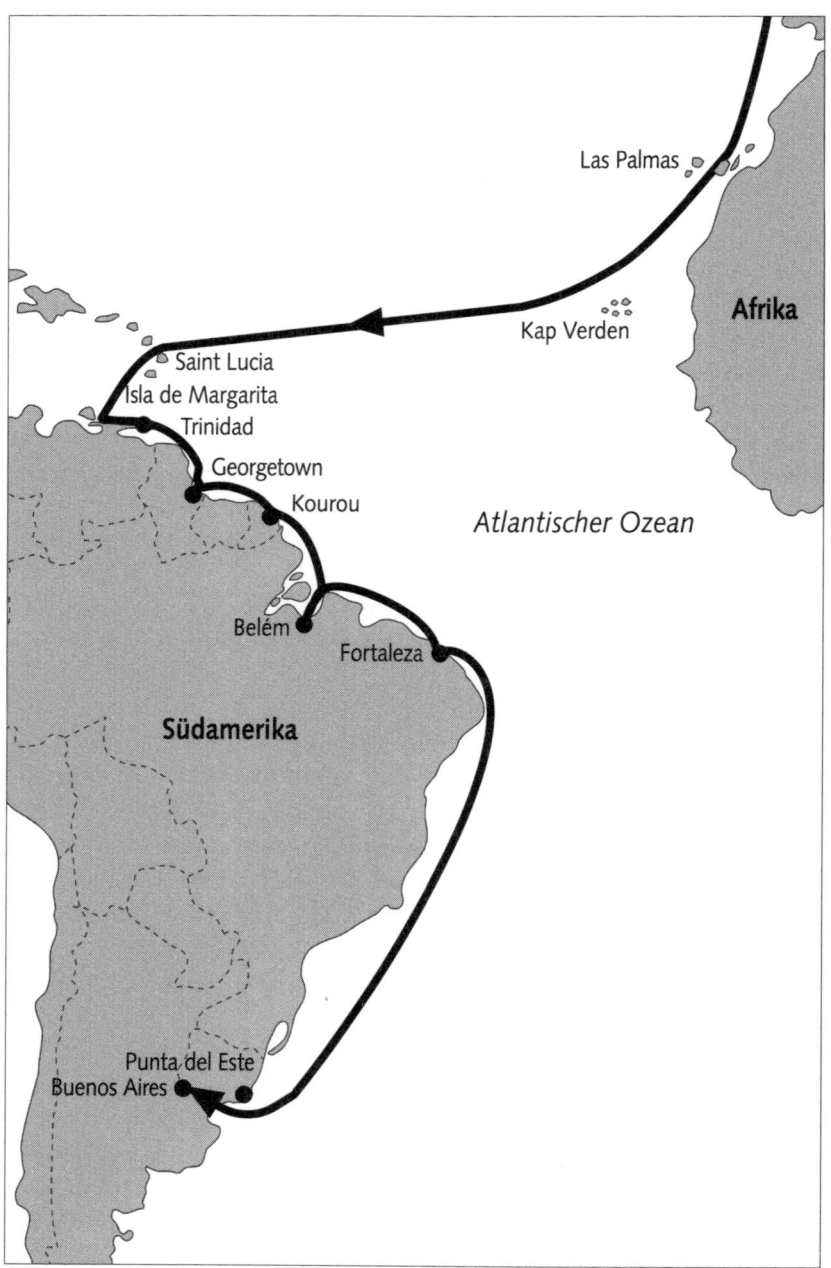

Las Palmas

Kap Verden

Afrika

Saint Lucia
Isla de Margarita
Trinidad
Georgetown
Kourou

Belém
Fortaleza

Atlantischer Ozean

Südamerika

Punta del Este
Buenos Aires

Die ARC
und jede Menge Gewinner

Am nächsten Morgen kommt endlich der erhoffte Wind. Wir schaffen es gerade noch, den Spi zu bergen, als der Wind von Nord auf West dreht. Innerhalb einer Stunde hat sich das Bild völlig gewandelt. Während wir noch am Morgen mit 4 - 5 Knoten dahingezockelt sind, zeigt nun der Windmesser 20 Knoten und unser Speedo geht nicht mehr unter 9. Der Himmel hat sich zugezogen, und überall um uns herum tragen die Wellen weiße Schaumkronen. Halber Wind, BLUESHIPs Lieblingskurs.

Wir stehen fasziniert draußen und sehen zu, wie die beiden Heckkufen durchs Wasser zischen. Der Wind legt weiter zu.

„Sag mal, wann reffen wir eigentlich?"

„Och, ich glaub, bis 30 Knoten geht das schon. Vielleicht schaffen wir es ja, noch rechtzeitig in Las Palmas einzulaufen." Der Wind, als hätte er's gehört, bleibt von da an brav unter 30 Knoten. Untergrenze am Speedo, unserem Geschwindigkeitsmesser, liegt bei 10 Knoten. – Minimum 18 Stundenkilometer. Für ein Auto nicht viel, für ein Schiff: unglaublich. Bei dieser Geschwindigkeit haben wir den Eindruck, zu gleiten. Und obwohl man sich bei Katamaranen mit den Begriffen „Verdrängerfahrt" und „Gleitfahrt" sehr zurückhält, ist es eindeutig, daß unsere Lady oberhalb der berechneten Rumpfgeschwindigkeit ruhiger wird und nahezu gleitet.

Gleitfahrt an sich ist schön und gut. Aber es ist auch laut, naß und äußerst unangenehm. Die Welle hat am Abend gute drei Meter erreicht und läßt uns hin und her tanzen. Ein Gang nach draußen, um mal nach dem Rechten zu sehen, ist regelmäßig mit einem Vollbad verbunden. BLUESHIPs Sprünge über die Wellen lassen einen für Sekunden über der Koje schweben, bevor einem die Matratze wieder unsanft entgegenkommt. Die Geräuschkulisse im Innenraum gleicht einem Horrorszenario. Die Wellen krachen gegen den Luvrumpf. Wenn sie es bis zum Mittelschiff schaffen, detonieren sie wie Kanonenschläge. Unmöglich, dabei zu schlafen.

Es ist ein Höllenritt, der drei Tage und drei Nächte anhält. Wir haben unseren Geschwindigkeitsrekord mit 14,8 Knoten und einen ernsthaften, übermüdungsbedingten Streit, der Dank brüderlicher Vermittlung geschlichtet wird. Die Mikrowelle fliegt bei einem zwei-Meter-Seitwärtssprung des Schiffs durch die Kombüse. Zum Glück ist nur die Frontscheibe angebrochen, denn die Fertigmenüs – rein, nach fünf Minuten pling und fertig – haben sich in diesen Tagen als ideal erwiesen Und sonst? Sonst gibt es keine weiteren Schäden zu beklagen. Aber das, woran wir selbst nicht mehr geglaubt haben, ist geschafft. Am Mittwoch laufen wir in Las Palmas ein und haben die 1.600 Seemeilen trotz anfänglicher Flaute in zehn Tagen vollbracht. Einfach unschlagbar, unsere Lady.

Der Yachthafen Muelle Deportivo nahe dem Zentrum der Großstadt Las Palmas ist durch und durch geprägt vom bunten Treiben rund um die zehnte Atlantik Rallye for Cruisers. Viele der 172 teilnehmenden Yachten sind über die Toppen geflaggt, was den überfüllten Yachthafen wunderschön bunt erscheinen läßt. Die Hintergrundmusik der klingenden Fallen und pfeifenden Wanten wird durch das Knattern der Wimpel und Flaggen noch ergänzt. Die Stimmung bei den meisten Crews ist locker und entspannt, obwohl es auch andere gibt. Während wir auf dem Weg zum ARC-Büro die verschiedenen Yachten mit ihren Crews in Augenschein nehmen, entdecken wir sie, die angespannten, schon vom Rennfieber leicht glühenden Gesichter, die mit wissendem Regattablick ihr Rigg überprüfen und die Segelhandschuhe auch noch am Abend beim Bier anhaben. Aber es gibt ja schließlich auch beim Tennis die Kavaliere, die beim Juxturnier den Damen die Aufschläge um die Ohren dreschen.

Das Schönste an der ARC ist das Einkaufen vorher. Für die Atlantiküberquerung haben sich einige Freunde angesagt. Zu fünft wollen sie BLUESHIP entern. Neben meinem Bruder, der mit der Atlantiküberquerung seinen Aufenthalt bei uns an Bord krönen will, sind da noch Carina, Helmut, Ricki und Werner. Carina habe ich in Halle kennengelernt, und als wir später erfahren, daß sie bei der ARC auf einem anderen Boot mitsegeln will, wird sie kurzerhand „shanghait".

40

Ricki, der Bruder unseres Freundes Jan, hatte immer schon einmal ein Abenteuer erleben wollen und kurzerhand an dessen Stelle zugesagt. Werner, ein ehemaliger Kollege von Richi, war einer der wenigen, der nicht voller Skepsis unseren Tatendrang beobachtet hat. Als Profibörsianer in Risikobeurteilung geübt, traute er uns so einiges zu: „Irgendwie schaffen die das schon." Er ist später zu einem entscheidenden Förderer unserer Weltumseglung geworden. Ja und Helmut? Nachdem er uns in der Biskaya so schmählich im Stich gelassen hat, wollen wir ihn eigentlich nicht mit über den großen Teich nehmen. Aber er hat uns vorher auf der Werft so viel geholfen, daß wir es nicht übers Herz bringen, ihm die Mitreise zu verweigern.

Die Bordkasse wird entsprechend aufgestockt, und zwei Tage vor Auslaufen steuern wir das Kaufhaus El Corte Ingles an. Kaum haben wir die sehr luxuriös gestaltete Foodabteilung betreten, als wir uns auch schon vorm Weinregal wiederfinden.

Die Qual der Wahl wollen wir uns durch ein Testprogramm versüßen. Außerdem ist unseres Erachtens das Vorkosten unabdingbar, wollen wir doch schließlich für sieben Leute und für einen Monat einkaufen. Das entspricht immerhin dem Bedarf eines halben Mannjahres. Den cruisingunerfahrenen Leser möchte ich an dieser Stelle aber darauf hinweisen, daß der Bedarf an Flüssignahrung auf See auf das Doppelte der „landesüblichen" Ration steigt. Somit ist diese Einkaufssituation mit einer Verproviantierung für eine Person für ein Jahr zu vergleichen.

Für das Katze-im-Sack-Argument haben die spanischen Verkäuferinnen ja noch Verständnis, die Schlußfolgerungen daraus wollen sie aber partout nicht verstehen. Selbst der Hinweis, daß wir auch die Flaschen, die uns nicht munden, bezahlen wollen, kann sie nicht von ihrem Standpunkt abbringen, daß in diesem Kaufhaus ein Vorkosten unmöglich sei.

Wir suchen vier Weine aus, gehen zur Kasse, zahlen und erscheinen mit einem breiten Grinsen wieder vor den Verkäuferinnen. Als wir uns dann anschicken, vor ihren Augen die Korken in die Flaschen zu drücken, sind sie endlich überzeugt. Wir bekommen einen Flaschenöffner, und uns werden Probiergläser gereicht. Die empfohlenen Weine sind ansprechend, und so füllen wir erst mal zwei riesige Einkaufswagen mit Weinen und einschlägigen Spirituosen.

Einige der Verkäuferinnen haben von da an richtig Spaß an uns. Wir werden mit kleinen Schweinereien von den unzähligen Probierständen versorgt. Die Krönung sind kleine Bratwürstchen, Churizos genannt. Die Senorita dieses Standes hat uns in ihr Herz geschlossen und findet uns immer wieder zwischen den Verkaufsreihen, um uns ganze Probiertabletts zu überreichen. Mit einem unglaublich süßen Kichern, das Koketterie und den Reiz des Verbotenen widerspiegelt, nimmt sie auch gerne mal ein Schlückchen vom dargebotenen Wein. Natürlich immer mit entsprechender „Schutzzone" ihrer Bodyguards, damit weder Kunde noch Angestellte es sehen können.

Das Einkaufen wird immer skurriler. An einigen Regalen fahren wir den großen Einkaufswagen seitlich ran und gehen einfach mit dem Arm hinter die Konservenpyramiden, schieben ein wenig und lassen alles in den Wagen stürzen. Wir haben richtig Spaß. Besonders an den Gesichtern der übrigen Shopper. Denn wer den Hintergrund nicht kennt, muß uns einfach für verrückt halten, und wir tun nichts, um sie von diesem Gedanken abzubringen. Wir füllen insgesamt sieben riesige Kollis, lassen anschließend alles mit zufriedenem, weinseligen Grinsen in schöne Kartons verpacken und verlieren nicht einmal beim Zahlen der DM 3.000,- unsere Gesichtsfarbe und die fröhlichen Gesichtszüge. Am nächsten Tag soll alles angeliefert werden, und so verlassen wir ohne Last und leicht beschwingt den Laden. Später stellt sich dann heraus, daß es uns auf dem Atlantiktörn an nichts fehlt, und wir haben mal wieder gesehen, daß einige Situationen auch ohne große Planung und insbesondere mit viel Spaß zu „handeln" sind.

Die Regatta an sich ist wohl die langweiligste Strecke unserer gesamten Reise. Ein stetiger Passat bläst uns ohne besondere Vorkommnisse in siebzehn Tagen über den Teich. Nur mit unserem riesigen Vorsegel haben wir Probleme. Den 160 m^2 großen Spinnaker hat's erwischt, bei dem wir einfach nicht einsehen wollten, daß er nur für leichte Winde geeignet ist, und der mit einem lauten Knall zerreißt.

Lediglich einmal haben wir die Gelegenheit, einem unserer Mitbewerber auf hoher See zu begegnen. Mitten in der Nacht liefern wir uns ein richtiges race. Doch der verbissene Sportsmann, der nur etwa zehn Meter von uns entfernt dahinsegelt, reagiert weder auf unser

Winken noch auf unsere Funksprüche. Kaum zu glauben. Da hat man mal das Glück, mitten im Atlantik eine andere Yacht zu treffen, und dann meldet die sich nicht mal. Aufgrund der Regattaregeln sind wir allerdings in der besseren Position und können ihn wenigstens etwas ärgern, indem wir ihn langsam „hochdrücken". Wir befinden uns nämlich in Lee, der windabgewandten Seite, und haben damit Vorfahrt. Langsam, aber stetig gehen wir immer höher an den Wind und zwingen ihn dadurch, seinen Kurs zu ändern, obwohl hier mitten im Atlantik natürlich genug Platz für uns beide ist. Und wer hätte das gedacht: Plötzlich findet er seine Sprache und sein Funkgerät wieder und meldet sich! Höchst unfreundlich macht er uns klar, daß wir ihm gefälligst aus dem Weg gehen sollen. Obwohl dieser verbiesterte Regattafreak eigentlich das beste Opfer für einen kleinen Streich wäre, machen wir Platz und lassen ihn ziehen.

Außerdem haben wir zweimal „Mann über Bord". Um genauer zu sein, ist es einmal ein „Frau über Bord"-Manöver. Statt zu duschen und Süßwasser zu vergeuden, ist es bei uns an Bord Usus, sich an einem langen Tampen hinter dem Boot herziehen zu lassen. Ab einer bestimmten Geschwindigkeit kann man richtig Body-surfen. Allerdings wird das Festhalten dann auch zu einem echten Kraftakt. So ist es nur eine Frage der Zeit, bis es passiert. Zuerst ist Werner dran. Er ist einfach nur ein wenig unvorsichtig und hat den Kontakt bei einem kleinen Ruck verloren. Plötzlich schwimmt er mutterseelenallein mitten im Atlantik. Bei Carina sind wir einfach zu schnell. Aber sie will unbedingt auch mal so richtig surfen. Allerdings muß erwähnt werden, daß wir nur bei optimalen Bedingungen und mit erhöhter Aufmerksamkeit aller Crewmitglieder gesurft sind. So haben wir bei traumhaftem Wetter und einer schwachen Dünung beide in Rekordzeit wieder an Bord. Letztendlich ist es ein gutes Training, wenn man auch solchen Situationen an sich nichts Positives abgewinnen kann.

Bei anderen Yachten gibt es da ganz andere Probleme zu bewältigen. Zwei besonders hitzige krachen schon beim Start zusammen, da geht es ja auch speziell bei einer Atlantikregatta nun wirklich um Sekunden. Ein anderes Schiff verliert nach vier Tagen sein Ruder und muß sich unter schweren Mühen zu den Kap Verden durchschlagen. Eigenartig ist bei letzterem Vorfall, daß sich einige Yachten in der

Nähe befinden und helfen könnten. Hilfe wird auch angefragt, doch keiner kommt. Die Crew, die sich in nächster Nähe der schwer angeschlagenen Yacht befindet und nicht zu Hilfe eilt, erringt als Krönung auch noch den Preis „Spirit of the ARC". Zufälle gibt's...

Überhaupt ist die ARC eine Regatta der ganz besonderen Art: Pay and be a winner. Im Startgeld ist die Trophäe gleich mit enthalten. Es gibt da eine Trophy fürs „Fairsein", für den letzten, für die ersten drei in verschiedenen Klassen, fürs kleinste Boot, für die schönste Hafenmalerei, für den Geist der ARC und überhaupt... Die Preisverleihung dauert einen ganzen Tag, und wer nichts bekommt, ist wirklich etwas ganz Besonderes. Wie beim Kindergeburtstag. Als schnellster Katamaran erhalten wir die Multihull-Trophy.

Erste Karibikeindrücke

Land in Sicht. Es sind die Umrisse von Saint Lucia. Die südlichen Grenadines am Horizont. Palmeninseln und süßes Nichtstun warten auf uns. Beim Betreten der Insel haben wir das Gefühl, mit Kolumbus etwas gemein zu haben. Die ganze Mannschaft ist in Hochstimmung, und wir liefern uns nach 17 Tagen auf See noch ein spannendes Finish mit zwei Einrümpfern, das wir knapp gewinnen.

Kaum an Land, geht es los mit Rumpunch, der auf dieser Insel unser stetiger Begleiter wird. Überall begegnet uns das frisch-fruchtige, eiskalte Getränk. Daß hier Unmengen von Alkohol konsumiert werden, fällt uns an so Kleinigkeiten auf, wie netten Seglern, die zu Besuch kommen und den Steg beim Verlassen des Boots nicht finden können und unter ehrlichem, von ganzem Herzen kommenden Schadenfreudengelächter wieder rausgefischt werden. Oder auch an Richi, der morgens mit einem zufriedenen Grinsen auf dem Gesicht direkt neben BLUESHIP in der schon erbarmungslos heißen Sonne auf dem Steg liegt und sich räkelt, als läge er in einem wunderschönen, weichen Grand-Hotel-Doppelbett.

Jeden Morgen ist Soldatenappell auf unserer Lady. Daß einige der Segler uns danach mit einer gewissen Distanz begegnen, ist leicht nachzuvollziehen, denn es ist nicht unbedingt jedermanns Sache, in den frühen Morgenstunden von lauten Schreien auf BLUESHIP geweckt zu werden: „Raus aus den Kojen, ihr Schweinesäcke! Wer saufen kann, kann auch laufen! Auf, auf, Marsch, Marsch!" – Wir haben uns nach der langen Atlantiküberquerung dem Joggen verschrieben. Vor allen Dingen ist dies auch die einzige Möglichkeit, den Partymarathon durchzustehen. Zu beantworten ist dieser aufmunterte Weckruf mit einem lauten: „Sir. Yes. Sir. Sir", wobei das letzte Sir laut zu schreien ist. Da wir jeden Morgen den „Antreiber" wechseln, kommt jeder mal in den Genuß, die anderen zu quälen. Nach dem Laufen duschen wir am Steg, nicht ohne jedem Vorbeikommenden etwas vom kostbaren Naß abzugeben. Richtig schlecht ergeht es denen, die keinen Humor haben und die Süßwasserdusche im tropisch-heißen Klima als Zumutung empfinden.

Noch beliebter als diese kleinen Stegduschen ist das Poolschmeißen in der Bar des Yachtclubs. Was zunächst nur für die Neuankömmlinge nach der Atlantiküberquerung gedacht ist, wird zum allabendlichen Seglerspaß. Nur einige Chartergäste wollen keine rechte Freude am bunten Treiben haben. Doch unabhängig von diesen hitzigen, europäischen Landsmännern gibt es auf der Insel auch Einheimische, die nicht gerade ausgeglichen sind, wie das nachfolgende Geschehen zeigt:

Von den Straßenlautsprechern dröhnt uns mal wieder im Reggae-Rhythmus „...we wish you a merry Christmas, we wish you a merry Christmas, we wish you a merry Christmas and a happy New Year", entgegen. Auf der großen Rumpunch-Wolke schweben wir durch das Dorf, an kleinen Ständen vorbei, gegrillte Köstlichkeiten snackelnd, bis einer der zuvorkommenden, netten Einheimischen das Wechselgeld plötzlich nicht rausgeben will. Er sucht offensichtlich Streit, oder aber unsere Gesichter sind durch den Rumpunch schon so zur Seligkeit mutiert, daß sie eine unsägliche Dummheit ausstrahlen. Die ganze Aktion ist jedenfalls so offensichtlich, daß wir zunächst ob dieser Dreistigkeit sprachlos sind. Louis, ein Einheimischer, der sich auf der Party zu uns gesellt hat, reagiert sofort. Ihm scheint das Verhalten seines Landmannes peinlich zu sein, woraufhin er ruhig und besonnen seinen Gegenüber darauf hinweist, daß er noch Wechselgeld rauszugeben hat. In ihrer Landessprache diskutieren die beiden, bis auch uns anhand der Gestik und der Lautstärke klar wird, daß keiner von ihnen nachgeben wird. Louis bekommt den ersten Schnitt gar nicht mit und redet immer weiter, obwohl ihm das Blut schon in einem anschwellenden Rinnsal am Hals entlang auf sein Hemd läuft. Als der andere dann aber in einer zweiten, unglaublich schnellen Aktion sehr behende mit seiner Rasierklinge unserem Louis ein großes Z ins Gesicht schneidet, unter der Nase beginnend, den Mund immerhin auslassend und auf dem Kinn mit einem langen Schnitt endend, hat auch der letzte von uns begriffen, daß mit diesem Hähnchenschenkelverkäufer nicht gut Kirschen essen ist. Keiner von uns traut sich, direkt einzugreifen.

Die Brutalität, die sich in den Schnitten in Louis' Gesicht offenbart, das aus den vier wie mit dem Skalpell gezogenen Wunden heftig blutet, läßt uns vor dem Stand erstarren. Selbst das Rufen nach der Polizei fällt uns schwer, denn die Angst vor dieser professionellen Grausamkeit hat uns die Kehle verschlossen. Wir schleppen Louis zum Krankenhaus, während sich ein paar andere mit der Polizei um den wild gewordenen Hähnchenmann kümmern.

Louis sehen wir zwei Tage später wieder. Daß dieser nette Kerl nun aussieht wie ein Zombie, hat er sich aber zu einem nicht geringen Teil selbst zuzuschreiben. Er ist mit den frisch genähten Wunden baden gegangen. Selbstverständlich im Meer. Die Nähte haben es wirklich nicht einfach, die eitrig weißen, vom Salzwasser gereizten, wieder auseinander klaffenden Wunden zusammenzuhalten. Trotzdem lächelt er immer noch gerne, obwohl die angeschwollenen Schnitte das Lachen zur Fratze verkommen lassen.

Um seinen Gegenpart dingfest zu machen, haben wir uns bei der Polizei als Zeugen eingefunden. Doch schon die Lustlosigkeit, mit der der Beamte unsere Aussagen in sein Büchlein niederschreibt, zeigt sein Interesse an diesem Fall. „Was macht denn die Polizei jetzt mit dem Täter?" – „Nichts." Wir werden noch aufgeklärt, daß Streitereien dieser Art häufig sind und die Polizei eigentlich nur bei Mord und schwerem Diebstahl an Ausländern insistiert, womit sie auch alle Hände voll zu tun hat. Es ist auch ein wenig die Arroganz des Weltmeisters, die sich in diesem Verhalten offenbart, denn Saint Lucia ist weltweiter Spitzenreiter in Kapitalverbrechen.

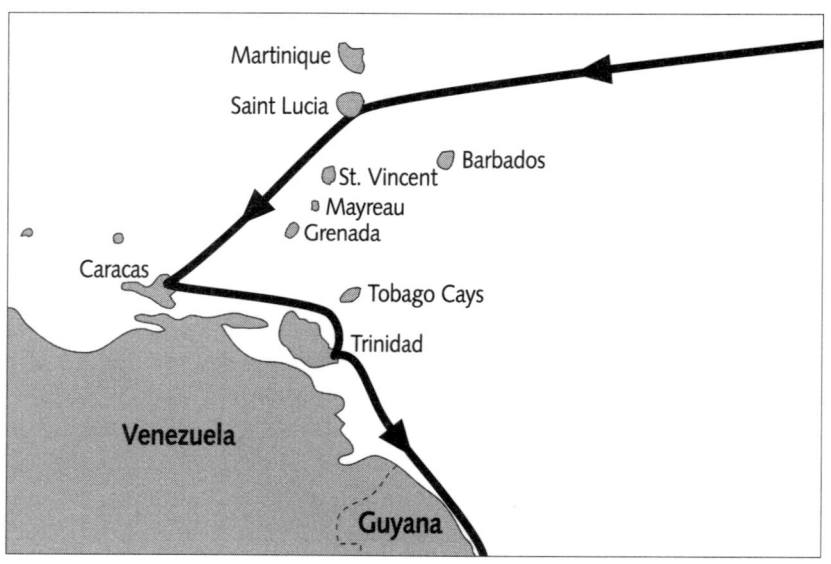

Martinique

Saint Lucia

St. Vincent   Barbados

Mayreau

Grenada

Caracas

Tobago Cays

Trinidad

Venezuela

Guyana

Weihnachten einmal anders

Wir verlassen Saint Lucia, um Weihnachten an einem friedlicheren Ort zu verbringen. Die Insel Mayreau mit ihren zwanzig Häusern, dem freundlichen Rasta Robert und seinem netten kleinen Lokal haben wir schnell ins Herz geschlossen...und dann ist da ja auch noch Joey. Joey hat ebenfalls Rastalocken. Nicht ganz so ausgeprägt wie Robert, der seinem Idol Bob Marley zum Verwechseln ähnlich sieht; Joey ist ein gemäßigter Rasta. Seine mercantile Art paßt so gar nicht zur Lebensauffassung der übrigen Rastas, der Fundamentalisten, die Unmengen von Marihuana rauchend der Natur huldigen und denen es geradezu verboten ist, einen Finger zu rühren, um nicht die Ausgewogenheit der Natur zu stören. Wir lernen ihn beim Einkauf unseres Festtagsschmauses kennen. Mit dem Einkaufen in der Karibik hat es seine besondere Bewandtnis. Üblicherweise werden wir die kleinen Boote der Einheimischen, die einem meistens Fisch verkaufen wollen, mit einem freundlichen Hinweis auf unsere Harpunen los. Joey hingegen landet einen echten Treffer, als er am Weihnachtstag längsseits BLUESHIP anlegt und zwei riesige Lobster durch die Luft schwingt. Da können wir nun wirklich nicht nein sagen. Als Joey dann noch erzählt, daß er allein lebt, vertäuen wir seinen ganzen Stolz, sein Speedboot mit 40-PS-Außenborder, hinter unserer Lady und zwingen ihn, mit uns den Heiligen Abend zu verbringen.

Heiligabend ist diesmal ein bißchen anders. Wir sind zwar nach kurzer Anlaufphase in einer seligen Stimmung, aber die laue Karibiknacht, das Sitzen in Beach-Shorts und die Lobster auf dem Grill lassen uns unsere gute Kinderstube vergessen. Wir wollen statt „O Tannenbaum" und „Stille Nacht, heilige Nacht" lieber auf 'ne gute Party und mit „Tochter Zion" tanzen gehen. Joey hat hierfür volles Verständnis. „No problem. Let's go."

Es ist kurz vor Mitternacht, als wir von BLUESHIP ablegen. Wir haben noch unsere Handfunke eingepackt, um zu den auf unserem Schiff zurückbleibenden Freunden Kontakt aufnehmen zu können und zischen mit Joeys leichtem Holzboot in die tiefdunkle Nacht. Mit von der Partie ist auch René. René ist aus Berlin gekommen, um mit uns ein wenig die unbegrenzte Freiheit auf BLUESHIP zu genießen. Nach den Angaben unseres neuen Freundes befinden wir uns auf dem Weg zu einer Insel, die nur eine Viertelstunde entfernt liegt. Wir wundern uns deshalb etwas, als Joey nach knappen zehn Minuten aus vollem Speed recht unsanft anlandet. Das arme Bötchen schliddert gute zehn Meter übers Riff, bevor es in den über die Korallen streichenden Wellen leicht wiegend liegenbleibt. Unser Schiffsführer wirkt etwas nervös. War der Stop etwa nicht eingeplant? Das Riff, auf dem wir gelandet sind, gehört offenbar nicht zu der Partyinsel, zu der wir wollen, sondern liegt noch einige Meilen entfernt in der Durchfahrt zwischen zwei weit auseinander liegenden Inseln.

Es hilft nichts, wir müssen alle aussteigen. Das Gehen auf dem Riff ist äußerst schmerzhaft. Jede Welle will ausgenutzt sein, um das Boot anzuheben und Richtung Wasser zu befördern. Das Dumme ist nur, daß wir immer wieder abrutschen und unsere Beine oft in ganzer Länge in den messerscharfen Korallen verschwinden. Alle fluchen mehr oder minder leise vor sich hin, bis wir nach einer endlosen halben Stunde das Boot wieder vom Riff haben. Ein guter Schluck aus der Pulle und weiter geht's Richtung Party. Mit blutenden Beinen und klitschnaß.

An die Party erinnere ich mich kaum noch. Wir sind sternhagelvoll, lernen ein paar nette Mädels kennen, die mit uns tanzen und uns dann aber leider irgendwann alleine lassen. Geweckt werden wir später vom Glockengeläut einer Kirche und realisieren erst jetzt, wo wir unser Haupt gebettet haben: auf dem Rasen direkt vor der kleinen Dorfkapelle. Fürchterlich verkatert und unter den Blicken der adrett gekleideten Kirchgänger leidend, die es tatsächlich schaffen, daß man sich noch schlechter fühlt. An ein Weiterschlafen ist nicht mehr zu denken. Es ist zwar erst sieben Uhr morgens, aber tropisches Vogelgezwitscher und ein Pfarrer, der jeden einzelnen zur weihnachtlichen Morgenmesse begrüßt, wobei er uns immer wieder mit bösen Blicken straft, sind schwer zu ignorieren.

Schlurfend erreichen wir unsere „Fähre". Ich kann mich nicht zurückhalten, unseren Reef-Scout Joey mit einem netten Grinsen darauf hinzuweisen, daß wir an diesem Morgen nicht darauf erpicht seien, ein weiteres Riff in Augenschein zu nehmen. Dann lege ich mich nach vorne, wo man ein wenig von der Sonne geschützt dösen kann, und das Boot setzt sich immer schneller werdend in Bewegung.

Plötzlich stößt mich Richi an und meint, ich solle Wasser schöpfen. Doch ein kleiner Blick genügt mir, um festzustellen, daß diese Pfütze in der Bilge eine völlig normale Erscheinung für ein Holzboot ist. Also umdrehen und weiterdösen. Richi aber läßt nicht locker und stößt mich kurz danach wieder an. Meine Wut darüber, erneut geweckt zu werden, verfliegt abrupt, als ich aus dem Augenwinkel wahrnehme, daß Richi sein Schöpfgefäß gewechselt hat. Was zuvor noch ein normaler Becher gewesen ist, hat er eingetauscht gegen eine riesige Eisbox ohne Deckel. Und er schöpft schnell. Im Moment des Realisierens werde ich auch schon vom Wasser umspült, greife noch nach unserem Walkie-Talkie und habe es nicht einfach, aus dem vollgelaufenen Boot zu gelangen.

Richi schwimmt neben mir. „Hey! Wir sind gesunken!" Diese unglaublich weise Erkenntnis, die Nachwirkungen der letzten Nacht und die groteske Situation, plötzlich mitten im Atlantik zu schwimmen, löst bei mir einen Lachkrampf aus, in den Richi sofort einstimmt.

Wie viele haben uns vorausgesagt, daß wir sinken würden. Wie oft hat sich jeder von uns versucht auszumalen, wie das wohl sein würde, ohne Boot plötzlich mitten im Ozean zu schwimmen. Und jetzt ist es passiert. Am ersten Weihnachtstag morgens und ganz anders, als wir es uns vorgestellt haben. Etwa einen Meter unter uns schwimmt diese unzuverlässige Holzkonstruktion von Joey. Wir können uns nicht mehr halten vor Lachen. Dabei ist die Situation alles andere als lustig. Wir treiben zwischen Mayreau und Union Island. Die schönen großen Wunden an den Beinen und kein Schiff weit und breit hätte eigentlich reichen müssen, unser Gelächter zu beenden. Schließlich befinden wir uns nicht in haifreien Gewässern, und schon ein Tropfen Blut reicht aus, um alle Haie der Region zur Mahlzeit zu locken. Aber die Situation ist einfach zu grotesk, als daß einer von uns aufhören könnte. Wir brauchen uns nur anzugucken, und schon startet eine neue Lachkaskade. René und Joey lachen nicht. In ihren Gesichtern steht das fassungslose Unverständnis.

Gott sei Dank haben wir unser wasserdichtes VHF dabei. „Mayday. Mayday. Mayday. To all ships, all ships, all ships. We are …“, und wieder prusten wir los. Beim dritten Versuch vermeiden wir es strikt uns anzugucken, und schaffen es, einen korrekten Mayday-Ruf auf Kanal 16 abzusetzen, allerdings nicht ohne den Zusatz: „This is not a joke“.

Nach langen zwanzig Minuten kommt ein Fischerboot. Das Lachen ist uns schon seit geraumer Zeit vergangen. Wir haben gefunkt, ohne auch nur irgendeine Antwort zu bekommen. Als wir nach unseren hysterischen Lachkicks wieder zu uns kommen, wird uns bewußt, daß unsere Situation ohne unser zufällig mitgenommenes VHF unglaublich brenzlig gewesen wäre. Eine der Inseln schwimmend zu erreichen, daran ist gar nicht zu denken. Wir hätten es wohl versucht, aber eine realistische Chance hätten wir wahrscheinlich nicht gehabt.

Das Fischerboot braucht noch eine gute viertel Stunde, ehe eines der Mannschaftsmitglieder auf uns zeigt und uns endlich entdeckt. Völlig erschöpft klettern wir an Bord und bedanken uns mehrmals. Dann sitze ich in einer Ecke, gucke nach draußen auf die weite See, und Tränen fließen mir die Wangen runter. Die ganze Anspannung entlädt sich. Erleichterung, Erschöpfung und Dankbarkeit. Sie fließen und wollen gar nicht mehr aufhören. Ich gucke stur nach draußen und hoffe, daß es keiner von den anderen mitkriegt.

Joeys Holzboot hatte bei unserer Riffkollision offensichtlich einen zu großen Schaden genommen. Die Dünung war so hoch, daß das kleine Schiffchen immer wieder heftig auf der Welle aufgesetzt hatte, bis eine der vorderen Planken einfach weggebrochen war. Joey hatte sein Boot selbst gebaut und war erst seit zwei Wochen im Geschäft, was zu seinen navigatorischen Kenntnissen und zu der unglaublichen Seetüchtigkeit seines kleinen Speedboots paßte.

In jedem Fall haben wir auf diese Weise ein Weihnachten der besonderen Art erlebt. Es ist zwar nicht der Baum abgebrannt, aber René wird mit einer außergewöhnlichen Anekdote im Gepäck heimkehren, und Joey muß wieder von vorne anfangen. Und wir? Wir haben den prophezeiten Untergang ohne Schäden überstanden, und unsere BlueShip hat nicht mal was davon mitbekommen.

Der erste Hai
und ein First-class-dinner

René ist in die Karibik gekommen, um uns in das große Geheimnis des Tauchens einzuführen. Er hatte seiner Tauchschule den verheißungsvollen Namen „Tiefenrausch" gegeben und weder der Name noch er selbst, ein sehr erfahrener Taucher und langjähriger Freund, sollten uns enttäuschen. Nach ein paar Einführungsstunden im Pool ist es endlich soweit. Der erste Tauchgang. Da unser Timing nicht ganz stimmt, fällt der Anker erst bei Sonnenuntergang. Tauchen wollen wir aber in jedem Fall noch.

Aufgeregt sein gilt nicht. René ist ein Lehrer, der uns klar macht, daß nur Idioten, die das Meer nicht will, mit Blei tauchen. Wer also vor lauter Aufregung nicht runterkommt, weil der Puls zu schnell und die Atmung zu hektisch ist, den will eben die See nicht und der bekommt auch kein Blei, um dann wie eine Bombe dem Ozeangrund entgegen zu plumpsen. Entspannung ist also angesagt. Beim ersten Tauchgang in der offenen See und dann auch noch nachts ist das gar nicht so einfach.

Dennoch schaffen wir es beide und tauchen mit ihm ab ins tiefdunkle Wasser. Das Gefühl, von allen Seiten beobachtet zu werden oder gar als Leckerbissen zu gelten, überwiegt. Von Genuß keine Spur. Konzentrierte Entspannung, kontrolliert ruhiges Atmen und immer die Worte von René im Ohr: „Vor Haien braucht ihr keine Angst zu haben. Ihr seid viel zu groß. Ihr paßt gar nicht in deren Freßmuster." Einwände wie: „...und was ist, wenn dann so'n Riesenkaliber kommt, in dessen Muster wir passen?" werden leger mit dem Hinweis: „Die bekommt ihr eh nicht zu Gesicht ... und wenn, so könnt ihr euch glücklich schätzen, diese herrlichen Tiere zu sehen", vom Tisch gewischt.

Die Lampen lassen den ohnehin durch die Brille beschränkten Blickwinkel bis auf einen kleinen Kegel schrumpfen. Wir tauchen eng nebeneinander in etwa 10 Meter Tiefe. Unter uns sind deutlich Höhlen erkennbar. Der Schein meiner Lampe erfaßt den Eingang einer Höhle, und ein Schwarm kleiner Riffische bleibt im Lichtkegel wie hypnotisiert stehen. Wunderschöne Farben. Später erfahre ich, daß es ein Schwarm von Red Snappern war. Begeistert leuchte ich die ganze Höhle aus. Die Faszination läßt mich jegliches Unwohlsein vergessen. Der Schwarm steht vor uns, als wollte er sagen: „Nehmt doch ein paar von uns zum leckeren Nachtgrillen mit." Mein Unterwasserscheinwerfer schwenkt nach links in eine etwas tiefere Höhle. Ein großer Fisch gleitet langsam heraus und scheint kein Ende zu nehmen. Ich bin so fasziniert, daß ich erst an der Schwanzflosse realisiere, welche Art Fisch ich vor mir habe. Meine Lampe schwenkt zum Kopf, und ich erschrecke fürchterlich: ein Hai. Obwohl es der erste Hai ist, den ich in freier Natur zu Gesicht bekomme, und dazu noch ein Ammenhai, der weder gefährlich noch wie ein typischer Hai aussieht, ist mir in diesem Augenblick mit jeder Faser meines Körpers bewußt, daß dieser Riesenfisch da unter mir ein verdammter shark ist. Viel Zeit zum Realisieren bleibt nicht. Im Moment des Erkennens bzw. Erschreckens ist der Hai auch schon verschwunden. Die elektrischen Signale meines Körpers müssen in dieser Sekunde für ihn wie ein Peitschenschlag gewirkt haben. Alles geht so schnell, daß ich nicht mal den anderen meinen ersten Hai zeigen kann. Auf mein Zeichen hin steigen wir auf, und ich erzähle in heller Aufregung mein Erlebnis. Wir schwimmen zurück zur BlueShip. Auf dem ganzen Weg habe ich Angst, denn ich weiß, irgendwo da unter mir ist dieses Riesending.

Am nächsten Morgen ist Standortwechsel angesagt. René will mit uns in jedem Fall zum nur zwei Stunden entfernten Anse Chastanet Riff. In einem Tauchermagazin war es als eines der schönsten Riffe der ganzen Karibik ausgewiesen. Problematisch ist nur, daß das ganze Gebiet zu einem Hotel gehört und ohne deren Erlaubnis gar nichts geht.

Wir finden eine Muring in der Nähe des Riffs, vertäuen BlueShip und setzen zu dem Hotel über. Wie wir aus dem Bericht wissen, steht das Hotel unter deutscher Leitung. Relativ schnell finden wir Caroline, eine Deutsch-Türkin, die mit ihrem Mann, einem kanadischen Architekten, das Hotel aufgebaut hat. Wir stellen uns als deutsches

Fernsehteam vor, das für die Sendung KuK im WDR dreht. Wir haben zwar vom WDR eine Kamera gestellt bekommen, sind aber keinesfalls ein offizielles Team. Doch es hilft ungemein, sich so zu fühlen. Lässig zeigen wir unsere Presseausweise vor, die wir uns vor der Reise wohlweislich besorgt hatten.

„Ach, das ist ja ein Zufall. Der Herr Szczesny, ein Künstler, der zur Zeit in unserem Haus weilt, war kürzlich in der Sendung KuK im WDR. Dort vorne am Telefon steht er", bekommen wir freudestrahlend mitgeteilt. Wir können es kaum glauben. Was für ein Zufall. Unser KuK-Auftritt war ja leider ins Wasser gefallen, weil wir nicht rechtzeitig in Oostende erschienen waren. Vielleicht wurde ja deshalb die Sendung ein halbes Jahr später abgesetzt...

Szczesny kommt zu uns herübergeschlendert. Irgendwie meistern wir die paar Fragen nach Leuten der Redaktion einigermaßen und merken sofort, daß Stefan Szczesny ein äußerst sympathischer Kerl ist. Spontan lädt er uns auf einen Drink in seine Suite ein.

In seinem Wohnzimmer genießen wir den Blick auf die Pitons, zwei Berge, die das Wahrzeichen von Saint Lucia sind. Das Zimmer gleicht einer großen, offenen Terrasse. Sehr geschmackvoll eingerichtet. Wir fühlen uns wie im Zoo. Ein ehrwürdiger alter Baum hat seine Äste bis in den Raum ausgestreckt. Seine Zweige streben in Richtung Kühlschrank, als wolle er darauf hinweisen, daß ihm der Regen als Getränk auf Dauer zu langweilig sei. Überall um uns herum blüht und duftet es. In jeder Ecke des großen Balkonzimmers ein wenig anders. Buntschillernde Vögel fliegen immer wieder durch die offene Wohnung, und ab und zu läßt sich mal eines dieser tropischen Exemplare auf dem Sofa nieder. Eine echte Robinson-Behausung, die sich ohne Ecken und Kanten in den Regenwald einfügt. Die Geräusche des mächtigen Waldes sind vielleicht etwas gewöhnungsbedürftig, aber alles ist so harmonisch, daß man sie bald nicht mehr bemerkt, wie uns Eva versichert. Sie ist die langjährige Freundin von Stefan und sein liebstes Modell.

Stefan wohnt hier jedes Jahr mindestens drei Monate und malt. Er zeigt uns einige seiner Gemälde, und wir sind ehrlich begeistert von dem „Gauguin der Karibik". Caroline liebt seine Gemälde und reserviert ihm jedes Jahr seine Suite. Zum Sonderpreis natürlich. Für ein schönes Gemälde oder so. Im ganzen Hotel hängen seine Bilder. In einigen Räumen sind die Decken von ihm gestaltet oder gar der ganze Raum.

Auf dem Weg nach unten treffen wir nochmals Caroline, die uns zum complementary-dinner einlädt. Uns. Wirklich uns? Als wir ihr erklären, daß wir zur Zeit viele Gäste hätten – das Atlantikteam hat sich noch nicht verabschiedet – zuckt ihr Mundwinkel nur kurz. Die Einladung steht.

Am Abend findet sich die ganze BLUESHIP-Crew im Speisesaal ein. Das Personal, gekleidet in kreolischen Trachtenkostümen, scheint sich nur um uns zu kümmern. In der Mitte des Speisesaals steht eine lange, fürstlich gedeckte Tafel, und wir werden aufgefordert, den Wein auszuwählen, französischen versteht sich. Wir sind umgeben von freundlichen Kellnern, die uns jeden Wunsch von den Augen ablesen. Hier gibt es kein aufgesetztes, distanziertes Lächeln, sondern eine natürliche, fast schon ausgelassene Stimmung. Wir dinieren fürstlich. Eben so, wie man in einem Hotel, das pro Person und Nacht vierhundert US$ kostet, speist. Mehrere Gänge mit erlesenen Meeresfrüchten und ausgezeichnetem französischen Käse zum Abschluß. Alles, was das Herz begehrt und dazu reichlich Wein. Wir sitzen bis spät in die Nacht und lassen uns so richtig verwöhnen.

Am nächsten Morgen haben wir unser Interview-Treffen mit Stefan. Kurz vor der Überfahrt zum Hotel fängt Richi an, das Schiff zu durchwühlen. Was will er nur wieder? Vielleicht ein Geschenk? Weit gefehlt, Richi erscheint mit einer großen Holzplatte unterm Arm. „Mein Gott. Denk doch mal nach. Wir lassen uns bei dem Interview ein Gemälde von ihm malen!" Stefan findet die Idee einfach gut, und während wir ihn ausfragen, malt er uns ein wunderschönes Stilleben mit den Pitons im Hintergrund. Zum Schluß schreibt er dann noch in dicken Lettern „Für Hubi und Richi zur Erinnerung" drüber, damit es auch wirklich ein Privatbild bleibt und nicht irgendwann auf einer Auktion auftaucht.

Wir verbringen noch ein paar traumhafte Tage in der Bucht, machen unseren ersten Tiefenrauschtauchgang bis auf 61 Meter, genießen das fantastische Riff und fahren dann zum Abschluß unsere Gäste mit dem Dingi zum Flughafen.

Ein Höllenritt mit gutem Timing

Wir sind wieder allein auf BLUESHIP. Nach den turbulenten Weihnachtsfeiertagen tut die Ruhe richtig gut. Sylvester auf Saint Lucia? No way. Wir haben unsere Erfahrungen auf der Insel gemacht und sind nicht gerade scharf drauf, hier den Jahreswechsel zu begehen, zumal wir auf dieser Insel ausreichend gefeiert haben. Wir brauchen nicht lange zu überlegen, um die ideale Partylocation auszumachen: Nach kurzem Studium der Karte ist die Isla de Margarita, die Urlaubsdestination Venezuelas, ausgewählt. Venezuela. Schon der exotische Klang des Namens und das südamerikanische Temperament reizen uns. Kurzum, in kürzester Zeit baut sich vor unseren geistigen Augen eine Sylvesterfeier auf, die an Superlativen nicht mehr zu schlagen ist. Schöne Frauen, deren Körper sich schweißglänzend in Samba- oder Salsarhythmen exstatisch winden, strahlend weiße Zähne in lachenden Mündern, Livemusik und das alles am besten in einer Strandbar.

Wir wissen also genau, was zu tun ist: Auf nach Margarita. Die Insel ist die Kleinigkeit von 260 Seemeilen entfernt. Wir rechnen mit achterlichen Winden, haben nur leider keinen Spinnaker mehr. Die Zeit drängt, es ist bereits der 29. Dezember. Jetzt heißt es schnell handeln. Während ich zum Tanken fahre, macht Richi mit dem Chef der Marina einen Deal klar. 100 US$ für einen Blooper. Was das ist, wissen wir zwar nicht. Aber es soll ein Vorsegel sein und dem Spi ähnlich. Wir klarieren aus und verlassen abends um 21 Uhr Rodney Bay Marina.

Der Wind ist nicht so stark wie erhofft. Am nächsten Morgen haben wir gerade erst 50 Seemeilen in Richtung Ziel zurückgelegt. Wir segeln platt vorm Wind und BLUESHIP ist mit der normalen Besegelung einfach zu langsam. Jetzt muß der Blooper ran. Bloß nicht Sylvester auf dem Wasser feiern müssen.

Der Blooper ist ein Segel, das hochgezüchtete Regattayachten noch zusätzlich zum Spinnaker setzen. Es wird hinter dem Spi gefahren und ähnelt einem großen gleichschenkligen Dreieck. Zunächst müssen wir überhaupt begreifen, wo oben und unten ist bei dem Segel. Nach einer guten Stunde steht es dann. Wir haben es wie eine große Genua gesetzt. Unser Blooper zieht sich bis zur hintersten Kante des Bootes. Mit der Genua auf der anderen Seite haben wir ein großes Rund an Segelfläche, aus dem der von hinten kommende Wind kaum mehr entfliehen kann. Unsere Lady schießt mit über 10 Knoten vor dem Wind dahin, ohne diese Marke auch nur einmal wieder zu unterschreiten. Wir stoßen auf unser Spezialkonstrukt an und träumen vom Sylvesterempfang.

Zum Abend hin legt BLUESHIP noch zu, wir rauschen mit guten 12 Knoten, surfen ein paarmal auf der Welle und genießen das Speedsailing. So gegen zweiundzwanzig Uhr knallt es plötzlich. Wir hatten den Blooper in einem Strumpf hochgezogen, der dann nach oben gezogen wird und das Segel freigibt. Anders sind solche Vorsegel dieser Größe zu zweit gar nicht zu setzen. Dieser Schlauch hat unten einen harten Rand aus GFK und ist aus 18 m Höhe auf unser Deck geknallt. Das Fall ist gerissen. Unser Blooper schwimmt unter BLUESHIP. Große Panik. Wir versuchen dieses unendlich große Tuch wieder an Deck zu hieven. Keine Chance. Wir fluchen und ziehen mit all unserer Kraft an den Ecken des Segels. Aber es heißt Abschied nehmen: Von unserem lieben Blooper, von einer teuren Schot und der Hälfte unseres Falls. Wir haben Glück, daß sich nichts im Ruder verfängt. Halt mal wieder ein dickes Sackerl voll Geld in die See geschmissen.

Was wird jetzt aus Sylvester? Unsere ganzen schönen Träume. Venezuela, Brutstätte der Miss Universum. Immerhin ein Viertel aller offiziell gekrönten Schönheiten kommt aus diesem Land. Alle warten sie auf uns, und wir? Allein auf weiter See. Und plötzlich sieht alles nach einer sehr einsamen Feier aus. Wir werden auf einer Insel landen, die sich nach einer Megafeier, auf der wir gefehlt haben, in Katerstimmung befindet. Wie schrecklich, was für eine Strafe. Wir haben noch gute 100 Seemeilen vor uns und dann auch noch vor dem Wind ohne vernünftige Beseglung. Einfach nicht zu schaffen.

Wir knacken ein paar Biere auf, reden nicht viel und trinken ein wenig, um zu vergessen. Zwei Stunden und ein paar Biere später geht es schon wieder einigermaßen mit der Stimmung. Wir haben uns damit abgefunden. „Man kann eben nicht alles haben" und ähnliche Weisheiten lassen uns erkennen, wie gut es uns doch eigentlich geht. Kaum haben wir uns mit unserem Schicksal arrangiert, kommt neue Hoffnung auf. Der Wind dreht. Kaum zu glauben. Tatsächlich geht der Wind innerhalb der nächsten Stunde bis auf Halbwindkurs, und unsere Lady kommt wieder richtig in Schwung. Wind rechtwinklig von der Seite, das mag sie.

Keiner von uns traut sich zu jubeln. Wir wissen beide, daß der Traum jederzeit wie eine Seifenblase zerplatzen kann, daß der Wind öfter mal, auch für eine Stunde, verrückt spielt und dann wieder aus der alten Richtung bläst. Am nächsten Morgen haben wir nach wie vor halben Wind. Wir wagen die ersten Prognosen. Wir können es ganz knapp schaffen. Kaum gesagt, läßt der Wind etwas nach. Wir reden nicht mehr drüber.

Gegen neun Uhr abends sind wir uns relativ sicher, daß wir zumindest in der großen Partynacht noch ankommen werden. Wir duschen, und es wird gegockelt, was das Zeug hält. Braune Oberkörper auf weißer Jeans. Das Gel für die Haare. „Du siehst wirklich gut aus. Ehrlich. Nein, das bißchen Geknitter ist nicht schlimm. Das ist abenteuerlich. Weltumsegler und gebügeltes Hemd, oder wie? Ach, und außerdem hab' ich dann bessere Chancen, wenn du so'n bißchen verwarzt aussiehst." Während dieser äußerst werthaltigen Unterhaltung trinken wir karibischen Rumpunch.

Die Feier auf BLUESHIP ist schon in vollem Gange, als wir pünktlich um viertel vor zwölf die Bucht von Polamar ansteuern. Zum Begrüßungssalut gibt es das Sylvesterfeuerwerk, und wir sind völlig aus dem Häuschen. Jetzt bloß schnell an Land. Aber wie? Erst noch diesen ganzen Mist mit Dingi aufbauen und 40-PS-Außenborder montieren? Dauert viel zu lange.

„Da vorne ist ein Steg!" Uns ist beiden klar, daß dies kein normaler Bootssteg ist. Erstens, weil nur Dingis an diesem Steg liegen und zweitens, weil es dann doch ziemlich nah am Strand ist.

„Sag mal, besonders tief scheint das ja nicht gerade zu sein."

„Wir können's ja mal ganz langsam versuchen. Außerdem scheint hier ja nur Sand zu sein." Wir wollen einfach nur noch an Land.

...und dann geht gar nichts mehr. Wir stecken fest. Nach einigen

Versuchen – wir werden beide schon leicht unruhig – bewegt sich BLUESHIP endlich, und wir kommen wieder frei.

„Da liegt doch noch ein Touridampfer. Laß uns einfach an dem fetten Pott längsseits gehen. Wenn die jetzt noch nicht draußen sind, gehen die auch nicht mehr raus diese Nacht." In Windeseile haben wir unser Boot neben dem Ausflugsschiff festgemacht, springen über und stürzen uns in die sambaschwangere Sylvesternacht.

TiTi, ein paar Pensionäre
und der Beginn eines Abenteuers

TiTi hat nichts mit dem zu tun, was sich jetzt unsere männliche Leserschaft in einer einfach gestalteten Transferleistung im Hirn zurechtlegt. TiTi ist Lautsprache und steht für Trinidad und Tobago. Ein souveräner Staat mit enger Anbindung an die Vereinigten Staaten. Unser Einlaufen in TiTi hat etwas Besonderes, denn BLUESHIP ist nicht mehr allein. In Venezuela haben wir für unser Mutterschiff ein Kleines adoptiert.

Der 40-PS-Außenborder ist uns schon lange vom Handling her zu unpraktisch gewesen. Da fällt uns in Porlamar bei einem Bootsverkäufer ein Hobie ins Auge, und wir haben ihn vom ersten Blick an ins Herz geschlossen. Wir sehen ihn, seinen Zustand und wissen sofort: Das Ding wartet hier schon seit geraumer Zeit auf uns.

Wir erzählen dem Händler von unserer Tour, unserer Liebe zu Katamaranen und von unserem super Outborder, der nur leider zu schwer für uns beide ist. Den Motor und zusätzliche vierhundert Dollar sind uns der quasi nagelneue Hobie 16 wert, und zum Glück begreift das dann auch der Händler nach einer Woche täglicher Nerverei. Daß dieser kleine Katamaran für uns beide um ein Vielfaches umständlicher ist als der Außenborder, wird von uns ignoriert. Kein Gedanke wird daran verschwendet, daß wir von nun an jedesmal den Mast abnehmen und zu zweit den Hobie von BLUESHIP über die Reling hieven und zu Wasser lassen müssen. Immer wieder eine Wahnsinnsaktion. Wir haben lediglich ausgemessen, ob der kleine Kat bei uns an Bord paßt. Was zählt, ist die Vorstellung, in den Lagunen der Südsee mit einem Hobie rumzuflitzen. „Und überleg doch mal. Wie cool. Keiner hat so ein Dingi. Die mit ihren dämlichen Motoren. Wir kommen dann in den Hafen und können Hobie segeln."

So kommen wir also in TiTi an mit LITTLE BLUESHIP im Schlepp und sonnen uns in den Blicken der anderen Segler.

61

TiTi ist die letzte Bastion der amerikanischen Pensionärssegel-szene. Seit unserem Start haben wir vom Abenteuer Weltumseglung geträumt und nicht vom Kleingartenverein auf See, in dessen Sog man rund um die Welt Hamburger und Hot Dogs genießen kann. Das einzig Beruhigende ist, daß diese Hundertschaft der Weltum-segler alle durch den Panamakanal fahren. TiTi ist definitiv der südlichste Punkt ihres Trampelpfads. Wir wollen endlich richtige Abenteuer erleben. Es ist vielleicht schwer zu vermitteln, aber zwischenzeitlich fühlen wir uns geradezu betrogen.

Wenn wir abends Party haben, gehen sogar schon vor zehn Uhr die Beschwerden los. Dies ist um so verwunderlicher, weil wir bei wei-tem nicht die einzigen sind, die gute Musik mögen. Die Einheimi-schen TiTis lieben ihren Calypso-Blues. Jedes Wochenende werden im Anchorage-Club, der in der Ecke unserer Ankerbucht liegt, haus-hohe Boxentürme aufgebaut und für den bevorstehenden Karneval geprobt. Dabei wetteifern verschiedene Bands um den Karnevalssong der Saison. Die wummernden Calypsorhythmen lassen die Boote bis in die frühen Morgenstunden schwanken. – Aber das ist wohl für unsere Nachbarn etwas anderes, und wir gewinnen mit unserer im Vergleich doch recht bescheidenen Anlage jeden Abend ein paar „Blockwarte" hinzu.

Das Witzige daran ist, daß am nächsten Tag immer nur unsere Gäste angesprochen werden auf die wohl etwas zu laute Musik – uns dagegen läßt man unbehelligt. Aber Fabricio und Cathy, ein südafri-kanisches Paar, und Rainer und Katharina aus Rostock lassen sich davon nicht beirren und feiern wirklich gerne mit uns. Zu unseren ständigen Gästen zählen auch zwei britische Kanuten, die unterwegs sind, um für das Guiness Buch der Rekorde die längste Paddeltour der Welt zu vollführen. Da sie auf ihrer bisherigen Tour von Nord-west-Kanada bis TiTi immer nur in ihrem kleinen Zelt übernachtet haben, freuen sie sich aus ganzer Seele, zwei Wochen auf unserer komfortablen BLUESHIP zu nächtigen. Sie sind jung wie wir und auf der Suche nach Abenteuern, deshalb verstehen wir uns auf Anhieb.

Der Großteil der Segler ist jedoch der Meinung, daß wir nicht ganz sauber ticken. Es hat sich rumgesprochen, daß wir auf dem Weg zum Kap Hoorn sind – damit sind wir für die meisten lebensmüde, und sie haben eine gewisse Nachsicht mit uns. Interessant ist, daß uns alle, mit denen wir ins Gespräch kommen, prophezeien, daß wir es nicht einmal bis Rio schaffen werden. Diese Überzeugung haben ausnahmslos alle aus dem Karten- und Bücherstudium gewonnen. Kein einziger dieser Ratschläge verteilenden Supersegler ist die Strecke je gesegelt. Das läßt hoffen. Wir ahnen schon, daß wir weiter unten nicht mehr von diesen wohlwollenden Lehrern, die es wirklich nur gut mit uns meinen, belästigt werden würden.

Doch nicht alle sind Schnacker, da ist ja beispielsweise auch Chuck. Er war früher U-Boot Kommandant eines „Nukes", wie die atomgetriebenen Unterseeboote liebevoll von den Amis genannt werden. Wir lernen ihn über unseren Anschlag am Schwarzen Brett kennen. Chuck hatte mit seiner Yacht mehrmals Südamerika bereist und ausreichend Seekarten zum Kopieren. Er kennt die Strecke und hat nur zwei Silben übrig für die Standpunkte unserer bisherigen Ratgeber: „Bull Shit". „Da unten herrschen zwar fünf Knoten Gegenströmung, wenn ihr aber nah unter Land segelt, dreht sich der Strom. Ihr könnt da sogar mit einem Knoten Schiebestrom rechnen. Ihr müßt nur auf Fischerboote aufpassen so dicht unter Land. Gestern hatte ich erst Kontakt über Funk mit ein paar Freunden, die genau diese Strecke segeln. Haben einen traumhaften Törn." Was für eine wertvolle Begegnung mit diesem Haudegen, der mit John Wayne Mimik kaugummikauend vor uns steht und einfach weiß, wovon er spricht.

Bevor wir aus TiTi lossegeln, gewinnen wir dann doch noch ein paar Freunde. Das BLUESHIP-Cinema gefällt zum Glück auch denen, die unsere open-air Diskothek nicht zu schätzten wissen. Unser Kino taufen wir das „Dingi-In". Über den Yachtclub bekommen wir einen Videorecorder und Videos geliehen. Rainer aus Rostock ist DJ, hat ein Mischpult mit und schafft es, den Sound vom Video auf unsere Außenanlage zu bringen. Das Großsegel als Leinwand und unser Videoprojektor machen unsere Lady dann zum Filmpalast. Ein echtes Kinoerlebnis. Und wahrlich, sie kommen fast alle, um sich Jack Nicholson und Michelle Pfeiffer in „Wolf" anzusehen und würdigen dies auch, als Cathy den Südwester herumreicht, um unsere Bordkasse aufzufrischen. BLUESHIP ist umringt von Dingis, und wir sind von dem Kino auf der Großbildleinwand mit Popcorn und Bier begeistert. Sogar die Leute mit den schwachen Blasen können endlich einmal Kinofilme in ihrer ganzen Länge genießen.

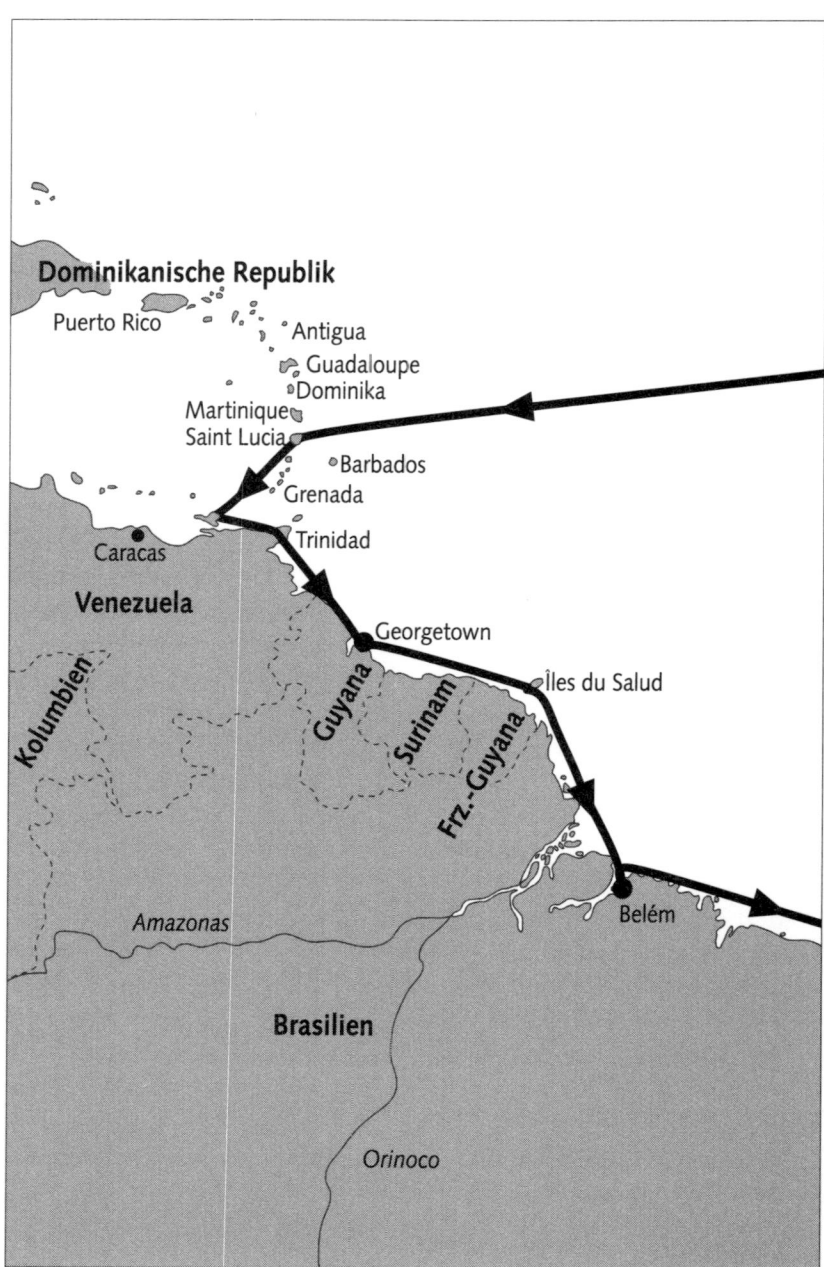

Dominikanische Republik

Puerto Rico

Antigua

Guadaloupe

Dominika

Martinique

Saint Lucia

Barbados

Grenada

Trinidad

Caracas

Venezuela

Kolumbien

Guyana

Surinam

Frz.-Guyana

Georgetown

Îles du Salud

Belém

Amazonas

Brasilien

Orinoco

Der Zöllner, die Piraten und der Beißer

Eigentlich hatten wir gar nicht vor, Guyana, das frühere British-Guyana, anzulaufen. Ein großer Riß in unserer Genua überzeugt uns dann aber doch, Georgetown in Guyana anzulaufen. Schon auf dem Weg zum Hafen am Fluß entlang fallen uns immer wieder kleine Schnellboote auf, deren Besatzungsmitglieder aussehen, als wären sie gerade einem Guerillakrieg entsprungen. Patronenketten gekreuzt über der Brust, die Waffe im Anschlag und die entsprechende Kampfkleidung an.

Wir steuern den Hafen an und machen sicherheitshalber neben der Polizei und dem Zoll fest. Im Büro des Portcaptains guckt man uns ungläubig an, als wir erklären, einklarieren zu wollen. Einklarieren ist nur über einen Vermittler möglich, bekommen wir ebenso freundlich wie bestimmt zu hören. Also verbringen wir einige Zeit wartend bei dem Broker, um zu erfahren, daß das Einklarieren über ihn mindestens 100 US$ kosten soll. Da uns das ein bißchen viel scheint, erklärt man uns, daß pro Jahr höchstens eine private Yacht einläuft – die letzte war vor zwei Jahren hier. Deshalb müßten wir wie die Großschiffahrt einklarieren, und das hätte nun mal seinen Preis. Immerhin sind wir hiermit endlich in einem Hafen eingelaufen, der nicht von Yachties überschwemmt ist. Dazu noch diese unangenehmen Typen auf ihren Schnellbooten, die krasse Armut auf dem Gemüsemarkt, den wir auf dem Weg zu dem Broker passiert haben, und die Blicke der Leute, die uns nur allzu deutlich machen, daß wir hier nicht hingehören. Das Abenteuerflair kann man förmlich greifen.

Der Portcaptain will bei den Formalitäten partout keine Ausnahme gelten lassen und bittet uns so inständig, den Broker zu nutzen, daß verwandtschaftliche Verhältnisse nicht auszuschließen sind. Während eines langen Telefonats lasse ich meinen Blick schweifen, der auf einem hohen Stapel hängenbleibt: Piracy Report. Auf unsere Anfrage bekommt der Portcaptain einen besorgten Blick: „22 attacks last week." Ist sein Gesichtsausdruck wirklich besorgt? Irgend etwas scheint einfach nicht zu stimmen mit diesem Mann.

Zum Einklarieren kommen sie zu sechst an Bord. Irgendwie muß man ja 100 US$ rechtfertigen in einem offensichtlichen Dritte-Welt-Land wie diesem. Nach kurzer Zeit bleibt nur noch der Portcaptain mit einem Gehilfen zurück. Obwohl dies natürlich nicht zu seinem Aufgabengebiet gehört, beginnt er unser Schiff zu durchsuchen. Am Medikamentenschrank bleibt er mit dem Hinweis stehen, daß er nach Whiskey am nächsten Morgen immer so schlecht arbeiten kann. Die Frage, ob wir wohl Aspirin hätten, obwohl seine Nase geradezu eintaucht in eine riesige Aspirinbox, kann man gar nicht falsch verstehen. Die Aspirin wechseln ihren Besitzer, und weiter geht es zur Bar. Ob wir denn etwas zu trinken hätten. Seine Grimasse beim Aufzählen der Säfte verrät schnell, wonach dem Herrn in Uniform der Sinn steht: Whiskey. Und zwar viel. Mit Orangensaft.

Seinem Mitläufer, einer etwas farblosen Person, ist die ganze Situation offensichtlich peinlich. Als ich ihm ebenfalls Whiskey anbiete, schüttelt er scheu den Kopf. Ein äußerst sanfter, freundschaftlicher Schulterklopfer mit einem kurzen Text in Landessprache läßt ihn dann jedoch ruckartig erkennen, wie angenehm und passend es doch ist, mittags um zwölf in Uniform armen Seglern den Whiskey weg-zusaufen.

Wir unterhalten uns im weiteren noch über so nette Themen wie die Todesstrafe und Handabhacken für Diebstahl, und unser Port-captain empfiehlt uns, auf jeden Fall Wachen für das Boot zu organisieren. „Selbst wenn ihr hier am Polizeisteg liegenbleibt, was ihr bis morgen machen könnt, seid ihr keinesfalls sicher. Die kommen mit ihren Schnellfeuerwaffen und nehmen alles mit. Auch die Frauen." Ein dezenter Hinweis auf unsere beiden Gäste, die wir in TiTi an Bord genommen hatten. Antje und Kerstin halten sich wirklich wacker angesichts der beängstigenden Umstände.

„Können wir nicht einfach unsere Sirene anschalten, wenn jemand kommt? Das hören Sie doch bestimmt."

„Wir sind ab vier Uhr nicht mehr da." Inzwischen ist es schon zwei Uhr. Nachdem unser Johnnie Walker sich dem Ende neigt, meint unser pflichtbewußter Beamte, er müsse jetzt wohl gehen. Er hätte noch einiges heute zu tun. Ob wir denn noch einen Whiskey und einen Orangensaft übrig hätten. Ja, das haben wir. Und zwar einen richtig seifigen Malt Whiskey, den wir nach kurzer Kostprobe angeekelt wieder in unsere Bar gestellt hatten für ungeliebte Gäste an Bord. Seit den Kanaren ruht er da und hat keine Freunde gefunden. Es ist genau das richtige Fläschchen für unseren gierigen Beamten. Die Flasche sieht gut aus, und unser Freund verabschiedet sich herzlich von uns.

Kurze Zeit später verlassen wir BLUESHIP mit unseren Müllsäcken in der Hand − übrigens ein leidiges Problem an Bord − und suchen nach einer Möglichkeit, diese loszuwerden. Eine vorbeikommende Gruppe, offensichtlich Hafenarbeiter, fragen wir nach einem Platz für den Mist. Mit einem vertrauensvollen Lächeln nehmen sie uns die drei großen Säcke ab. Ich will mich gerade recht herzlich bedanken, als die drei Säcke in hohem Bogen in den Fluß platschen, ohne daß die Männer sich auch nur umgedreht hätten. Keines ihrer ausdruckslosen Gesichter hat sich bei der Aktion verändert. Nicht einmal ein gelangweiltes Hinterhergucken, wie schön sich der Müll in ihrem Fluß verteilt. Mit einem Schulterzucken erklären sie uns, daß das hier jeder so tut und die Ebbe den Dreck schon nach draußen trägt.

Wir schlendern durch Georgetown, werden angegafft und angestiert, manchmal auch angefaßt von neugierigen kleinen Kindern. Da haben wir nun, was wir wollten. Hier kommen sie nicht hin, die Pensionäre. Aber daß es nun gleich so extrem sein muß... An unserem Boot hat sich inzwischen ein Schneider eingefunden zum Segelnähen und dazu auch eine ganze Meute von „Tutnix" und „Schlagdichtot". Sie sehen zum Teil so furchterregend aus, daß wir Angst haben, ihnen den Job, aufs Boot aufzupassen, zu verweigern. Sie könnten ja zur anderen Seite wechseln... Aus der Meute ragt ein Mann deutlich heraus. Er ist einen guten Kopf größer als die ihn umgebende Konkurrenz und hat eine verblüffende Ähnlichkeit mit Jaws, dem „Beißer" aus dem James Bond Film. Seine Statur ist der Arnold Schwarzeneggers vergleichbar, und seine Zähne sind identisch mit denen Jaws, nur eben nicht aus Metall. Seine freundlichen Augen und die zuvorkommende Art lassen sofort durchblicken, daß sich hinter der rauhen Schale ein weicher Kern verbirgt. Sein Preis ist angemessen und er hat sogar von zwei Yachten Referenzen, wobei eine obendrein nur etwa zwei Jahre alt war. Eine stolze Leistung, wenn man bedenkt, wie selten Privatyachten dieses gastliche Fleckchen Erde anlaufen. Seine erste Aufgabe „clean the jetty", was soviel bedeutet wie, „schick doch bitte die Leute weg", erledigt er mit großer Genugtuung.

Danach sitzen wir noch mit ihm zusammen, und endlich erfahren wir, was es mit den bis an die Zähne bewaffneten Bootspatrouillen auf sich hat. Am Ende des Flusses waren vor ein paar Jahren Diamantenvorkommen entdeckt worden. Die glitzernden Steinchen lockten aber nicht nur ehrliche Glücksritter an, sondern auch diejenigen, denen das Rauben eher liegt als das Buddeln. Auch jetzt noch kommt es, trotz der bewaffneten Eskorten, immer wieder zu Übergriffen, aber es ist doch beruhigend zu wissen, daß die Jungs mehr oder weniger nur auf der Jagd nach Diamanten sind. Wir können nur hoffen, daß es keiner von diesen Rambo-Trupps nur aus Langeweile mal mit dem Ausrauben einer Yacht versucht.

Wir verbringen eine unruhige Nacht. Vor dem Schlafengehen passieren immer wieder kleinere Boote mit bewaffneter Crew unsere BLUESHIP. Wir haben Jaws mit einer Wasserpistole ausgestattet, die im Dunkeln einer Echten zum Verwechseln ähnlich sieht, unserer Armbrust, die mit ihrer Durchschlagskraft tatsächlich eine echte Waffe darstellt, und mit einer Flasche Wodka, die Jaws einfach nicht mehr aus der Hand geben will. In der Nacht nähern sich immer wieder Boote unserer Yacht. Ein paar dubiose Gestalten diskutieren auch in Landessprache mit Jaws. Vielleicht wollen sie ihn zum Überlaufen bewegen. Aber irgendwie schafft er es, daß sie immer wieder abzockeln. Zwischendurch steht er vorne am Bug und übt sich im Schattenboxen. What a man.

Am nächsten Morgen ist die Wodkaflasche leer, wir leben immer noch, und keiner hatte BLUESHIP betreten. Und Jaws? Er steht vor uns, als hätte er gerade nach einem gesunden Schlaf seine Morgengymnastik hinter sich gebracht – wie das blühende Leben.

Papillon, Mörder und die Präfekten

Wir segeln dicht unter Land, immer die Mangrovenküste neben uns. Überall münden hier Flüsse in den Atlantik, die das Wasser bis weit in den Ozean hinein tiefbraun färben. Mein erster Geburtstag auf See. Ein Geburtstagskuchen, überall Luftballons, ein lautgröhlender Geburtstagschor und Sekt zum Frühstück. Für so etwas hat Antje einfach ein Händchen.

Aus dem Sekt werden irgendwann Cocktails. Hier wiederum ist Kerstin Profi. Seit Monaten shakt sie Cocktails in London und hatte in TiTi noch einmal speziell für diesen Anlaß eingekauft. Die Geburtstagsfeier endet, wie kann es anders sein, mit wilden Tänzen und fehlender Erinnerung an den Bettwärts-Gang. Während des Tanzens habe ich immer wieder die Tendenz, den Wellen nachzugeben und mit der Nase Stabilitätsausgleich zu suchen. Auch schlafe ich diese Nacht schlecht, weil mein Unterbewußtsein immer noch denkt, es müßte mit lautem Grollen schlechte Menschen von Georgetown vertreiben. Ich habe ein paar schrecklich große, blaue Flecken am nächsten Morgen und eine verstauchte Hand.

Einen Tag später haben wir Land in Sicht. Es sind die Îles du Salut. Diese Inselgruppe gehört zu Frankreich, besteht aus drei wunderschönen Inseln und ist der Schauplatz des berühmten Romans von Henri Charrière, „Papillon". Wir legen an der Île de Royale an, der Hauptinsel. Kein anderes Schiff weit und breit. Zwei äußerst nette Gendarmen fragen, woher wir kommen und wollen mit dem Einklarieren wirklich nichts zu tun haben. Wir verabreden uns mit ihnen auf ein Bierchen am Abend. Auf dem Weg hoch zur Festung sehen wir große Leguane und Gruppen von Papageien, die sich wild kreischend im Formationsflug in die Lüfte erheben. Überall laufen Hühner rum. Oben im Vorhof der Festung, die zu einem schönen Hotel umgebaut worden ist, begrüßt uns ein Pfau, der seine Federpracht vor uns präsentiert, als gehöre er zum Hotel und diese Vorstellung mit zum Begrüßungsritual. Eine große Dogge am Eingang schleckt so heftig meine Hand, daß ich beim anschließenden Händeschütteln mit einem verständnissuchenden Blick auf den Hund verweise und entschuldigt bin.

Alles ist wunderschön hier. Frisch gezapftes Bier in großen Krügen. Davon träumt nun wirklich jedes Seglerherz. Nur die umgerechnet 15 DM für den 0,4 Pott passen nicht so recht in diesen Traum. Wir nörgeln so lange rum, bis Antje auf den Tisch haut und sagt: „Das geht auf meine Rechnung. Jetzt trinkt euch mal richtig einen, Jungs." Unter lautem Protest bestellen wir noch ein paar Bier und kommen mit zwei Uniformierten ins Gespräch, den einzigen Gästen außer uns. Sie sind von der Fremdenlegion. Corporal Bush ist Deutscher und der andere ein verschmitzt dreinschauender Franzose. Wir werden eingeladen zur Île de St. Josephe, der Insel, wo die Strafgefangenen ihre eigenen Ziegel gebrannt haben, um damit ihre Gefängnisse zu bauen. Heute befindet sich dort das Ferien- und Erholungsparadies für die Fremdenlegionäre. Wir trinken noch ein paar Bierchen und laden dann die Damen zum Dinner ein. Viele Gänge, ganz lecker und zwei-Sterne-Preise.

Unter einem traumhaften Himmelszelt schlafen wir vorne im Netz zwischen den Rümpfen ein, umgeben von den geheimnisvollen Geräuschen der Natur.

Am nächsten Morgen ist für uns alle frühes Aufstehen angesagt. Die Legionäre im stilechten, olivgrünen Zodiak gehen längsseits. „Vergeßt nicht die Armbrust, Harpunen, Flossen und Brille und so." Bei Landausflügen sind wir immer gut ausgerüstet. Das Zodiak fliegt durch die Wellen, die hier eine ganz beachtliche Größe haben, aufgebauscht durch die Strömung zwischen den Inseln und dem Wind, der ihr entgegensteht. Wir springen mit dem Boot über die Wellenkämme, und Antoine, dessen Biographie ein Mord ziert, legt mit dem Zodiak sicher an der Rampe der Île de St. Josephe an.

Antoine lebt nicht schlecht. Er ist der Verwalter dieses Paradieses. Anstatt vor den Kadi und ins Gefängnis zu wandern, war er zur légion étrangère gegangen, hatte zugegeben, ein Mörder zu sein und nannte sich von da an Antoine. Es war ein Fall der klassischen Vendetta. Seine arabische Frau wurde von einem besoffenen Ölauge vergewaltigt, und Antoine hatte ihn mit dem Messer niedergestochen. Seine Frau war „befleckt" und er ein Mörder. In dieser Situation war für ihn die Fremdenlegion keine schlechte Lösung. Und auch sonst hat er viel zu erzählen. Gemeinsam mit Thomas hatte er an vorderster Front mit den Desert-Storm-Truppen gekämpft. General Schwarzkopf ist für ihn der größte Held der Geschichte. Die großen B52-Bomber nennt er nur die Maulwürfe. Ganze Infanteriekompanien konnten Schutz finden in den Grabenlandschaften, die ihr Bombenhagel hinterließ. Antoine bringt die Storys so trocken und abgeklärt rüber, als wäre es für ihn ein Spaziergang gewesen.

Ein Zahnarzt, der dritte im Bunde, ist aus reiner Abenteuerlust dabei. Er ist Lette, der hier seinen Beruf ausübt, französisch lernt und in dreizehn Jahren, von denen er schon drei hinter sich hat, eine Rente bekommen wird, von der seine Landsleute nur träumen können. Sein erfrischendes Lachen und seine freundliche, offene Art geben ihm eine glückliche Aura.

Ich möchte keinesfalls einen Lobgesang auf die Fremdenlegion anstimmen. Aber es ist höchst interessant zu sehen, welche Art von Charakteren wir treffen und auf welchen Wegen sie zur Legion gekommen waren. Sowohl für den Letten als auch für Antoine ist die Legion ein durchaus plausibler Schritt. Aus Thomas ist nicht so recht rauszukriegen, was ihn in die Arme einer Armee getrieben hat, die bei allen Kriegen in dieser Welt in der vordersten Linie mitkämpft. Er erzählt uns eine Story von einem Unfall mit Fahrerflucht, aber bei allen überwiegt das Gefühl, daß das nicht der wahre Grund sein kann.

Thomas führt uns über die ganze Insel, zeigt uns die Ziegelbrennerei und die Verließe: „Hauptsächlich saßen hier Politische ein." Die Zellen sind 2,50 Meter lang und nur 2 Meter breit. Dicke Eisenstangen sind oben auf den hohen Wänden einzementiert. Mitten im Dschungel. Ohne Schutz vor Regen und dem Getier. Unter offenem Dach im Knast. Eine richtige Horrorshow. Viele starben an der harten Arbeit in der Gießerei, beim Bauen und Ziegelbrennen, immer mit den dicken Ketten zwischen den Beinen. Wer daran nicht zugrunde ging, wurde auf der Flucht erschossen, von den Haien gefressen oder starb an einer der Seuchen, die bei den erschöpften und unterernährten Strafgefangenen leichtes Spiel hatten.

Kaum zurück von unserer Expedition, kommt uns schon Antoine freudestrahlend entgegen. „Die Präfekten sind eben gelandet. Ich bereite gerade die Tafel zum Essen vor." Die Obersten der Außenposten der Grande Nation befinden sich auf einer Rundreise und sind mit ihrem Helikopter auf der Nachbarinsel gelandet. Es ist eine Gruppe von sechs Leuten. Ein Inspekteur aus Paris, dann „Mon Général", wie ihn Antoine liebevoll nennt, aus Tahiti, einer aus Martinique, die anderen aus Mauritius und Guadaloupe sowie selbstverständlich einer aus Kourou, der Hauptstadt Französisch-Guyanas, der Gastgeber.

Wir setzen uns auf die große Holzterrasse des wunderschönen Bruchsteinhauses an eine Tafel, die keine Wünsche offen läßt: frisch gegrillter Fisch, Steaks, Salate, Croques und nicht zu vergessen der leckere Wein und die Bratkartoffeln, zubereitet aus Brotfrucht, eine Spezialität von Antoine, dem Antje und Kerstin bei der Vorbereitung sehr geholfen haben. Das Savoir-vivre der Herren ist ausgeprägt, und „Mon Général", der übrigens als Cäsar eine hervorragende Figur abgegeben hätte, trägt mit viel Humor und einigen Anekdoten von der Inselwelt im Pazifik zu einer gelungenen Runde bei. Es wird soviel gelacht, daß das Essen gute drei Stunden dauert.

Nach fürstlichem Mahl und Plauderrunde geht's an den Strand. Auf der ganzen Insel gibt es nur einen Sandstrand, und den auch nur bei Ebbe. Ansonsten sind überall schroffe Felsen, die in Kombination mit der Brandung zum Schwimmen höchst ungeeignet sind. Kaum am Strand angekommen, wird Volleyball gespielt, wobei der Inspekteur aus Paris mit seiner unglaublich unsportlichen Figur, die er sich wahrscheinlich in jahrelangem Bürohocken antrainiert hat, einen köstlichen Anblick bietet. „Mon Général" und wir haben auf jeden Fall unseren Spaß mit dem hohen Herrn aus Paris, und immer, wenn er den Ball holen muß, was oft geschieht, grinst „Mon Général" verschmitzt und macht seine Grimassen. Selbstverständlich so, daß es Mr. Ungelenk ab und an mitbekommt und Gelegenheit hat, über sich selbst zu lachen, womit er anscheinend keine Probleme hat und so seine wahre Größe offenbart.

Jetzt aber rein ins Naß. Einige der Präfekten sind schon im Wasser und spielen in der Brandung am Strand, denn die Strömung ist enorm stark, sobald man sich auch nur ein paar Meter weit rauswagt.

Wir schwimmen mit dem Letten raus, der uns davor warnt, uns weiter vom Ufer zu entfernen.

Aber wir haben unsere Taucherflossen an und überhaupt wollen wir sehen, was sich so unter Wasser tut. Leider ist die Sicht extrem schlecht, das Wasser ist durch die Strömung so aufgewühlt, daß man die eigene Hand nicht vor dem Gesicht sehen kann. Richi taucht schnell wieder auf. „Dude*, mir ist grad eine Schildkröte direkt vor die Nase geschwommen und war sofort wieder weg. Hier sieht man ja fast gar nichts."

„Ich glaube, wir sollten zurück. Fühlst du das? Hier ist 'ne irre Strömung." Wir fangen an zu kämpfen. Der Lette ist ein gutes Stück vor uns. Er scheint ein exzellenter Schwimmer zu sein, und dennoch kämpft er um jeden Meter. Einer der Präfekten winkt nett rüber und weckt in mir Erinnerungen an Reader's Digest Stories, die ich als kleiner Junge immer fasziniert gelesen hatte. Die mit der Überschrift „Drama im Alltag". Es ist dieser Wechsel von einer alltäglichen fröhlichen Situation, die sich von einer Sekunde zur nächsten urplötzlich in einen brenzligen, lebensgefährlichen Alptraum wandelt.

Wie verrückt arbeite ich mit den Flossen und kämpfe verzweifelt mit den Armen. Richi ist irgendwo neben mir. Es geht ihm genauso wie mir. Unsere Blicke treffen sich kurz. Unsere Sinne konzentrieren sich nur noch darauf, mit aller Kraft gegen diese unglaubliche Strömung zu gewinnen. „Warum bist du nur so weit raus geschwommen? Du Idiot!" Das „du Idiot" schreit mir mein Innerstes laut entgegen. Mir schießen die Bilder aus unserem Haibuch durch den Kopf, da ist ein Gemälde drin, wo Flüchtlinge der vor uns liegenden Teufelsinsel von Haien angegriffen und gefressen werden. War nicht auch in dem Roman „Papillon" die Rede davon, daß ein Fluchtversuch unmöglich ist, weil die Insel umgeben ist von Haien, angelockt durch die ganzen Abfälle der Inseln? Wir strampeln hektisch, wie ein verletzter Fisch. Die Angst vor dem imaginären Hai, den ich deutlich hinter mir fühle, mobilisiert die letzten Reserven. Ich schwimme

---

*Dude (gesprochen Düd): ursprünglich „well dressed men". So wurden die Engländer bei ihrer Ankunft mit der MAYFLOWER in Boston genannt. Wir hörten den Begriff erstmals bei einem Kalifornienaufenthalt 1984. Heute ist es eine weit verbreitete Anrede unter den dortigen Surfern.

um mein Leben, komme nur zentimeterweise voran. Wir kämpfen und kämpfen. Als wir den Strand erreichen, sind wir beide so erschöpft, daß es uns schwerfällt zu laufen. Einer der Franzosen lächelt rüber. Bloß nichts anmerken lassen. Wir sind ja schließlich die Weltumsegler. Mein Gott, wie peinlich wäre das gewesen, wenn die uns hätten retten müssen. Wir kommen langsam wieder zu uns. Richi baggert schon wieder mit einem kleinen Sprung nach vorn den Volleyball zu „Mon Général". Wir haben es noch mal geschafft. Oder mal wieder? Bei unserem allabendlichen Gute-Nacht-Drink im Netz der BLUESHIP rekapitulieren wir noch mal die ganze Situation. „Dude, das war richtig knapp." – „Oh, ja. Allerdings. Hätte wirklich schiefgehen können."

Der Amazonas, Cicero und die Indianer

Lange bevor wir das Amazonasdelta erreichen, verrät schon die tiefbraune Wasserfärbung, daß wir uns der Mütter aller Flüsse nähern. Der Amazonas. Eine Station auf unserer Route, die schon bei der Planung wildeste Abenteuerphantasien geweckt hat. Der Amazonas full of Piranhas. Yeah. Das war genau das, wonach wir suchen. Ultimatives Abenteuer. Die Lunge der Welt, der Regenwald, wilde Indianer und Nordbrasilien, der Staat Pará, wo die Gesetze nur auf dem Papier stehen.

Bei der Einfahrt in den Fluß ist es 3 Uhr morgens. Wir haben keine Strömung, segeln gemütlich mit fünf Knoten durch die Nacht und haben Angst vor Baumstämmen. Zu viele Horrorstorys haben wir gehört von Yachten, aufgespießt von Bäumen, die der Fluß im reißenden Strom mit sich führt. Einer von uns liegt ständig mit einem starken Strahler vorne auf der Lauer. Wir steuern die Stadt Belém an. Immer wieder ragen große Wurzeln aus dem Wasser, weichen wir kleineren Stämmen aus. Aber auch Ölfässer und leere Kanister schwimmen an den Rümpfen unseres Kats vorbei. Nicht gerade umweltbewußt, die Brasilianer. Aber das haben wir ja schon bei anderen Flußvölkchen mitbekommen. Der Fluß ist nun mal die naheliegendste Lösung für den Müll.

Die Strömung, gegen die wir ankämpfen, wird immer stärker. Wir schalten den Motor zu und stehen dennoch fast auf der Stelle. Wir kämpfen uns mit unglaublich rasanten 1,5 Knoten voran. Vielleicht sollten wir lieber ankern und auf den Flutstrom warten? – Aber wir wollen weiter, und solange wir auch nur ein bißchen vorwärts kommen, geben wir nicht auf. Einige Fischerboote kommen nah ran. Sehr neugierig, die Jungs. „Sag mal, was macht der denn da? Fehlt dem was? Der fährt uns ja genau vor den Bug!" Richi drückt zwei Tasten

75

auf dem Autopilot und BLUESHIP weicht mit einer 100° Kurve aus. „Ist ja nicht zu glauben. Guck mal, dieser Schwachkopf kommt zurück. Der will irgendwas." Diesmal fällt das Ausweichmanöver besonders knapp aus. Richi stellt sich vorne an den Bugkorb und schreit die Jungs von dem wildgewordenen Boot an. Verstehen tun sie's wahrscheinlich eh nicht, aber die Worte sind auch nicht so wichtig. Der Ton und die Körpersprache von Richi sind unmißverständlich. Wild gestikulierend ziehen sie ab. „Na, das kann ja heiter werden, wenn die hier alle so nett sind."

Wir müssen tanken. Seit ein paar Tagen hat uns mal wieder einer unserer beiden Motoren verlassen. Nur die Backbordmaschine läuft noch. Der Rio Para, ein Nebenfluß des Amazonas, hat inzwischen eine reißende Strömung. Das Ansteuern der Tankstelle, einer Plattform mitten im Fluß, wird zum vorausschauenden Manöver. Wir müssen weit oberhalb der Tanke ausholen. Als unsere Lady quer zum Strom steht, werden wir mit über sechs Knoten seitwärts versetzt. Jetzt schnellstens rum und mit jaulendem Motor gegen den Strom an die Tankstelle. Im Kriechtempo. Noch ein bißchen mehr Strömung und wir kämen mit der einen Maschine nicht mehr weiter. Die Leinen sind fest. Motor aus. Den Tampen spürt man den Druck an. BLUESHIP zerrt an den Festmachern, als wolle sie die Pfähle ausreißen, an denen sie so widerwillig festgehalten wird. Ablegen unter Höchstdrehzahl. Aber der Motor läßt uns nicht im Stich.

Die Sonne ist gerade aufgegangen. Aus dem sattgrünen, dichten Regenwald steigen dicke Verdunstungsschwaden auf. Die Lunge der Erde atmet aus. In einem breiten Seitenarm des Rio Para finden wir den Yachtclub, machen an einer Muring fest und werden mit einem kleinen Fährdienst übergesetzt an Land. Erst mal ein paar fürstliche Biere. Wir kommen sofort mit ein paar Brasilianern ins Gespräch und hören mit Genugtuung, daß sich hierher nur wenige ausländische Yachten verirren. Bevor wir in die Stadt fahren, springen wir in den clubeigenen Pool. Herrlich, dieses Süßwasser. Wir werden inständig gebeten, nicht nach Sonnenuntergang das Clubgelände zu verlassen, keine Wertsachen mitzunehmen, keine Kamera und blabla.

Eine halbe Stunde später sitzen wir in einem wunderschönen Restaurant. Eine große, überdachte Terrasse empfängt uns mit Blick auf den Fluß und die gegenüberliegende Seite, die uns wieder mit diesem unbeschreiblichen Grün anstrahlt. Die Farbe ist so intensiv und so unbeschreiblich schön, daß sich unsere Blicke minutenlang daran festheften und Richi sogar die Tränen in den Augen stehen, als wir uns wieder einander zuwenden. Ist es der Kontrast zu dem vielen Blau, das uns immer auf See umgibt? Oder ist es einfach nur das intensivste Grün der Welt? Ein sattes, fettes Chlorophyllgrün, das die Augen einlullt, und das man riechen und atmen kann.

Wir essen leckeren Fisch und viel Salat, rätseln, ob der delikate Geschmack von den Gewürzen kommt oder ob die Amazonasbrühe ihm diesen speziellen Touch verliehen hat. Auf jeden Fall schmeckt er ausgezeichnet, und die Frische des Salats tut das Übrige zum Rundum-Wohlfühlen. Danach schlendern wir über den Markt Ver-O-Peso, was soviel heißt wie „achte auf das Gewicht". Vorbei an bunten, dicht gedrängten Gewürzständen. Die schmalen Gänge hängen voll mit allerlei Fläschchen, Tüchern und Taschen. An einem Stand gibt es sogar Tierinnereien, die der Kunst der indianischen Medizinmänner dienen.

Nach einem langen Tag machen wir es uns in einer Bar in der Stadtmitte von Belém gemütlich. Es ist der Abschiedsabend von Antje und Kerstin. Kaum sitzen wir an der Theke, werden wir auch schon angesprochen. Es ist halt keine Touridestination, und wir fallen auf. Harm hat einen richtigen Seemannsbart, sieht überhaupt wie ein Pfundskerl aus, und wir finden schnell Parallelen, denn Harm ist lange zur See gefahren. Wir unterhalten uns eine halbe Stunde mit ihm, bevor er nach Hause muß zu Frau und Kindern. „Warum treffen wir uns nachher nicht noch auf ein leckeres Sushiessen?" Gerne willigen wir ein und verabreden uns am Club.

Harm und seine Frau Iris erweisen sich als sehr sympathisch. Nach langer Segelei hatte sich Harm in Belém niedergelassen, eine Fertigteilhausfabrik aufgebaut und beliefert von dort aus ganz Florida mit seinen Häusern. Iris hatte er bei einem Kunden kennengelernt. Besser gesagt, sie war die Frau seines Kunden, und sie gefielen einander schon bei der ersten Begegnung. Auf jeden Fall hat es keine zwei Monate gedauert, bis sich beide von ihren Partnern trennten, und seitdem sind sie ein glückliches Paar. Während sie ihre Geschichte erzählen, die schon fünf Jahre zurückliegt, strahlen sie sich an wie zwei Frischverliebte. Nicht übertrieben, halt einfach nett. Der Japaner ist hervorragend. Das liegt wahrscheinlich nicht zuletzt daran, daß Brasilien die meisten Japaner außerhalb Japans beheimatet. Der Sake mundet ebenfalls, und wir beschließen, daß das nicht unser letzter gemeinsamer Abend war.

Zurück im Club, gehen wir noch mal an die Bar. Ein Amerikaner steht da: Manfred, den wir nach kurzer Zeit Halbfred taufen, weil er ein gewisses „demi-monde-flair" ausstrahlt, obwohl wir ihm damit wahrscheinlich unrecht tun. Er besitzt eine Farm, auf der er Acerola anbaut, und versucht, uns als Partner zu gewinnen, weil ihm das Geld auszugehen scheint. Aber unsere Lady jetzt zu verkaufen, um in Brasilien Farmer zu werden, entspricht nicht so ganz unseren Plänen, obwohl es zugegebenermaßen sehr verlockend klingt. Acerola ist eine Frucht, die zwanzigmal so viel Vitamin C beinhaltet wie eine Orange. Mindestens zwei Jahre dauert es, bis man die ersten Früchte ernten kann, und Manfred steht kurz vor der ersten Ernte. Die Japaner scheinen das Zeug zu lieben, und wortgewandt versucht er uns zu überzeugen, daß Acerola auch in Europa eine Zukunft hat. – Tatsächlich entdecken wir ein halbes Jahr nach unserer Rückkehr besonders teure Acerola-Vitamintabletten in den Apotheke, und einige Getränkehersteller werben damit, daß sie ihrem Apfelsaft Acerola beimischen. Wäre vielleicht doch gar nicht so schlecht gewesen, Farmer zu werden...

Und dann steht da auch noch ein etwas freakig aussehender Typ. Als er mitbekommt, daß wir deutsch reden, spricht er uns an: „Hallo, ich heiße Cicero. Ich kann Deutsch, weil ich in Blumenau geboren bin."

Blumenau ist eine kleine Stadt im Süden Brasiliens, die im letzten Jahrhundert von Deutschen gegründet wurde. Das Deutschtum wurde weiter gepflegt, obwohl heute kaum mehr Deutsche dort leben. Cicero ist eindeutig das Beste, was uns passieren konnte. Ihn zu treffen, ist unser Amazonas-Glücksfall. Deutsch hatte er gelernt, bevor er sein erstes Wort portugiesisch sprach. Er spricht zwar sehr gebrochen, aber es reicht, um bis tief in die Nacht zu reden, dabei gestikuliert er viel mit seinen hageren langen Fingern. Überhaupt ist er ein sehr hagerer Typ, und sein Gesicht hat viele Narben und auffallend wache Augen. Man sieht ihm an, daß er viel erlebt hat.

Fünfzehn Jahre seines Lebens hatte er an der Transamazonika gelebt. Er kennt den Dschungel wie seine Westentasche. Obwohl er wirklich sehr freakig aussieht in seinen alten Shorts und mit dem zerknautschten Hut auf dem Kopf, geht er regelmäßig seinen Geschäften nach. Er macht Führungen für Wissenschaftler, die entweder auf der Suche nach speziellen Pflanzen oder Tieren sind oder über eines der Indianervölker, die am langen Lauf des Amazonas ihre Reservate haben, soziologische Studien betreiben. Cicero gilt als ein Geheimtip. Er kann ihnen allen helfen. Bis tief in die Nacht hören wir seinen Geschichten zu und planen einen Amazonastrip, der sich gewaschen haben soll. Die Mädels, die am nächsten Tag in die Heimat zurückkehren müssen, ertragen es kaum, zuzuhören.

Eine Woche später ist es soweit. BLUESHIP legt ab in Richtung einer der vielen kleinen Inseln im Mündungsdelta des Amazonas. Schon auf der Fahrt werden wir ganz heiß auf das Krokodiljagen, das für diese Nacht auf dem Plan steht. Wir fahren vorbei an einsam lebenden Menschen, die sich am Rande eines Seitenarms auf Pfählen ihre Hütten gebaut haben, den Dschungel hinter sich und die nächste Siedlung Meilen entfernt. Zum Abendessen kaufen wir bei einem der Flußsiedler ein wildes Huhn. Als Gemüsebeilage für das köstliche Mahl wählen wir Palmitos, Palmenherzen zu deutsch. Einfach eine passende Palme aussuchen und: „Hack sie um, Alten". Die Machete zischt durch die Luft, und die Palme fällt. Noch ein bißchen Schnippelei unter Ciceros Anleitung und rein in den Topf. Wir können kaum ruhig essen. Der bevorstehende Ausflug schwirrt schon durch unser Hirn und der Abenteuervirus tief in uns sensibilisiert unsere Sinne.

Eine Stunde später sitzen wir in unserem Beiboot, bewaffnet mit Armbrust und Scheinwerfern. Ganz seicht und leise gleiten die Paddel durchs Wasser. Wir bewegen uns nahezu lautlos durch den schmalen Seitenarm, den wir gewählt haben. Alles ist hier so zugewachsen, daß wir Angst haben, ein Ast könnte plötzlich zu einer Schlange mutieren oder eine auf den Blättern sitzende giftige Spinne ihr Gleichgewicht verlieren. Der Dschungel ist laut. Cicero erkennt hinter jedem Schrei ein Tier und flüstert uns die Namen zu. Leider viel zu viele, um sie sich zu merken. Für uns ist es nur ein wildes Durcheinander von zum Teil furchteinflößenden Geräuschen.

Unser Flüßchen wird etwas breiter. Cicero schwenkt den Scheinwerfer und stößt mich an. Vor mir sehe ich zwei kleine rote Punkte glühen. Wie leuchtende Rubine glänzen sie in der Nacht. Ich fühle, wie das Adrenalin alle Zellen aktiviert: höchste Alarmbereitschaft. Hinter diesen beiden Punkten verbirgt sich eines dieser Urwesen, Krokodil genannt, und das kann sehr unangenehm werden.

Wie oft hatte ich schon von diesen unglaublich coolen Typen gelesen, die in Australien Crocs jagen und damit ihr Geld verdienen. Aber vielleicht ist unser Dingi, unser aufblasbares Dingi, nicht gerade der passende Untersatz für diese Aktion. Doch die Ruhe, die Cicero ausstrahlt, läßt uns vertrauen. „Seht hier. Und da. Und da auch." Cicero beschreibt mit der Lampe einen Halbkreis, und wir sichten inzwischen schon vier von diesen Augenpärchen um uns herum. Mein Puls schlägt im Hals, und es fällt mir schwer, zu reden. „Ist das nicht zu gefährlich hier?" Cicero beruhigt mich und erklärt, daß man an der Distanz zwischen den Augen erkennen kann, wie groß die Tiere sind. Demnach haben wir es mit drei kleinen und einem recht großen Kandidaten zu tun. Er bedeutet uns, an eines der kleinen Viecher ranzupaddeln, während er mit dem Strahler dessen Augen nicht aus dem Lichtkegel läßt. Es geht alles sehr schnell und schwupps schießt seine Hand ins Wasser. Plötzlich ist Panik im Boot. Er hat das Krokodil hinter den Augen um den Nacken gegriffen und aus dem Wasser geholt. Was er da vor uns hält, ist vielleicht nicht mal einen Meter lang, hat aber eine Beißkraft von mehreren Tonnen und Zähne, die kleinen Dolchen ähneln. Der Schwanz haut so kräftig hin und her, daß Cicero Mühe hat, das Vieh festzuhalten. Er schafft es gerade ein gute Minute lang, bevor er es im hohen Bogen wieder ins Wasser schmeißt. Es landet, wühlt noch kurz das Wasser auf und ist verschwunden.

Cicero grinst, als er unsere Gesichter sieht. Wir sitzen beide eng nebeneinander in der gegenüberliegenden Ecke. Weiter konnten wir uns beim besten Willen nicht von ihm entfernen. „Na, wollt ihr mal versuchen?"

„Ach, weißt du, Cicero, muß ja nicht sein. Haben ja gesehen, wie's geht. Sehr geile Show."

Auf dem Rückweg erzählt uns Cicero noch eine Story von einem Trip, wo einer der Mitfahrenden es versucht hatte und so überrascht

3

1 Nun geht es wirklich los. Oostende ist der erste Auslandshafen für unsere BlueShip im neuen Grafitti-Design.

2 Nach unzähligen Reparaturstunden hat Hubi die Geborgenheit des Motorraums richtig liebgewonnen.

3 Kurz hinter der Biskaya: Unser erstes Zusammentreffen mit Walen.

4

7

8

4 Île de Royale: Der Garten Eden, Urlaubs-
domizil der Fremdenlegionäre.

5 Dem Teufel ein Ohr abgesegelt: Kap Hoorn
im Hintergrund. Wir haben im Winter die Se₂
lerkrone errungen.

5

6

9

10

Außergewöhnlich: Sonne und Flaute im winterlichen Patagonien. Nur wenig Segelfläche ist uns nach den unzähligen Stürmen geblieben.

7 – 10 Beeindruckend und beängstigend zugleich: Der Gletscher kalbt. Wären wir nur ein paar Sekunden länger dort oben geblieben, hätten uns die Eismassen begraben.

11

11 Unser Dingi: Nur Fliegen ist
schöner! Hobie-segeln in der
Lagune von Rangiroa.

12 Toni, unsere Regisseurin, gibt
Anweisungen.

13 Unsere höchst erfolgreiche
Pazifikwährung: der chilenische Rum Ron Silver. BlueShip
lädt 200 Liter des flüssigen
Goldes.

12

13

14

14 Die 240 m² Segelfläche treiben
   unsere BLUESHIP auch bei leich-
   ten Winden durch die Ozeane.

15 In patagonien-typischer
   Montur: Richi am Ruderrad.

16 Ciggy, unsere Bordkatze und
   Vorkosterin, begrüßt einen
   neuen Gast an Bord.

15

16

17

18

19

17 Einer von vielen Versuchen: Leinencheck für das Paragliden.

18 Abheben mit dem motorisierten Paraglider über den Brandungswellen des Indischen Ozeans.

19 Richi genießt die Vogelperspektive.

20

22

20 Eindrucksvoll sind die
   Mammutfiguren auf der
   Osterinsel.

21 Einer der wenigen Moais,
   dem die Augen aus weißen
   Korallen geblieben sind.

22 Nach seinem Flugunfall auf
   der Osterinsel: Richi als ein-
   armiger Steuermann.

21

24

25

23 In dieser Bucht, vor der schwer zu-
gänglichen Insel Pitcairn, liegt die
berühmte BOUNTY auf dem Meeresgrund.

24 Angelandet in dem kleinen Hafen
Pitcairns.

25 Die französische Marine naht. Kurz
vor der Einfahrt in das Atoll von
Mururoa wird BLUESHIP von den
französischen Soldaten geentert.

wurde von der Stärke und Heftigkeit, mit der der Schwanz herum-
schlug, daß er vor Schreck das Krokodil ins Boot fallen ließ. Das arme
kleine Ding muß in seiner Not so wild umhergeschnappt haben, daß
die anderen, drei an der Zahl, vor lauter Panik ins Wasser gesprungen sind. Bis Cicero das arme Croc endlich aus dem Boot geschmissen hatte, müssen die Armen Höllenängste ausgestanden haben.

Zurück auf BLUESHIP, alle lebend wohlgemerkt, stopft Cicero eine
dicke Pfeife, an der wir alle mal genüßlich ziehen und erzählt noch
bis tief in die Nacht Geschichten aus dem Amazonasdschungel.

Wieder geht die Fahrt vorbei an den einsamen Behausungen der
Flußbewohner. Heute stehen die Indianer auf dem Programm.
Cicero erklärt uns, daß wir eine Gruppe von Indianern besuchen wer-
den, die schon ein wenig zivilisiert sind. Für den Besuch zu den
Reservaten würde man eine Extragenehmigung benötigen, aber
Cicero rät uns davon ab, da diese Jungs unberechenbar sind. Es gibt
genügend Beispiele von Leuten, die nie zurückgekehrt oder ohne
Hab und Gut wieder aufgetaucht sind. Die offiziellen Stellen haben
kaum Einfluß auf die Indianergebiete und einmal drin, hilft einem
keiner mehr.

So sind wir sehr zufrieden, Cicero zu kennen, der uns zu der
gemäßigten Sorte Ureinwohner führt. Am Abend gelangen wir zu
einem kleinen Steg. Zu klein für unsere Lady, deren Anker wir im
Schlick davor eingraben.

Bei unserer Ankunft scheinen die Indianer kaum Notiz von uns zu
nehmen. Sie beachten nur Cicero, der sich hinsetzt und ganz lässig
in ihrer Sprache mit ihnen parliert. Wir sitzen um ihr Feuer rum und
schweigen mehr oder weniger. Etwa nach einer halben Stunde füllt
einer der Indianer kleine Gläser aus einem Topf, der über einem
Feuer hängt.

„Was ist das für ein Ritual?"

„Ayahuasca. Die Droge der Indianer. Sie nutzen diese Pflanze, um
ihre Herkunft und Bestimmung zu erkennen und Kontakt zu halten
zu ihren Vorfahren. Ihr braucht keine Angst zu haben. Den Tee trinken sogar die Indianerkinder, und er reinigt. Du fühlst dich noch eine
Woche danach rein und gut." Netterweise weist er uns noch darauf
hin, daß das Zeug natürlich bei jedem unterschiedlich wirkt. Bei

schlechten Menschen kann es schon mal passieren, daß die auch schlecht drauf kommen.

„Trinkst du das, Dude?" – „Klar, Alten." Neben uns sitzen zwei Brasilianer, die auch an der Zeremonie teilnehmen. Ich bekomme ein Glas und Cicero erklärt, daß ich alles in einem Schluck trinken soll. Es schmeckt scheußlich. Kurz darauf springt einer der Brasilianer hoch, torkelt ein Stück zur Seite und fängt an, grauslig laut zu kotzen. Die Indianer scheinen davon gar keine Notiz zu nehmen und meditieren vor sich hin. Auch ich versuche, mich auf mein Innerstes zu konzentrieren und versinke in Gedanken.

Es ist schwierig zu beschreiben, was danach mit mir passiert. Es ist ein Trip in das eigene Ego. Ich fühle, wie ich in mich hineingleite. Steuere auf ein Licht zu, das mir einfach wunderschön erscheint. Als das Licht ganz um mich herum ist, spüre ich es auch. Ein unbeschreibliches Wohlgefühl geht vom Inneren meiner Seele aus. Ich merke, wie das Licht immer neue Winkel meiner Seele einnimmt. Ich lasse es gewähren. Es dringt in mich ein. Ich weiß, daß ich es stoppen könnte. Aber es soll mich füllen. Dieses unsägliche Glücksgefühl füllt eine Ecke nach der anderen aus. Ich fühle jeden Winkel meines Körpers, und mir wird bewußt, daß ich diese Teile noch nie wahrgenommen habe. Ich betrete Neuland in mir. Das Glücksgefühl nimmt weiter zu. Es ist ein anschwellender Orgasmus, bei dem man aber zu jeder Zeit weiß, daß er immer noch stärker wird. Und noch ein bißchen erfüllter fühle ich mich. Dabei ist eine unglaubliche Ruhe in mir. Trotz dieses außerordentlich starken, wohligen Gefühls ist alles ruhig. Es wird immer stärker und bleibt doch seltsam distanziert. Tränen laufen über meine Wangen. Ich weine, und ich fühle es. Meine Seele weint vor unendlicher Glückseligkeit. Ist das die Gottheit? Das unbeirrbar und unbeeinflußbar reine Gute?

Der Brasilianer schreit. Er reißt mich raus. Er brabbelt laut. Nein, er schreit. Dann wieder leise. War das eben Französisch? Kann nicht sein. Aber es bricht weiter aus ihm heraus. Ich höre zwischendrin Schwyzerdütsch, Spanisch, Englisch und etwas, das sich wie eine skandinavische Sprache anhört. Ich gucke Richi an, der entsetzt auf den Brasilianer starrt. Die Indianer und Cicero sind noch völlig in ihrer Meditation versunken. Ich versuche ebenfalls, die Augen wieder zu schließen und dorthin zu gelangen, wo ich so unsanft raus gerissen wurde, doch es gelingt mir nicht mehr. Ich bin abgelenkt von diesem durchgedrehten Brasilianer. Richi scheint es genauso zu gehen. Dann beruhigt sich der Brasilianer wieder, und ich schließe meine Augen und bin einfach nur ruhig.

Lange sitzen wir so. Irgendwann stehen wir auf und gehen. Die Brasilianer hatten uns schon lange vorher verlassen. Die Indianer sitzen noch da. Regungslos.

Am nächsten Morgen redet zunächst keiner von uns über den vorangegangenen Abend. Jeder hat etwas ganz Persönliches mitgenommen, und man muß es nicht unbedingt den anderen mitteilen. Wir reden über den Brasilianer und wissen nicht, ob er eine Show abgezogen hat oder ob es tatsächlich ernst war. Cicero meint, daß es ein Spinner war, und damit lassen wir es gut sein. Aber eins ist klar, wenn es mir noch mal vergönnt sein sollte, in den Amazonas zu kommen, möchte ich zurück auf den Pfad in meiner Seele und auf ihm noch ein Stück weiter gehen.

Toni, near miss und dicke Bäuche

Zweieinhalb Monate waren wir im Amazonas, und ich hätte fast vergessen zu erwähnen, daß sie dem armen Halbfred unweit des Yachtclubs in den frühen Abendstunden mit einem Messer den Bauch aufgeschlitzt haben. Nur um ihm ein paar lächerliche Dollars zu klauen. Ganze zehn Dollar, wie er uns am nächsten Tag im Krankenhaus mit verbittertem Gesicht erzählt. Er kann uns seine Narbe nicht zeigen, lächelt aber schon wieder als er sagt: „They cut nearly your whole Halbfred open."

Der herannahende Winter auf der Südhalbkugel erinnert uns daran, diese faszinierend-gefährliche Gegend hinter uns zu lassen. Denn Kap Hoorn im Winter zu umsegeln, das muß ja nun wirklich nicht sein. Stop-over in Fortaleza. Noch mal bunkern und dann ab in Richtung Süden. Wir sind jetzt schon fast ein halbes Jahr unterwegs und wollten eigentlich schon längst unterhalb Rio de Janeiros sein.

Fortaleza ist eine Millionenstadt an der Nordküste Brasiliens. Wir haben mal wieder keine Karte von dem netten, kleinen Ort. Immerhin finden wir einen Bericht in einem Trans-Ocean Magazin, in dem die beiden Marinas der Stadt beschrieben sind. Von einer ist sogar ein Foto in dem Bericht. „Ein Terrassenbau. Dürfte nicht so schwer zu finden sein. Wir segeln einfach die Vorderfront ab. Das Ding werden wir schon nicht übersehen." Gleich am Stadtrand, von Westen kommend, sehen wir den terrassenförmigen Bau. Der Eingang ist relativ schnell gefunden, und vorbei geht es an einem Containerschiffswrack in die Marina. Später erfahren wir, daß wir mal wieder Glück gehabt haben. Es war Hochwasser, und wir sind gerade mal so über eine Sandbank gerutscht. Also sollte man 'ne Karte vielleicht doch dabei haben.

Schon beim Reinfahren sehen wir den Kat aus Südafrika. Die Marina gehört zu einem Fünf-Sterne-Hotel, und uns ist erlaubt, alle

Anlagen des Hotels zu nutzen. Einfach phantastisch. Schöner Pool, nette Bar und Live-Musik. Wir genehmigen uns erst mal ein paar Biere und lernen andere Segler kennen. Außer dem Kat sind nur noch zwei andere Yachten da. Eine aus den Niederlanden und eine brasilianische.

„Sagt mal, ihr seid ja einfach über die Sandbank gerauscht!" Wir winken ganz lässig ab.

„Tja, das geht eben nur mit 'nem Kat."

Nachdem wir ihnen dann erzählt haben, daß wir ohne Karte eingefahren sind und alles nur Glück war, sind wir gleich wieder wie die berühmten bunten Hunde bekannt unter den Seglern. The crazy Germans with the Kat.

Etwas später gesellt sich ein Dreierclub zu uns. Toni, eine Südafrikanerin, Veronique, eine Schweizerin und ihr Bruder Pasquale. Die drei sind richtig lustig, und wir beschließen, heute abend eine Party auf BLUESHIP zu schmeißen. Wir holen Toni von dem südafrikanischen Kat ab und lernen kurz den Skipper kennen. Ein recht nervöser und hektischer Zeitgenosse, vorne Kurzhaarschnitt, dazu lange Nackenhaare und einen Schnäuzer. Nun ja. Seine Frau hingegen ist ganz reizend und bietet uns erst mal einen Drink an. Sie sind mit ihren zwei Kleinkindern unterwegs und haben Südafrika verlassen, weil sie sich, seitdem die schwarze Regierung das Zepter in der Hand hält, dort nicht mehr sicher fühlen. Toni hat frei nach dem Motto „Hand gegen Koje" angeheuert und muß jeden Tag das Deck schrubben sowie in erster Linie auf die Kinder aufpassen.

„Oh Gott. Soviel Arbeit und dann noch dieser Neurotiker." Wir fühlen beide, daß wir ihr helfen müssen.

Die Party ist einfach super. Wir hören brasilianische Karnevalsmusik, tanzen Lambada und sind überhaupt sehr ausgelassen. Gegen drei Uhr morgens ist es dann soweit. Wir haben Toni, die uns beiden sehr sympathisch ist, überzeugt, daß die Karibik das langweiligste und uninteressanteste Gebiet der ganzen Erde ist und daß Kap Hoorn definitiv mehr Fun bedeutet. Sicher haben auch solche Argumente wie: „Bei uns brauchst du selbstverständlich nicht jeden Tag Deck zu schrubben, und außerdem sind wir beide sicher einfacher zu behandeln als die zwei Kleinkinder!" geholfen, Toni zum Mitsegeln zu gewinnen.

Am nächsten Morgen haben wir ein bißchen Ärger. Drei Polizisten warten am Steg. Viel zu früh aufgestanden und dann auch noch die Bullen. Wir sind doch hier in Brasilia. Der Grund für ihr Erscheinen ist das morgendliche Pinkeln von Richi. Wir sind es beide inzwischen so gewohnt, über Bord zu pinkeln, daß es ihm gar nicht aufgefallen war – sicher hatte der Alkohol hier eine gewisse Mitschuld –, daß es bereits taghell war, als er vor den Augen einiger Gäste des Fünf-Sterne-Hotels splitterfasernackt Wasser ließ.

Nun ja. Die Polizisten hören sich alles an, und wir merken, daß sie ein Schmunzeln so gerade noch zurückhalten können. George, der Hotelangestellte, ist eigentlich der einzige in der Runde, der so richtig schlecht drauf ist. Er mag uns nicht. Als er bei der Befragung auch noch mitbekommt, daß Toni sich bei uns einschiffen will, sind wir völlig unten durch bei ihm.

„Hat sich wohl Hoffnungen bei dir gemacht, hm? Der kleine, liebe, süße George."

„He's a slimy ass."

Toni scheint sehr genau zu wissen, was sie will. George auch. Das einzig Dumme ist, daß George auch sehr genau zu wissen glaubt, was Toni will und damit zu einem richtigen Körbesammler mutiert, der mit dem Mut der Verzweiflung nicht aufgeben will. Sie hat mit ihrer Löwenmähne und der sympathischen Ausstrahlung die Männerwelt eben fest im Griff. So auch Pedro, den Marineboy. Er hat schon zehn Liebesbriefe geschrieben. In seiner Landessprache selbstverständlich. Daß Toni kein Wort portugiesisch kann, scheint ihm ganz gut zu gefallen, denn seine prosaischen Ergüsse sind immer länger geworden.

Wir sind also nicht sehr beliebt, als wir am nächsten Tag die Marina verlassen. Brad, der Skipper des südafrikanischen Kats, winkt nicht mal zurück. Wie wir später erfahren, wollte er Toni nicht nur zum Reinemachen und Kinderbetreuen an Bord haben. Geschieht dem Moralschwein ganz recht, daß wir ihm das Mädchen wegnehmen, denn er hat nun wirklich eine nette Frau.

Wir haben die Doldrums vor uns, diese berüchtigte, windarme Gegend, an der schon früher die Seeleute verzweifelten, und dementsprechend zunächst eine ganze Woche lang Flaute. Unser Ziel ist Punta del Este. Wir wollen einen Freund von Richis Vater treffen und sind wie immer ein bißchen unserem Zeitplan hinterher. Als Veranstalter des Whitbread Round the World Race in Uruguay soll er uns mit Expertenwissen für Kap Hoorn versorgen. Leider ist er nur bis kurz nach Ostern vor Ort, und so ist es höchste Zeit für uns, wenn wir ihn noch treffen wollen. Keine Zeit für Bahia und Rio.

Dafür sehen wir eine Mondfinsternis in einer Klarheit, wie man sie wahrscheinlich nur auf See erleben kann. Fasziniert schauen wir uns an, wie sich langsam die Erde zwischen Sonne und Mond schiebt. Der Mond im schimmernden, dunklen Matt, wie eine schwarze Südseeperle, umrandet von einem leuchtenden Schimmer.

Am nächsten Tag haben wir seit langer Zeit mal wieder Sichtkontakt mit einem anderen Schiff. Es ist ein großes Cargoschiff und eine gute Gelegenheit, Toni den Radar zu erklären. Ich zeige ihr die Trackingfunktion: Was für ein dankbares Testschiff. Genau auf Kollisionskurs.

„Okay. In einem solchen Fall solltest du mit dem Schiff Funkkontakt aufnehmen, denn wir haben als Segelboot Vorfahrt."

Toni begibt sich an das VHF und funkt nach kurzer Einweisung das Frachtschiff an. Nichts. Völlige Stille im Äther. Inzwischen sehen wir das Schiff durch die Fenster am Navigationstisch schon bedrohlich nah. Es sind noch etwa zwei Meilen zwischen uns. Ein unglaublicher Zufall. Hier irgendwo im südlichen Atlantik treffen wir ein Schiff, obwohl ja nun wirklich genügend Platz ist hier draußen.

Wir funken ihn immer wieder auf Kanal 16 an. Stille. Wie ein Geisterschiff steuert es mit unverminderter Geschwindigkeit auf uns zu. Wir müssen ausweichen. Keine andere Chance. Wie unpassend, wenn einem ein solcher Zufall widerfährt, wenn keiner Wache steht. Aber dies ist eine dieser Seestrecken, bei denen man erhöhte Aufmerksamkeit walten läßt, weil wir den Seeweg der Schiffe kreuzen, die von Rio aus zum Kap der Guten Hoffnung unterwegs sind. Dennoch erwartet man natürlich nicht unbedingt, daß einem eines dieser Schiffe durchs Wohnzimmer fährt.

Wir funken nach unserem Ausweichmanöver weiterhin das Geisterschiff an. Dann, kurz bevor es am Horizont verschwunden ist, meldet sich eine müde Stimme. Der Funker ist so verschlafen, daß er kaum den Namen des eigenen Schiffs rausbringt. Wir erklären ihm, was während seines Nickerchens passiert ist, und er entschuldigt sich wenigstens. Ein schwacher Trost. Er hätte es nicht mal gemerkt, wenn unsere BLUESHIP unter seinen Bug geraten wäre.

Toni findet sich schnell in die Crew ein. Sie kann zwar nicht segeln, dafür kocht sie wunderbar, und vor allen Dingen liebt sie zu feiern und ausgelassen und fröhlich zu sein. Sie zeigt uns einige Trinkspiele aus Südafrika, bei denen wir uns zunächst so dumm anstellen, daß sie richtig Spaß hat mit ihren beiden drunken Germans. Am einundzwanzigsten Tag auf See ist endlich Punta del Este in Sicht. Doch die Freude währt nur kurz. Seit den frühen Morgenstunden nimmt der Wind stündlich zu und dreht von halbem Wind auf hart am Wind. Mittags können wir bereits 40 Knoten messen, und zwei Stunden später fegt uns der Wind mit satten 50 Knoten um die Ohren.

Trotz der äußerst harten Segelei ist die Stimmung an Bord prächtig. Nur zwei Dinge müssen gewährleistet sein: Kippen und Bier. Zu dieser Zeit sind wir alle noch Raucher und seit fünf Tagen schon trockengelegt. „Aber ohne Karte und bei auflandigem Wind ist das einfach Wahnsinn, in den Hafen einzufahren.“

„Wieso ohne Karte? Guck mal hier, im South-American Handbook kann man auf der Stadtskizze genau sehen, wo der Hafen ist“, dabei hält mir Richi grinsend eine Stadtskizze in Miniaturformat aus diesem Südamerikaführer für Rucksacktouristen unter die Nase.

„Stimmt. Is’ ja wenigstens etwas.“

Ich grinse jetzt auch, und kurz danach prusten wir beide los, als wir merken, daß wir es eigentlich beide ernst meinen, nicht so richtig, aber irgendwie ja dann doch.

BLUESHIP kämpft sich hart durch die Wellen. Das Wasser stiebt jedesmal wie pulverisiert durch die Luft, wenn unsere Lady aus den Wellen auftaucht. Das harte Schlagen des Wassers gegen unser Unterwasserschiff hat unsere Halterungen für die Notausstiegsluke im Salon zerstört. Wir flicken es notdürftig, trotzdem schießt das Wasser bei jedem harten Schlag wieder in den Innenraum. Zum Abend hin sind wir alle geschafft von der Lautstärke des Sturms, dem ständigen Wasser-aus-dem-Schiff-pumpen und den Bewegungen, mit denen unser Boot hin und her geworfen wird.

Die Sonne ist schon untergegangen, als wir mit der Radiostation von Punta del Este Kontakt aufnehmen. Zum Glück kann der Controller wenigstens ein bißchen Englisch. Wir segeln jetzt vor dem Wind und düsen trotz der kleinen Sturmfock mit zehn Knoten in die Bucht. Der Controller ist ruhig und erklärt, daß er uns auf seinem Schirm hat. Es ist wie eine Flugzeugeinweisung oder zumindest stell ich sie mir so ähnlich vor. Wir müssen genau auf 250° gehen und sollen bei Sichtung der Leuchtboje Bescheid sagen. Ich stehe in der Mitte vor der hinteren Bank und starre in die tiefschwarze Nacht, in der man die Wellen kaum vom Horizont unterscheiden kann. Richi steht auf der Backbordseite und Toni auf Steuerbord. Beide in Rufweite. Müßten wir nicht das Ding schon lange passiert haben?

„Hart Steuerbord! Hart Steuerbord!"

Es sind die Schreie von Richi, die da durch den Sturm an mein Ohr gelangen. Da ich versucht hatte, in der Mitte selbst mit Ausschau zu halten, bin ich gute zwei Meter von der Ruderanlage entfernt. Ein Sprung und beim zweiten Ruf fühle ich bereits den Gegendruck der beiden Tasten des Autopilots. Phänomenal, wie gut in solchen Momenten, in denen keine Zeit zum Überlegen bleibt, die Motorik funktioniert.

Wir schießen nur einen knappen Meter neben dem Ungetüm vorbei. Das etwa vier Meter aus dem Wasser ragende Stahlgerüst mit der kleinen Funzel drauf soll eigentlich eine Fahrrinne markieren. Bei der durch den Sturm hoch aufgebauten Welle schlägt sie von einer Seite zur anderen. Bei jeder dieser hektischen Pendelbewegungen liegt das Ding flach auf dem Wasser. Kein Wunder, daß wir es in der Welle erst so spät gesehen haben. Nicht nur, daß man es einfach nicht sehen kann, es hätte uns auch den Schiffsrumpf wie einen Plastikbecher zerschlagen. Wir geben unsere Sichtung durch und fallen weitere 10° ab. Erneut wartet eine Boje auf uns. Hoffentlich ist die nicht auch so anhänglich. Doch wir hoffen vergeblich, auch dem zweiten wild um sich schlagenden Stahlgerüst entgehen wir nur mit Hechtsprung und um Haaresbreite. Eins ist sicher: Beide hätten unserer Lady so empfindlichen Schaden zugefügt, daß unsere Reise in Uruguay zu Ende gewesen wäre.

Kurz nach Passieren der zweiten Signaltonne sehen wir das über Funk angekündigte kleine Boot mit dem Mann und der rotglühenden Fackel in seiner Hand. Wir schaffen es so gerade, mit dem einen Motor die rettende Muring anzusteuern, wobei wir bei einem Wendemanöver quer zum Wind fast auf die ufernahen Felsen geblasen werden. Kurz vor den Felsen dreht unsere treue BLUESHIP ein, und wir steuern auf die Muring zu, an der uns die Besatzung des kleinen Bootes festmacht.

Jetzt darf bloß das Rettungsboot nicht wegfahren. Dann wär ja alles umsonst gewesen. In diesem Hexenkessel können wir unmöglich mit dem Hobie an Land oder mit motorlosem Dingi. Ich winke und schreie. Sie wollen mich nicht an Bord nehmen. Wie ich wieder zurückkäme, fragen sie, und ob ich mich nicht um das Schiff kümmern wolle. Ich sehe dem leitenden Uniformierten an, daß er mich für völlig bescheuert hält. Bei dem Wetter reinkommen und dann auch noch sein Schiff im Stich lassen und an Land gehen, ohne zu wissen, wie man zurückkommt. Das ist zuviel des Guten.

Nach 21 Tagen endlich wieder an Land. Unsere bisher längste Strecke. Mit einiger Mühe finde ich ein Casino, in dem mir unsere DM getauscht werden, und kaufe Zigaretten, Bier – eiskalt versteht sich – und noch ein paar frische Sachen, um leckere Sandwiches zu machen. Zum Glück gibt es hier keine Ladenschlußzeiten. Alles noch offen um zehn. Schließlich finde ich dann auch noch jemanden, der mich wieder zu uns an Bord bringt. Wir lassen uns die Biere und die Zigaretten schmecken, so wie sie eben nur schmecken können, wenn man sie schon lange Zeit entbehrt hat.

Sicherlich kann man uns vorwerfen, daß es nicht unbedingt gute Seemannschaft ist, bei Sturm nur mit einem Motor und ohne Karte in einen unbekannten Hafen einzulaufen. Aber was würden wohl dieselben Leute sagen, wenn sie hören würden, wie uns der Riggspezialist erklärte, daß wir nur haarscharf einer Entmastung entgangen sind? An beiden Plomben, sowohl an der des Babystags als auch an der des Vorstags, haben sich in netten Büscheln die rausgebrochenen Kardeelen angeordnet. Mit anderen Worten: Beide Stahlseile, das 12mm dicke und das 10mm dicke, wären fast gerissen. Ein paar Stunden länger da draußen in dem Hexenkessel, und der Mast wäre unten gewesen. Wir machen mal wieder ein paar Kreuze und wissen, daß mit Sicherheit seit geraumer Zeit eine Patrouille von Engeln abkommandiert ist, um auf uns achtzugeben.

In den nächsten Tagen arbeiten wir kräftig, um die Bruttoregistertonnen von BLUESHIP hochzuschrauben. Dirk Albers, besagter

Freund von Richis Vater, ist ein äußerst sympathischer Kerl und stellt uns bei einem Asado, einem argentinischen Grillfest, der ganzen Gemeinde von deutschen Aussiedlern vor. Und alle laden uns nacheinander zu einem Asado bei ihnen zu Hause ein! Da sind die Tiessens. Sie war die erste Wirtschaftsdoktorin Deutschlands. Mit über achtzig Jahren noch voll auf der Höhe. Er war bei der legendären Olympiade in Berlin 1936 Goldmedaillengewinner im Rudern. Beruflich stand er als Chef der Lufthansa Südamerika vor und erwähnt beim Essen beiläufig, daß an diesem Tisch auch jedes Jahr sein guter Freund Alfred Herrhausen gesessen hatte.

„Auch Teilnehmer des Whitbread-Race waren schon einmal Gäste des Hauses. Kennt ihr den Timmy Kröger?"

Klar kennen wir den. Zu Beginn unseres Studiums hatten wir ihn ein paarmal in der Hamburger Uni gesehen. Er ist inzwischen Profisegler geworden, und Tiessens erzählen uns, daß er für das nächste Race auf Sponsorensuche für eine deutsche Yacht sei.

„In Frankreich hätte er sicher schon sein Boot."

„Aber dann auch für das Vendée Globe. Was ist schon das Whitbread gegen das Vendée Globe. Das ist wirklich hart, allein nonstop um die Welt."

„Stimmt. Da sieht man dann wenigstens gar nichts außer Wasser."

Wir erzählen natürlich auch von unseren Flugvehikeln, denn außer den Tiessens sind auch zwei ehemalige Jumbo-Piloten der Lufthansa zum Asado geladen. Selbstverständlich wollen sie uns mal fliegen sehen mit den Höllenmaschinchen. So begeben wir uns am nächsten Tag an die Arbeit, die Gegend nach einem idealen Startplatz abzusuchen. Marlies, eine Bekannte von Dirk Albers, steht mit ihrem Jeep bereit, um uns zu dem kleinen Flughafen von Punta del Este zu bringen.

Eine Start- und Landebahn, weitläufig eingezäunt, kein Tower und kein Linienverkehr. Kurz gesagt: ein ideales Terrain für uns. Während Marlies in makellosem Spanisch versucht, dem Flughafenangestellten unser Anliegen darzulegen, nehmen wir das einzige anwesende Flugzeug in Augenschein.

Es ist eine zweimotorige Chayenne. Ein typisches Firmenflugzeug. Acht Sitze, mit einklappbarem Fahrwerk und einer spitzen Nase, die ihr ein schnittiges Design verleiht. Wir gehen mit fachmännischer Miene um die Maschine herum, als einer der Piloten herauskommt.

Ob wir an dem Flugzeug interessiert seien, fragt er uns in Englisch. Nach kurzer Unterhaltung stellen wir alle lachend fest, daß wir auch Deutsch reden können, und es entwickelt sich ein lockere Plauderei. Wir erzählen ihm von unserer bisherigen Reise, was uns zu dem Flugplatz geführt hat und von der grandiosen Gastfreundschaft, die uns insbesondere hier in Uruguay so positiv überrascht hat. Jürgen hört sich alles mit einem Schmunzeln an. Was ihn veranlaßt hat nach Argentinien zu ziehen? Natürlich die Fliegerei. Er ist ein pensionierter Swissair-Pilot.

„In Europa würde mich doch keiner mehr hinters Steuer lassen. Zumindest nicht in der Berufsfliegerei." Er scheint weitaus älter zu sein als es seine Erscheinung glauben macht. Seit zehn Jahren fliegt er jetzt für eine der größten Banken Argentiniens die Direktoren umher.

„Und wohin geht es heute?"

„Wieder zurück nach Buenos Aires. Ist nur etwa eine dreiviertel Stunde von hier."

Wir brauchen uns nicht einmal anzustoßen. Kaum ist der Name Buenos Aires gefallen, steht auch schon die Frage im Raum:

„Sag mal, Jürgen... wäre es vielleicht möglich, daß wir mitfliegen?" Er verharrt kurz, bevor er antwortet.

„Also, ich hätte nichts dagegen. Aber da müssen wir unseren Passagier fragen. Es ist die Frau des Bankchefs, die hier bei einem Kaffekranz Geld sammelt für obdachlose Kinder in Buenos Aires. Habt ihr denn eure Papiere dabei?"

„Nein, aber die könnten wir holen."

„Da müßt ihr euch aber beeilen, denn die Dame ist eigentlich schon überfällig. Aber seid nicht enttäuscht, wenn's nicht klappt."

„Schon klar. Wir beeilen uns."

Marlies ist etwas überrascht, als wir sie aus der Diskussion mit dem Beamten rausreißen.

„Wir müssen jetzt schnellstens zum Schiff, Marlies. Vielleicht können wir mit dem Flieger nach Buenos Aires mitfliegen."

An Bord angekommen, packen wir schnell ein paar Sachen ein, versichern Toni, daß wir in zwei Tagen wieder da sind und sitzen fünf Minuten später wieder im Auto. Marlies drückt ordentlich auf die Tube, und just als wir zu dem Vorplatz des kleinen Flughafens einbiegen, sehen wir eine sehr mondäne Mittvierzigerin aus einem Taxi steigen. Kein Zweifel. Das muß sie sein.

Wir halten etwas Abstand zu ihr, als Jürgen auf sie zukommt und sie begrüßt. Kurz darauf dreht sie sich um und schaut uns an. Trotz unseres Hangs zu verwegener Weltumseglerkluft haben wir uns in weiser Voraussicht passabel gekleidet. Über ihr Gesicht huscht ein wohlwollendes Lächeln, als sie uns die Hand reicht. Sie hat schulterlanges braunes Haar und ein markant geschnittenes Gesicht. Nach der Begrüßung wendet sie sich wortlos um, eilt die kleine Treppe zum Flugzeug hoch, nickt Jürgen kurz zu, ihr Haar weht noch einmal im Wind, und schon ist sie in der Aluröhre verschwunden.

Wir bleiben etwas verdutzt stehen, aber Jürgen bedeutet uns, daß alles okay ist. Wir können uns nicht mal mehr richtig von Marlies verabschieden. Sie winkt uns kurz zu, und schon schließt sich hinter uns die Tür.

Grandios. Was kann es Schöneres geben, als mit einem Privatflieger Buenos Aires entgegen zu schweben? Das Fliegen in kleinen Maschinen hat mich schon immer fasziniert. Selbst im Jumbo ist ein Take-off immer wieder prickelnd. Aber mit einer kleinen zweimotorigen Prop ist man einfach näher dran.

Wir überfliegen sattgrünes Weideland. Das saftige Grün, Heimat der weltbekannten Angusrinder, ist der Stolz der Argentinier. Sie lieben die Fruchtbarkeit ihres weiten Landes und insbesondere das unverwechselbar gute Fleisch ihrer Tiere. Kurz vor Erreichen des Rio de la Plata noch ein Blick auf Montevideo, der Hauptstadt Uruguays, und schon geht es in geringer Höhe der Landebahn entgegen. An einem Seitenarm des Flusses können wir gut einen Country-Club erkennen. Eine kleine Marina, ein Golfplatz und Häuschen drumherum. Wer etwas auf sich hält in Argentinien, verbringt sein Wochenende beim Polospiel oder im Country-Club beim Asado, Reiten, Jagen oder Segeln.

Unsere Gönnerin beendet kurz vor der Landung ihre Handygespräche und setzt sich noch zu uns. Sie ist sehr nett und hinterläßt uns ihre Adresse mit dem Hinweis, daß wir ihr doch ein Buch über unsere Reise schicken sollen, wenn es fertig ist. Ihr Sohn spräche gut deutsch und sie wären auch von ihrer Abstammung her deutsch. Später stellen wir fest, daß es für die Einwohner Buenos Aires geradezu ein Zwang ist, einem Europäer als erstes die eigene europäische Herkunft zu versichern. Sie sind stolz auf ihre Stadt und möchten sich weit distanziert wissen vom übrigen Lateinamerika. Die zwölf Millionen Bewohner von Buenos Aires lieben die Kultur Europas und genießen es, in einer Stadt zu wohnen, die ohne Zweifel das Flair einer Mischung aus Madrid und Paris verströmt.

Nach der Landung führt uns Jürgen noch zu einem Hangar, in dem sein alter Doppeldecker von 1934 steht. Mit leuchtenden Augen erzählt er uns von seiner Tochter, die Kunstfliegerin ist und auf dieser Maschine von ihm das Fliegen gelernt hat.

In den nächsten zwei Tagen machen wir eine Stippvisite durch diese wunderschöne Stadt. Wir schlendern durch die Gassen des Tangoviertels von San Telmo, besuchen das Teatro Colon und speisen im vornehmen Viertel Ricoletta. Wir lassen uns treiben und genießen auf der Rückfahrt die schnellste Fähre der Welt, eine Katamaranfähre, die uns mit einer Geschwindigkeit von 50 Knoten über den Rio de la Plata nach Montevideo bringt. Ein rundum gelungener Ausflug, der uns kurz darauf veranlaßt, unseren Liegeplatz von Punta del Este nach Buenos Aires zu verlegen.

Hier genießen wir die Gastfreundschaft von Otto und Eva Behrend. Nachdem Dirk abgereist ist, helfen sie uns wo sie können. Wir wohnen in ihrem wunderschönen Haus in San Isidro, einem Vorort von Buenos Aires, und Otto fährt uns tagelang umher, um Teile zu besorgen und uns die Gegend zu zeigen. Sogar einen kleinen Außenborder für unser Dingi beschafft er uns. Bei einer dieser langen Fahrten erzählt er uns von seinem Freund, dem Daimler-Vorstand Liener, mit dem er sich noch vor sechs Wochen Ferienhäuser in Punta angeguckt hat. Wieso beschäftigt sich so ein Mann mit dem Kauf eines Ferienhauses und hängt sich ein paar Tage später auf? Otto kann sich das gar nicht erklären, da er bei seinem Freund keinerlei Hinweise auf Depressionen oder ähnliches hatte feststellen können.

Behrends sind sehr enttäuscht, als wir mal wieder aus Zeitmangel ein von Otto arrangiertes Angebot des Yachtclubs in San Isidro ablehnen mußten, einen Monat Gast des Clubs zu sein, der einen wunderschönen Golfparcours, Tennisplätze, ein Freibad und jeden erdenklichen Luxus eines sogenannten Country-Clubs bietet.

94

Wir haben viel zu arbeiten an unserem Schiff, aber wir werden derart verwöhnt, daß wir trotz der vielen Arbeiten regelrecht gemästet wieder an Bord gehen. Die Abende mit Dirk, seinem Schwiegersohn Joachim und Pepito sind definitiv die lustigsten. Von den Gentlemen, beide sind immerhin schon über siebzig, können wir viel aus den Sphären der höchsten Charmeurskunst lernen. Toni wird von Dirk und Pepito derart umgarnt, daß es eine Wonne ist, den Dreien zuzuschauen. „Your father was a thief. He has stolen two stars and put them into your eyes", oder „you are the oasis in my desert", sind nur einige Kostproben ihres Könnens. Pepito, ein kleiner, kugelrunder Uruguayaner, sieht bei seinen Komplimenten so lustig aus mit seinen übergroßen Ohren und seinen verschmitzten Augen, daß ich eines Abends, als er sich nach dem Essen die Brille aufsetzt, um in einer großen Geste unserer Toni etwas vorzulesen, in einen Lachkrampf ausbreche, aus dem ich nur schwer wieder rauskomme. Dabei wird die ganze Geschichte schon recht peinlich, denn je mehr ich versuche, mich zurückzuhalten, desto mehr pruste ich los, und es ist nicht zu verkennen, daß ich mich gar nicht mehr halten kann, wenn Pepito in meinen Blickwinkel kommt. Es sind wirklich wunderschöne Stunden und sicherlich eine Station, die mit zu den gastfreundlichsten der ganzen Reise zählt.

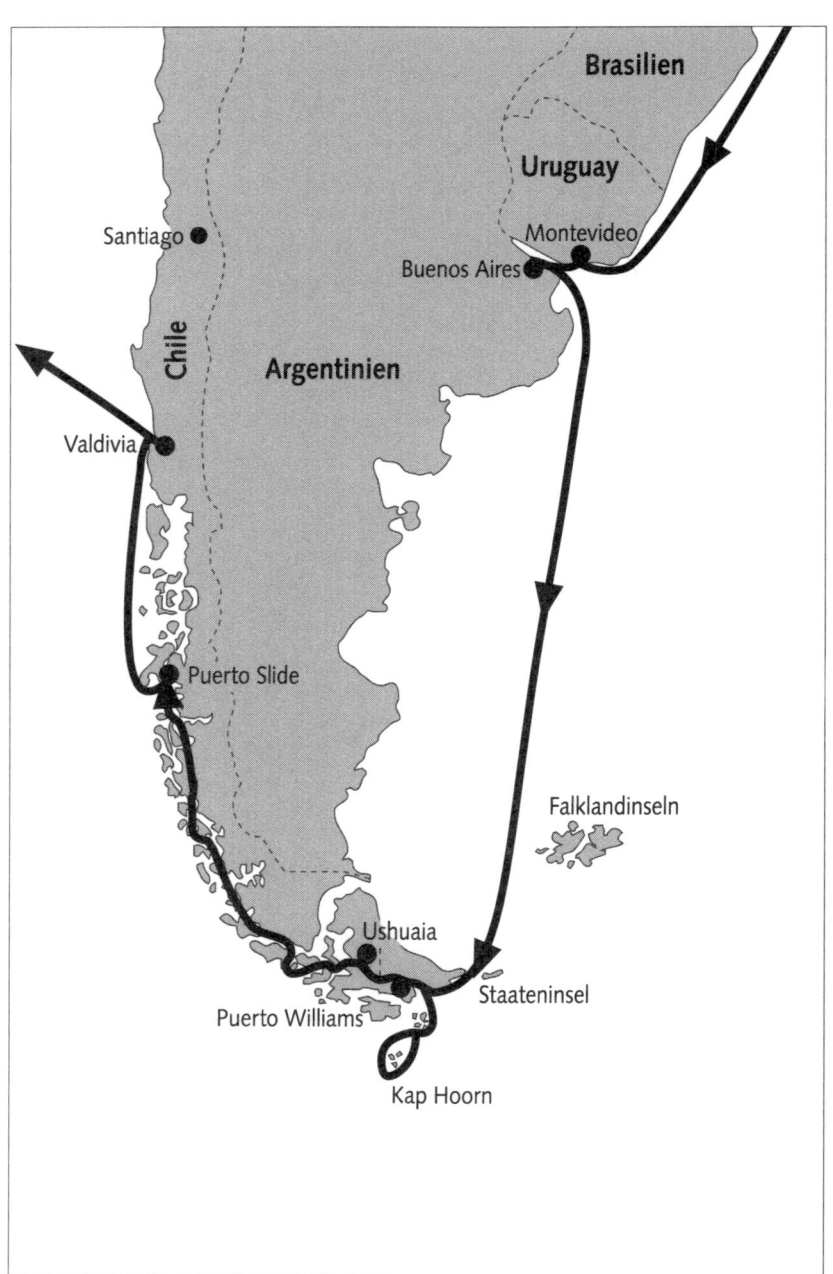

Brasilien

Uruguay

Santiago ●

Montevideo
Buenos Aires ●

Chile

Argentinien

Valdivia ●

Puerto Slide ●

Falklandinseln

Ushuaia ●

Puerto Williams

Staateninsel

Kap Hoorn

Kap Hoorn im Winter oder wie man dem Teufel ein Ohr absegelt

Der Yachtclub in Buenos Aires ist grandios. Mitten in der Stadt gelegen, bietet er uns einen einmaligen Blick auf die Skyline der „Direktorenstadt". Bei einigen Spaziergängen durch die Stadt stellen wir fest, daß es so gut wie keine Männer auf der Straße gibt, die nicht höchstoffiziös mit leicht gehetztem und überaus wichtigem Gesichtsausdruck dahereilen. Scheinbar sind sie alle auf dem Weg in die Chefetage, achten auf den korrekten Sitz ihres Einstecktuchs und die richtige Haltung ihrer Nase, die bei den Argentiniern ja bekanntermaßen hoch getragen wird.

Im Yachtclub wird selten eines der vielen prestigeträchtigen Boote zum Segeln ausgeführt. Über das Segeln wird eben nur gesprochen. Zufällig sitzen wir daneben, als eine große Runde unseren Fall diskutiert. Wir sprechen generell englisch, und keiner rechnet damit, daß wir spanisch bis auf ein paar ausgefallene Vokabeln ganz gut verstehen können. Das geht immer dann besonders gut, wenn Rich und ich uns ergänzen. Wie immer hat uns außer einem netten alten Herrn keiner gegrüßt, und so startete die „Gerichtsverhandlung" direkt am Nebentisch, ohne uns, den Angeklagten, auch nur die geringste Chance zu geben, sich zu verteidigen. Wir sind sozusagen gar nicht da.

„Ein Katamaran kippt um. Zu wie vielen sind sie an Bord? Zu dritt? Wahnsinn. Lebensmüde. Im Winter ums Kap. Mit einem Katamaran. Von Ost nach West. Verrückt, einfach verrückt."

Es ist eh alles klar. Die Ankläger wissen bestens Bescheid. Es ist unheimlich belustigend zu sehen, wie sie sich in Rage reden, zwischendurch aufstehen und wild gestikulierend ihrem südländischen Temperament Luft machen. Das Katamaransegeln steckt in Argentinien noch in den Kinderschuhen. Wir haben in den drei Yachtclubs,

97

die wir am Rio de La Plata besucht haben, keinen einzigen Kat getroffen. Das muß wohl auch der Grund sein, warum die Herren alle so gut Bescheid wissen. In gewisser Hinsicht haben sie natürlich nicht ganz unrecht, denn es ist immerhin schon Mitte Mai, als wir uns zum Abschied hinter Carlos Menem, dem Präsidenten Argentiniens, ins Gästebuch des Clubs eintragen. Der Winter steht vor der Tür.

Im frühen Morgen legen wir ab. Der Nebel ist richtig gespenstisch. Kein Lufthauch. Die Sonne geht matt rot verschwommen im Morgennebel auf, und wir genießen mal wieder das Gefühl des „Alles-hinter-sich-lassens", des Aufbrechens ohne Hast. Alles, was kommt wird neu und spannend sein. Wir haben Respekt vor dem Süden. Wir haben gelesen von den Squalls, den urplötzlich auftretenden Fallwinden, die von den Anden mit über 100 Knoten übers Wasser fegen – immerhin redet man ab 60 Knoten schon von einem Orkan –, optimal geeignet zur Entmastung eines Katamarans. Von der Sturmstatistik des Seegebiets kurz vor der Antarktis, von der Verschiebung der Treibeisgrenze im Winter, von der gefürchteten Le Maire-Straße, wo sich die häßlichsten Symbole, die sich in einer Seekarte finden lassen, in ungeahnter Häufigkeit versammeln. Aber wir haben auch über Ottos Vermittlung einen Architekten kennengelernt, der es sich nicht nehmen läßt, alle zwei Jahre mit Freunden auf einem 30-Meter-Schoner diese unwirtliche Gegend da unten zu besegeln. Seine ruhige, klare und unspektakuläre Art, mit der er uns in die Besonderheiten der Inselwelt um Feuerland einweiht, hat uns ein wenig beruhigt. Auch er kommt nicht umhin, uns zu erklären, daß der Winter nicht die optimale Zeit sei, um das Kap zu runden, aber er vermittelt die Abgeklärtheit eines Seglers, der schon einiges erlebt hatte: „Ein Sturm kann euch letztendlich überall erwischen. Ihr werdet schon ein wenig Glück brauchen, aber das braucht ihr ja eh, bei dem was ihr noch vorhabt."

Jeden Tag wird die Umgebung rauher. Der Wind, die Welle und die Kälte. Dem Wasser sieht man die Änderung der Temperatur an. Es wird dunkler. Ein schönes, tiefes Blau umgibt uns. Wir tauchen ein in die Roaring Forties. BLUESHIP scheint die Gegend zu gefallen. Sie tanzt durch die Wellen, hat immer genügend Wind und kann es gar nicht erwarten, Feuerland zu Gesicht zu bekommen.

Seit drei Tagen haben wir schon keinen Fisch mehr gefangen. „Dude, schau dir mal die Albatrosse an. Unglaublich. Der eine hat schon seit Stunden keinen Flügelschlag mehr getan." Immer mehr dieser „Schutzpatrone der Kap Hoorniers" begleiten uns auf ihren eleganten Schwingen. „Fisch. Alten, wir ham 'nen Fisch." Der Expandergummi auf der Steuerbordseite hat sich gestrafft. Es schnalzt immer laut, wenn er sich aus der Halterung löst, um den heftigen Impuls abzufedern. Der Ruck, der beim Zubeißen des Fischs entsteht, hatte uns, bevor wir auf diese glorreiche Konstruktion gekommen waren, etliche Leinen gekostet.

„Was ist denn das? Da hängt ja 'n Albatros am Haken!" Langsam holen wir die Leine ein. Seine Schwingen schlagen wild umher, aber der Vogel hat keine Chance. In seiner Gier nach etwas Freßbarem hat er sich offensichtlich richtig satt im Haken verbissen. An Flucht gar nicht zu denken. Er kommt näher und näher und wird größer und größer. Das Vögelchen, das da in der Luft immer so nett umherfliegt, entpuppt sich größenmäßig zu einer Art Schwan – und zwar einem sehr großen! –, aus dem ein imposanter Schnabel hervorsteht, der Ähnlichkeit mit dem eines Adlers hat. Und just durch das Horn dieses Schnabels hat sich unser Haken gebohrt.

„Gott sei Dank. Der hat ja gar nichts abbekommen. Nur, wie kriegen wir das Ding wieder runter vom Haken, ohne daß der uns 'nen Finger abhackt?" Die anschließende Operation verläuft so, als würden wir den ganzen Tag nichts anderes tun, als Albatrossen Fischhaken aus dem Schnabel zu entfernen. Ein Stück Gartenschlauch in den Mund und Schnabel zuhalten. Das strahlend weiße Tier bleibt völlig ruhig und guckt uns interessiert aus seinen großen Augen an. Während Richi ihm ganz cool den Schnabel zuhält, kann ich den Haken rauspulen. Wir nehmen den Schlauch wieder weg, und vor uns sitzt der Albatros, als wär nichts gewesen. So als wär er grad mal zu Besuch vorbeigekommen, hockt er auf unserer Badeplattform, und will gar nicht mehr weg. Eine Welle ist es, die unseren prominenten Besucher daran erinnert, wo seine Heimat liegt. Wie ein schwerer Jumbo hebt er vom Wasser ab und braucht lange, ehe ihn seine großen Schwingen wieder in die Luft emporheben. Doch einmal oben, gleitet er wieder mühelos dahin.

Wir sehen es als ein Orakel, das nicht positiver hätte sein können.

Von jeher gilt unter Seeleuten ein Vogel an Bord als ein gutes Zeichen. Daß es nun hier, auf dem Weg zum Kap, der Schutzpatron der Kap Hoorniers, der Albatros, ist, der uns zugegebenermaßen nicht ganz freiwillig einen Besuch an Bord abgestattet hat, kann nur heißen, daß unser Vorhaben, Kap Hoorn im Winter zu umrunden, unter einem guten Stern steht. Da sind wir uns ganz sicher.

Vor uns liegt die Le Maire-Straße, die Meerenge, wo das Wasser aus Kilometertiefe mit der starken Tidenströmung durch einen flachen Engpaß gedrückt wird. In Kombination mit den großen spitzen Felsen auf dem Grund entstehen hier die herrlichsten Strudel. Das Wasser brodelt regelrecht, und die Wellen, die sich rund um die vielen Strudel bilden, sind choppy, wie man so schön sagt. Big, choppy waves. Wenn dazu noch der Wind der Furious Fifties heult, ist der Hexenkessel perfekt. Viele Schiffe, nicht nur zur Zeit der christlichen Seefahrt, sind in dieser Mischung aus Strudeln, Strömung und Sturm nicht mehr zu steuern gewesen, an den Felsen zerschellt und untergegangen.

Wir erreichen das Kap San Diego, wie es auch öfter genannt wird, bei relativ ruhigen Windverhältnissen und beschließen, durch die Le Maire-Straße zu fahren, da ein Ausweichen mindestens einen Tag kosten würde und uns das Wetter einigermaßen stabil erscheint. Wir können kaum glauben, was dann passiert: Es weht nahezu kein Wind! Doch obwohl wir eine Zeit zwischen Ebbe und Flut gewählt haben, so daß nur ein schwacher Strom herrscht, geraten wir dennoch in zwei Strudel, die unsere BLUESHIP so hin und her schütteln, daß wir Mühe haben, mit dem verbliebenen Motor Kurs zu halten und aus den Strudeln wieder herauszukommen. Die See macht unser Boot zum Spielball. Die Horrorstorys über diese Gegend sind nicht unbegründet. Hier mit ordentlich Wind durch, das sollte man sich zweimal überlegen.

Die Le Maire-Straße liegt hinter uns und das Kap? Ich hab' die Stimme des Architekten noch im Ohr, der uns ganz klar gesagt hat: „Fahrt erst Puerto Williams an. Die Chilenen können richtig ungemütlich werden, falls ihr versucht, ohne Genehmigung das Kap zu umschiffen."

„Hey Hubi, wir ham's geschafft, Kap Hoorn liegt voraus."

„Na dann mal los." Uns ist beiden ein bißchen unwohl wegen der fehlenden Genehmigung. Aber wenn das Wetter so bleibt, müssen wir da runter, und zwar jetzt sofort. Außerdem wollen wir uns die Krone holen. Den Mount Everest der Seefahrer bezwingen. Und je schneller wir das hinter uns bringen können, desto besser.

Wir sind zwar nicht mehr gerade frohen Mutes, aber immer noch wild entschlossen, als unsere Barokurve plötzlich einem wilden Einfall folgend, die Schwerkraft zu entdecken scheint. Eben noch stand das Barometer bei 988 Millibar, dann sackt es ruckartig auf 983. Der Wind nimmt zu. Eine knappe halbe Stunde später: 978 Millibar und 40 Knoten Wind. Wir reffen die Genua. Schagartig ist es dunkel geworden, und die See ist unruhig. Wir nähern uns der Bahia Nassau. Hier, am ersten, großen offenen Stück zwischen Atlantik und Pazifik, hat unser Baro die Marke von 974 Millibar erreicht. Wir sind überrascht von der Welle und dem unangenehm starken Wind. Das Wetter hat sich schlagartig geändert. Von dem noch liebenswerten Ostwind und der gleichmäßigen Welle springt es zu einem sturmpeitschenden Westwind, der ungebremst von irgendeiner Landmasse die See zu feindlichen Wellen aufputscht, die BLUESHIP überspülen und wild auf unser armes Boot eindreschen.

Der Sturm hat eine Stärke von 55 Knoten. Baro bei 972. Wir müssen raus. Wir müssen reffen. Draußen überkommt mich die blanke Angst. Von irgendwo aus dem schwarzen Nichts kommen Wellen über Bord, die uns fast von Deck spülen. Wir sind zwar eingepickt. Aber hier aus dem Cockpit gehebelt zu werden in tiefschwarzer Nacht...? Lieber nicht.

„Wir können nicht weiter!" Ich schreie so laut ich kann. Und wieder eine neue Welle. Als sie weg ist, schnappe ich nach Luft. Da fegt erneut von irgendwo Wasser heran. „Wir müssen hier weg!" Das ist Richis Stimme. Meine Beine werden angehoben von einem Brecher, der das ganze Cockpit ausfüllt. Ich bekomme die große Genua-Winsch zu fassen und kann mich in der Waagerechten halten. Richi erzählt mir später, daß er sich gerade noch an der Reling festklammern konnte. Es brodelt und schäumt im Cockpit, aber das Wasser fließt zum Glück über die riesigen Lenzöffnungen schnell ab. Es ist unmöglich, in Richtung des Windes zu gucken. Wie Nadelspitzen fühlen wir auf unseren Gesichtern das im Wind zerstäubte Salzwasser. Wir drehen vor den Wind. Das Pfeifen sowie das auf- und abschwellende Tosen des Windes um uns herum klingt auf dem Zenit der Böen wie Kreischen oder Schreien. Aber die Kursänderung hat Erfolg. Wir werden nicht mehr von Wellen überspült. BLUESHIP wird von den Monstern angehoben und rauscht wie vom Teufel gejagt die Wellentäler hinunter. Nichts ist zu sehen. Die von hinten kommenden Wellenberge zeichnen sich nicht gegen den schwarzen Himmel ab. Hier ist alles eins. Kein Horizont, kein Meer, keine Luft. Alles ein Gemisch aus Wasser und Sturm, schäumende Gischt, alles schwarz.

BLUESHIP ist schnell. So schnell, als wolle sie uns helfen, wieder in den Schutz der Inseln vor dem Beagle-Kanal zu gelangen. Eine kleine Ewigkeit später sind wir aus dem Gröbsten raus. Der Wind weht mit akzeptablen 40 Knoten, und der Seegang ist wieder erträglich. Wir steuern in den Beagle-Kanal und kreuzen Ushuaia entgegen.

Gegen Mittag erreichen wir die südlichste Stadt der Welt. Im Yachtclub gehen wir vor Anker – und es rasselt nicht nur ein Anker in die Tiefe. Der zweite große Stockanker und zwei clubeigene Murings sollen BLUESHIP an ihrem Ort halten. Während wir zur Maritime Naval gehen um einzuchecken, fegt uns der Wind so um die Ohren, daß wir es tatsächlich schwer haben, uns auf den Beinen zu halten. Hier ist eben immer Sturm.

„Guck mal Dude, hier brauchen wir nicht mal unsere Schirme zum Fliegen."

Als wir zurückkommen, trauen wir unseren Augen nicht.

„Sag mal Alten, wir lagen doch nicht so nah an Land. Ey, wir liegen auf Land! Verdammte Scheiße. Ich denke, die Murings sind sturmsicher."

Wir können es nicht fassen. Während unseres Landausflugs haben sich dramatische Szenen an Bord abgespielt. Toni, die allein zurückgeblieben war, hatte mehrere Notrufe abgesetzt, da sie hilflos zuschauen mußte, wie unser Boot auf das Land zutrieb. Der Wind war so stark, daß weder Anker noch die tonnenschweren Hafenbojen unsere massige Lady halten konnten.

Für das Dingi hätten wir auf dem Weg zum Boot gar keinen Motor gebraucht. Der Wind treibt uns vor sich her. Wir haben mal wieder

Glück im Unglück. Sowohl die Felsen als auch der Grund sind so mit Seegras eingedeckt, daß wir keine Schäden an den Rümpfen davontragen.

Unser Hauptanker läßt sich leicht über die Ankerwinsch lichten, während der Stockanker sich richtig festgegraben hat. Zum Glück, denn nur mit Motorkraft hätten wir uns aus der mißlichen Situation nicht befreien können. Während ich noch hinten am Ruder stehe, versucht Richi, uns mit dem Dingi zusätzlich zu ziehen. Und dann passiert es: Platsch! Eigentlich sollte Toni nur das Ankerseil von der Klampe auf die Ankerwinsch legen, doch das dicke Tau gleitet ihr aus den Händen. Richi reagiert sofort. Geistesgegenwärtig springt er ohne zu zögern in voller Montur ins Wasser, um das Tau zu fassen. Kurz darauf taucht er mit einem Siegerlächeln aus dem eiskalten Wasser auf. Wir hätten unseren Anker und das schwere Tau in der undurchsichtigen Brühe, in der das Seegras am Boden alles verschlingt, wahrscheinlich nie wieder gefunden. Nur schade, daß er bei dieser super Reaktion nicht auch den Dingimotor auf Leerlauf gestellt hat. Wie ein Geisterboot fährt es durch die Bucht. Wir können uns kaum halten vor Lachen, als ich Richi eine Leine zuwerfe.

„Come on board, Forest."

Der Spitzname Forest Gump begleitet ihn nun erst mal, denn genauso wie in dem berühmten Hollywoodmovie ist er vom fahrenden Schiff gesprungen, das führerlos weiterfährt. So ist es eben manchmal im Leben. Eigentlich ist er der Held, und trotzdem wird er veräppelt.

Ein anderer Segler, der anscheinend alles beobachtet hat, bringt uns unser Beiboot zurück. Den Leuten im Club, die wirklich sehr nett sind, ist das alles ziemlich peinlich, und in Windeseile ist Platz am Steg geschaffen. Trotz des fehlenden zweiten Motors legen wir perfekt an. Nun ja. Ein bißchen was gelernt haben wir ja inzwischen...

In dem kleinen Yachtclub werden wir sehr freundlich aufgenommen. Wir sitzen am Kamin und erzählen ein paar Seglern von unserem Vorhaben, das Kap zu bezwingen.

„Na, ja. Es sind wohl schon mal Leute im Winter ums Kap. Aber die kommen dann von der Pazifikseite und haben wenigstens den Wind im Rücken und zwar auf der ganzen Strecke hier hoch zum Beagle. Nicht mal die verrückten Franzosen, die im Sommer immer gut zahlende Leute mit runter nehmen, fahren im Winter zum Hoorn. Aber mit denen solltet ihr trotzdem mal reden."

Nach einem intensiven Plausch stechen wir am nächsten Tag in See, denn von Ushuaia Kap Hoorn anzulaufen, ohne vorher bei den Chilenen vorbeizuschauen, davon wurde uns erneut dringend abgeraten. Zwischen Chile und Argentinien herrscht kalter Krieg, der seinen Ursprung in genau diesem südlichen Zipfel Südamerikas hat. Doch nicht nur deshalb wollen die Chilenen wissen, wer in ihren Gewässern kreuzt. Die vielen Unfälle haben eine vollständige Überwachung dieses Seegebiets geradezu provoziert.

Während der ganzen Zeit halten wir über unser Inmarsat-C-System Kontakt zum Seewetteramt in Hamburg. Die Wetterfrösche haben es wirklich schwer, ein Hoch im Süden zu finden. Die Vorhersagen klingen alle ziemlich gleich: Windstärke ab 7 Beaufort aufwärts von Westsüdwest, Wellen zwischen 7 und 11 Metern Höhe. Zum Ende der Nachricht immer der Rat, noch zu warten.

Puerto Williams ist ein kleiner Marinestützpunkt mit ein paar Zivilisten und dem südlichsten Yachtclub der Welt, ein auf Grund gelaufener kleiner Frachter. Die Inneneinrichtung ist urgemütlich, und wir werden schnell warm mit den Chilenen. Sie scheinen die Deutschen wirklich zu mögen. Zwei Tage noch, dann soll das Wetter am Kap ein wenig abflauen. Doch jetzt gibt's Probleme mit der Erlaubnis der Behörden. Wir zeigen den Militärs unsere Presseausweise und machen ihnen richtig Druck. Wenn jetzt das Wetter einigermaßen paßt, müssen wir auch los. Wir wollen die größte Herausforderung der Tour so schnell wie möglich hinter uns haben.

„Verstehen Sie doch bitte. Wir sind vom deutschen Fernsehen. Wir haben nur sehr wenig Zeit für unsere Reportage über Patagonien im Winter. Wir brauchen die Genehmigung so dringend wie möglich!" Aber die Genehmigung läuft generell über Santiago, und das dauert mindestens eine Woche.

Wir nutzen den nächsten Tag, um die Biberkolonie in der Nähe unseres Ankerplatzes zu besuchen. So schnuckelig diese Tierchen auch sein mögen, hier in Puerto Williams haben sie einen schweren Stand, und das zu Recht. Sie sind eine Plage.

„Biber sind unglaublich scheu. Am besten sprengt ihr einer ihrer Dämme mit Dynamit. Wenn denen das Wasser abfließt, kommen sie raus, um den Damm zu flicken." Dieser Tip eines chilenischen Kommandanten war bitterernst gemeint – ebenso wie der Zusatz, daß wir sie alle erschlagen sollten.

Wir finden seine Art etwas rüde und haben außerdem natürlich kein Dynamit dabei. Was wir dann aber zu sehen bekommen, läßt uns verstehen, woher sein Haß auf die Nager rührt. Eine Landschaft, die von Hollywood geschaffen scheint. Ein Hexenwald oder die Heimat Nosferatus. Das ehemalige Flußbett bis auf ein Rinnsal ausgetrocknet. Auf mehrere Ebenen erstrecken sich die Dämme der Biber, hinter denen ihre igloähnlichen Bauten im Wasser liegen. Das ganze langgezogene Tal ist voller Baumstümpfe und ausgebluteter Bäume. Alle angefressen und abgestorben, und ihre knorrigen blattlosen Äste ragen verloren in den Himmel. So sehen auch Kulissen nach Bombenanschlägen aus. Alles tot.

Angesichts dieser zerstörerischen Kräfte gewinnen wir Spaß an dem Max-und-Moritz-Streich mit dem Damm. Mit zwei langen Stöcken beginnen wir den obersten Damm zu demontieren. Bei den Durchmessern einiger der abgenagten Baumstümpfe hatte ich schon Respekt gewonnen vor den kleinen Viechern, aber ihre Dammbaukunst stellt die Holzfällerqualitäten bei weitem in den Schatten. Wir benötigen eine geschlagene Stunde, um im Schweiße unseres Angesichts eine schmale Kerbe in den Damm zu treiben. Die unteren Schichten des Damms hätten wir vielleicht mit einer ordentlichen Spitzhacke geschafft, aber nicht mit unseren Stöcken. Dann hocken wir noch eine geraume Zeit regungslos hinter Bäumen und warten, daß sie rauskommen. Immerhin haben wir ihren künstlichen See um weit mehr als die Hälfte gesenkt. Kurz vor der Abenddämmerung geben wir fluchend auf. Was für ein hinterhältiges, gemeines Pack. Zerstört die ganze Umgebung und zeigt sich nicht mal.

Beim Einkauf begegnen wir noch mal dem Kommandanten: „Und, habt ihr sie erwischt?" Als er unsere frustrierten Gesichter und unser Kopfschütteln sieht, fügt er noch hinzu: „Na, dann haßt ihr sie jetzt wenigstens auch, wie jeder hier."

Einen Tag später legen wir ab. Nicht ohne die Versicherung, daß wir die ersten sind mit Ausnahmegenehmigung und es so etwas noch nie in Puerto Williams gegeben habe. Wir versprechen dem Kommandanten nach unserer Wiederkehr ein Interview und starten in die Nacht, die hier in der subpolaren Zone im Winter siebzehn Stunden dauert.

Die Wetterberichte der Chilenen decken sich mit denen aus Hamburg. Die Prognose sieht gut aus. Der Wester scheint für ein bis zwei Tage einem Ostwind zu weichen. Nur fünf Meter Welle und ein typischer Wind um die 30 Knoten. Das klingt wundervoll. Toni und ich sitzen noch sinnierend über ein paar Christal, dem chilenischen Bier, während Richi seine Freiwache bei einem Nickerchen genießt, als plötzlich der Autopilot sein Warnsignal ertönen läßt. Draußen erkenne ich mit dem Scheinwerfer ziemlich schnell den Grund des Übels: Unsere Lady hat sich in einem Fischernetz verfangen. Und noch schneller wird mir klar, daß ich dieses Problem zu lösen habe. Normalerweise würde bei einer so unangenehmen Situation wie dieser das Knobeln entscheiden, wer in das Eiswasser springen darf. Aber Richi hatte erst vor ein paar Tagen beim Knobeln verloren und den Inspektionstauchgang nach unserem Anlanden in der Bucht von Ushuaia hinter sich gebracht. Es wäre ganz einfach unfair gewesen.

So eine unglaubliche Scheiße. Ein ungeheurer Unwille überkommt mich. Eben noch gemütlich im geheizten Salon am Bierchen nuckelnd und plötzlich in einem Tauchanzug Modell Tropen (dünner geht es nicht) und ohne Handschuhe und Taucherhaube mit einem Messer bewaffnet in drei Grad kaltes Wasser abtauchen.

Während ich den Taucheranzug anziehe, fluche ich still vor mich hin. Über die Fischer, die Kap-Hoorn-Umrundung und überhaupt. In solchen Augenblicken scheint die Weltumseglung ein einziger Schwachsinn zu sein.

Toni reicht mir das große sägenähnliche Messer und rein geht's in die frostige See. In gewisser Weise ist diese Erfahrung auch faszinierend, denn sonst hätte ich nie gewußt, daß Kälte auch Schmerzen bereiten kann. Drei Grad sind einfach schrecklich kalt, und sofort beim Eintauchen reagiert der Kopf. Das Hirn zieht sich zusammen und scheint mich mit einem Migräne-Schmerz daran erinnern zu wollen, daß dies nicht seine Umgebung ist. Nach zwei kurzen Abtauchern, die uns mit wütenden und schnellen Sägeschnitten aus den Klauen des Netzes befreien, kann ich endlich wieder raus aus dem Eisbecken. Was für ein Glück, daß wir uns lediglich mit dem Ruder im Netz verfangen haben. Beim Ausziehen des Taucheranzugs kann sich Toni vor Lachen kaum halten, denn meine Haut gleicht eher der eines gekochten Hummers, und die Männlichkeit hat sich bis auf einen Wurmfortsatz zurückgezogen.

Am nächsten Tag liegt der legendäre Kap-Hoorn-Felsen vor uns. Wir können sogar unser Dingi zu Wasser lassen und BLUESHIP vor diesem wohl berüchtigsten Ort für Seefahrer von außen filmen. Mir ist ein wenig mulmig, als ich allein im Dingi ein gutes Stück entfernt vom Mutterschiff durch die Wellen hoppel. Aber ich habe nun mal beim Knobeln verloren. Über mir kreisen Massen von Albatrossen.

Viele grauslige Storys fallen mir ein. Über Bord gegangene Seeleute, die gar nicht mehr aufgefischt wurden, weil sie im Nu in den riesigen Wellen verschwunden waren und an ein zu Wasser lassen der Rettungsboote gar nicht zu denken war. Oder, wenn das Wetter ausreichend gut war, die Rettungsmannschaften nur noch die Schwimmwesten vorfanden, weil die armen Hunde sich aus ihnen gelöst hatten, um sich hinabgleiten zu lassen in die Tiefe. Zu arg hatten ihnen dann die Schnäbel der hungrigen Seevögel, allen voran die Albatrosse, zugesetzt. Immer wieder im Sturzflug auf den Kopf, um mit dem Schnabel den hilflosen Seeleuten die Augen auszuhacken, wie sie es bei den Fischen machen. Was für ein schauriger Tod muß das gewesen sein. Aber auch ganze Schiffe, riesige Frachtsegler, sind hier mit Mann und Maus untergegangen. Das größte Seemannsgrab der Erde. Einige reden von rund 10.000 Menschen, die hier ihr Leben ließen.

Und wir? Wir lassen uns von Toni einen goldenen Ohrring ins frisch gemachte Ohrloch quetschen. Einen kleinen Runden. Golden muß er sein, als Zeichen dafür, daß wir dem Teufel ein Ohr abgesegelt haben. Über der ganzen Zeremonie kreist wieder ein Albatros. Es ist „unser" Albatros, der über uns wacht, daran besteht kein Zweifel. Toni ist ebenfalls mächtig stolz und entfernt all die anderen Schmuckstücke, die sonst ihre Ohren zieren. Wir trinken Champagner und sind stolz und glücklich, diese für uns so wichtige Etappe geschafft zu haben.

Unser Wachgefüge ist durcheinander, und ich bin nur zu gern bereit, die erste Nachtwache zu übernehmen.

„Schlafen kann ich jetzt sowieso nicht. Mensch Alten, wir ham's geschafft!"

Ich bin noch so euphorisch, daß ich das Gefühl habe, ich könnte die ganze Nacht durchmachen. Ich sitze am Kartentisch und habe gerade eine Wende hinter mich gebracht. Wir kreuzen wieder durch die Bahia Nassau, und der Wind hat auf knappe 30 Knoten zugelegt. Das Kreuzen, immer wieder rauslaufen und die Segel auf die andere Seite bringen sowie der lange Tag machen sich bemerkbar. Der Wind dreht auf West. So in zehn Minuten noch einmal wenden und dann müßten wir eigentlich ohne einen weiteren Schlag zwischen den beiden Inseln durchkommen, die ich vor mir auf der Karte habe. Ich trage unsere Position ein, gucke noch mal auf den Radar und versuch es mir auf dem kleinen, schwenkbaren Stuhl am Navigationstisch bequem zu machen.

... und zapp, wieder abgerutscht. Hab' ich etwa in der Position geschlafen? Richi kommt gerade die Stufen hoch. Ich blicke auf den Radar und fühle, wie sich Adrenalin in meinen Körper ergießt. Ich kenne das Gefühl. Es ist wie nach einem Sekundenschlaf am Steuer eines Autos, wenn man durch das Gehoppel auf dem Grünstreifen aufwacht und einem das Blut in den Adern gefriert. Bin ich abgerutscht durch die Bö, die mit guten 50 Knoten über uns hinweggefegt ist? Oder weil ich das Herannahen von Richi gefühlt habe und schlafen in so einer Situation unsäglich peinlich ist? Wir hatten uns schließlich oft genug gegenseitig eingebleut, lieber den anderen zu wecken, bevor man einschläft. Undenkbar, wenn man sich nicht mehr auf den anderen verlassen kann.

Auf dem Radar sind wir schon ein gutes Stück an meinem anvisierten Wendepunkt vorbei, und es kann sich nur noch um eine Minute handeln, bis wir mit satten zehn Knoten auf die Insel krachen. Wir rennen nach draußen. Die gereffte Genua knattert zerrissen im Wind. Erst mal um hundert Grad das Ruder rum. Mit Schaudern sehen wir in der relativ klaren Nacht die Insel ganz nah und sich dann langsam entfernend.

„Sag mal Alten, hast du etwa geschlafen? Bist du wahnsinnig? Weißt du, daß wir um ein Haar auf der Insel gegangen hätten?" Mein Protest ist kleinlaut, und Richi merkt schnell, daß er eigentlich gar nicht weiterreden muß. Ich fühle mich schuldig. Da hilft es auch nicht, immer wieder zu beteuern, daß ich ja kurz bevor er kam selbst aufgewacht bin und das dann schon geregelt hätte. Zum Glück kennen wir uns so gut und wissen beide, daß weiteres Diskutieren nicht mehr viel bringt. Aber mir ist auch bewußt, daß Richi mir bei den nächsten Wachwechseln mit Sicherheit die Geschichte immer wieder mit einem süffisanten Lächeln aufs Brot schmieren wird.

Wieder bei den Chilenen angekommen, wissen diese über ihren Außenposten am Kap schon Bescheid und überreichen uns hoch erfreut darüber, daß die crazy Germans wieder da sind, eine wunderschöne Urkunde, mit der wir aufgenommen sind in die chilenische Bruderschaft der Kap Hoornier Bezwinger. Wenn die wüßten, wie knapp das wieder war...

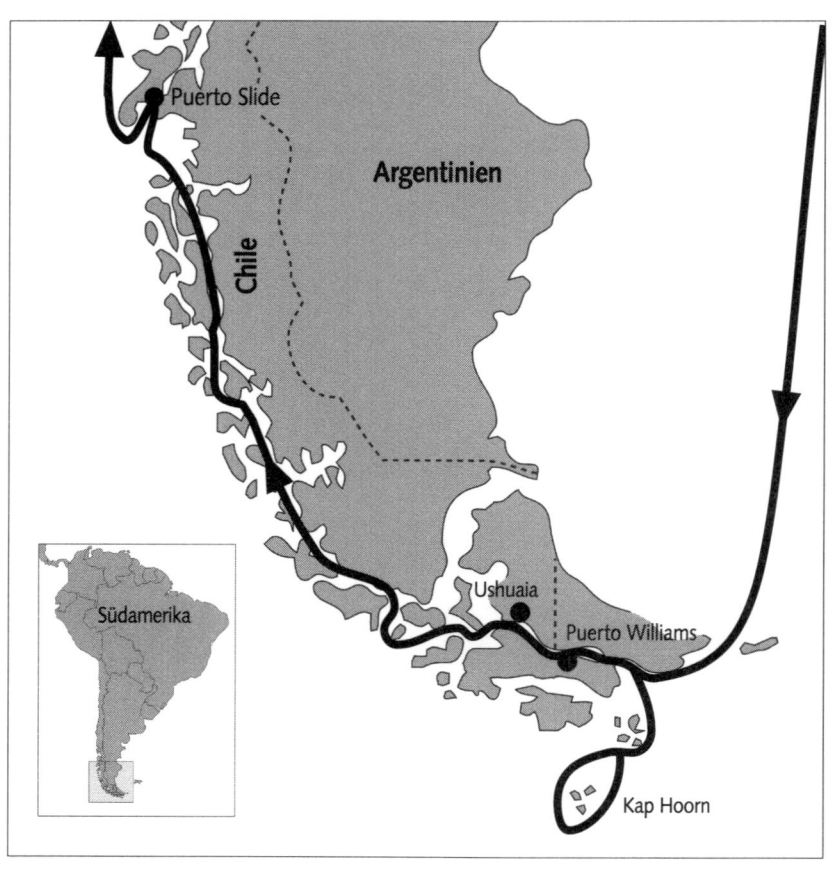

Patagonien
und eisige Bekanntschaften

In Patagonien gehen die Uhren anders. Das gilt insbesondere für den Winter. Abends ausgehen oder lieber früh aufstehen? Die Winternacht in Ushuaia dauert siebzehn Stunden und läßt somit viel Raum für diese Entscheidung.

Das Ausgehen am Samstagabend erscheint uns zunächst sehr uninteressant. Wir schlendern zwischen zehn und zwölf Uhr durch eine völlig ausgestorbene Stadt. Gehen ein paar Bierchen trinken und freuen uns dann, daß bei unserer Rückkehr wenigstens der Yachtclub gut besucht ist. Ziemlich langweilig, die Ushuaianer, oder etwa nicht? Weit gefehlt. Auf dem Steg begegnen wir Pierrique, einem Franzosen, der auf der Weltumseglung mit seinen Eltern hier hängengeblieben ist und jetzt im Yachtclub arbeitet. Er hat lange, schwarze Haare und eine spitze Nase. Insgesamt ist er ein sehr asketischer Typ mit großen Augen, die aus seinem schmalen Gesicht hervorstechen. Er guckt erstaunt:

„Wieso langweilig? Wart ihr auch im Niaupa, wie ich euch geraten habe?"

„Na klar. Netter Laden, war nur leider nichts los."

„Nichts los? Ich war doch auch da und hab' an den Kongas gespielt. Wann wart ihr denn da?"

„Na, so um Mitternacht rum."

„Tja, das geht auch erst so gegen halb zwei los im Niaupa. Um zwei Uhr spielen wir dann Live-Musik."

Am nächsten Samstag ist dann alles anders. Wir gehen nicht abends aus, sondern stehen lieber früh auf. Und tatsächlich. Gegen halb eins füllt sich langsam die Hauptstraße von Ushuaia, und eine halbe Stunde später geht nichts mehr. Rush hour um ein Uhr nachts in der südlichsten Stadt der Welt.

111

Wir stapfen durch den hohen Schnee und beobachten die Kids, die anscheinend rund um die Uhr auf der extra für sie abgesperrten Straße ihrem Rodelvergnügen nachgehen und immer haarscharf vor den Autos auf der Hauptstraße zum Stehen kommen.

Im Niaupa bekommen wir noch einen guten Platz, und kurz danach ist der Laden rammelvoll. Pierriques Finger fliegen zu den heißen Flamenco-Rhythmen über die Kongas. Wir tanzen und lernen viele ausgesprochen nette Leute kennen. Hier in Ushuaia und speziell im Niaupa kennen sich alle und wir fallen auf wie die bunten Hunde. Ich treffe Maria und bin auf Anhieb verliebt. Maria hat blaue Augen, pechschwarz glänzendes Haar und ein Lachen, bei dem ihre strahlend weißen Zähne glitzern und das mir sofort alle Sinne verwirrt. Sie kommt rein und stellt sich an die Heizung. Trotz der Kälte hat sie einen kurzen Rock an, natürlich mit ein paar langen Strumpfhosen drunter, die ihrer Figur aber keinerlei Abbruch tun. Unsere Blicke treffen sich. Sie schenkt mir das wundervolle Lachen und ab diesem Zeitpunkt hab' ich es nicht mehr eilig mit der Weiterreise in die Einsamkeit Patagoniens.

Morgens ist BLUESHIP mal wieder eingeschneit. 30 cm sind in der Nacht gefallen. Die Heizungen funktionieren wunderbar, und es ist richtig gemütlich auf unserem Boot. Maria, ihre Freundin Anna und Pierrique warten schon in Skikluft an unserem Steg. Wir genehmigen uns noch gemeinsam einen satten Brunch mit kleinen Steaks – die Steaks sind hier fast genauso billig wie die Eier –, dann ziehen wir zu sechst los. Unsere Segelanzüge sind definitiv der letzte Schrei in der Skimode. Toni sieht in ihrem Fischermannanzug aus wie ein gelbes Gummibärchen im Schnee. Für sie sind diese Tage etwas ganz Besonderes. Sie erlebt zum ersten Mal in ihrem Leben Schnee. Auf Skiern macht sich unser südafrikanisches Allroundtalent sehr gut, und wir genießen alle die ausgefallensten Skiferien, die wir je hatten.

Doch gerade die schönsten Zeiten müssen auf einer solchen Tour ein Ende haben. Sind nicht schon viele Weltumsegler irgendwo hängengeblieben? Ich muß zugeben, hier am Ende der Welt hätte es mich um ein Haar erwischt. Nicht fürs Leben, aber wenigstens für eine Saison.

So ist es nicht verwunderlich, daß meine Ohren einfach nicht offen sind für die zahlreichen Warnungen: „Wenn ihr nicht bald loskommt, ist es zu spät. Ihr müßt im August spätestens raus sein aus den Kanälen. Die Nordstürme werden dann so stark, daß ihr mit eurem Boot nicht mehr dagegen ankommt. Ihr könnt euch sonst jetzt schon auf das weitere Überwintern hier einstellen. Und eure Dieselkapazität? Wieviel Liter habt ihr denn? 400? Ist ja ein Witz. Und denkt auch ans Heizen", – der Commodore des Clubs redet mehrfach auf uns ein. Er kennt die Strecke und hat schon oft erlebt, daß Besatzungen zurückkamen, weil sie es einfach nicht geschafft hatten, gegen die winterlichen Nordstürme Patagoniens anzukämpfen. Wir studieren mit ihm die komplizierten Karten der Fjorde und müssen feststellen, daß eine Durchquerung Patagoniens schon jetzt nur noch in Tag-und-Nacht-Fahrt möglich ist. In den Segelbüchern, die wir gelesen hatten, sind alle nur tagsüber durch die verzwickten Seewege gesteuert.

„Die hatten ja damals auch keinen Radar. Das ist jetzt alles halb so wild."

Der Blick des Commodore zu dieser Äußerung spricht Bände. Er scheint Angst vor beziehungsweise um uns zu haben. Woher nehmen diese Jungs eigentlich ihr unglaubliches Gottvertrauen? Definitiv ist es höchste Zeit, Abschied zu nehmen. Ein schwerer Abschied. Vor uns die unendliche Einsamkeit der Gletscherwelt mit Kälte und Schnee, die wir nun eintauschen müssen gegen die herzliche Wärme unserer Freunde und das gemütliche Beisammensein in ihren Hütten, wenn draußen vor den beschlagenen Scheiben die Schneestürme wüten.

BLUESHIP hat sich am Steg ganz prächtig bewährt. Dick eingeschneit und damit wunderbar isoliert, hatten in unserem Outdoor-Cinema zwischenzeitlich bis zu sechzehn Leute gesessen und mit Hilfe von Pierriques Recorder Harrison Ford, Michael Douglas und anderen Helden der Leinwand zugeschaut. Und jetzt ablegen? Wissend, daß wir jetzt lange Zeit nur auf uns selbst gestellt sein würden? Einsamkeit und Kälte, welch verlockende Mischung. Wie wird sich unsere Lady in dieser rauhen Natur beweisen, wenn die Taue steif gefroren an Deck liegen und ihr die Stürme ins Gesicht blasen?

Für diese Expedition nehmen wir noch zwei zusätzliche 200-Liter-Fässer Diesel an Bord und kommen so zusammen mit den Kanistern und Tanks auf 1000 Liter Diesel. Hört sich viel an. Ist es aber nicht.

Die Heizungen verbrauchen dummerweise nicht nur Diesel zum Feuern, sondern auch Energie für das Gebläse, was wiederum Diesel kostet. Uns war also bei der Energieplanung von Beginn an klar, daß wir nur eine Seite, sprich einen Rumpf, würden heizen können. Und auch das ist schon blumig gerechnet. Denn längere Wartezeiten, um etwaige Stürme in Seitenarmen der Fjorde auszusitzen, sind nicht mit einkalkuliert.

Der Zufall will es, daß wir vor unserer Abreise noch Charly Porter begegnen, den intimsten Kenner der patagonischen Landschaft. Seit nunmehr 20 Jahren befährt der etwas skurrile Bostoner Wissenschaftler die Kanäle zwischen Valdivia im Norden und Puerto Williams im Süden. Sie sind für den Eisforscher seine zweite Heimat geworden. Er ist von mittlerer, sehr drahtiger Gestalt und trägt als sein Markenzeichen ständig, wahrscheinlich sogar im Bett, eine schwarze und offensichtlich ungewaschene Wollmütze. Trotz seiner zirka 50 Jahre macht er einen recht bubenhaften Eindruck auf uns und weiht uns auf seine charmante Art in die Geheimnisse Feuerlands ein. Es ergibt sich ein sehr amüsanter Abend auf BLUESHIP, und am nächsten Tag wissen wir sogar über so interessante Dinge wie die Vermehrung von Einzellern im ewigen Eis Bescheid. Doch Charly zeichnet uns auch Hinweise von über 30 Ankerplätzen und Sehenswürdigkeiten in unsere kopierten Karten.

Nach der langen Abschiedsfeier legen wir im Morgengrauen um zehn Uhr ab. Am ersten Tag bin ich ziemlich melancholisch, und Sprüche wie: „Alten, wir sind auf dem Weg in die Südsee, ins Paradies" und „warte mal ab, wen wir da noch kennenlernen", stimmen mich eher noch trauriger. Doch schon am zweiten Tag ist alles anders. Wir passieren die ersten Gletscher im Morgengrauen, segeln vorbei am blauschimmernden Eis des Glacier Alemania und des Glacier Italia, und beschließen völlig eingenommen von der Schönheit dieser Gletscherwelt am Glacier Romanche zu ankern. Das Wetter ist ruhig. Eine seichte Brise weht. Es sind ideale Bedingungen für einen Kurzstop. Romanche liegt vor uns, und seine blauen Spitzen schillern im spärlichen Sonnenlicht. Links neben uns befindet sich ein wunderschöner Wasserfall, der hoch über unseren Köpfen aus dem dichten Mooswald hervorspringt und sprudelnd auf den nackten Felsen klatscht. Ein idealer Ort für eine kleine Dusche.

114

Vielleicht ein bißchen kalt, aber immerhin Süßwasser. Hinter uns sind die schneebedeckten Gipfel der Darwin-Kordillere zu sehen.

Die Bucht ist voller Grawler, schwimmenden Eisstücken, von denen einige halb so groß sind wie unsere BLUESHIP. Wir steuern unser Schiff langsam durch das Eis, um nicht die doch recht labilen GFK-Rümpfe zu beschädigen. Unendlich viel Kette rauscht durch die Ankerklüse in die Tiefe. Richi springt von Bord aus auf einen Grawler und macht es sich erst mal mit einem selbstverständlich eisgekühlten Mittagsbierchen auf seiner Insel bequem. Schnell bin ich bei ihm, und wir stoßen an auf den Beginn des Abenteuers Eiszeit.

Ganz klar: Der Gletscher will bestiegen sein. Wenn wir schon nicht auf dem Alemania den Adenauer setzen können, dann wenigstens auf dem Romanche. In unserem Dingi gelangen wir an den Fuß des aalglatten Felsens. Keinerlei Möglichkeiten, das Beiboot irgendwo fest zu machen. Toni findet das gar nicht schlimm. Sie scheint von der Idee unserer Besteigung eh nicht so begeistert zu sein und schlägt vor, im Beiboot zu bleiben und alles zu filmen. Perfekt. Also los. Der Fels ist ziemlich glatt. Wir erklimmen die ersten Meter über das brüchige Eis, das den nackten Fels mehr und mehr bedeckt. Über uns rauschen kleine Wasserfälle mit glasklarem Schmelzwasser über einen Vorsprung. Irgendwo unter unseren Füßen verschwinden sie dann wieder in dem Eis.

„Du Dude, das ist doch Schmelzwasser. Was machen wir eigentlich, wenn das Ding kalbt?"

„Tja. Denk' ich auch grad drüber nach. Wir sollten auf jeden Fall nicht weiter in dieser Rinne hochsteigen, sondern eher da am Rand."

„Und wie willst du da ohne Eisen hochkommen? Der einzige Weg führt durch die Rinne. Er darf halt einfach nicht kalben. Wenn das Eis von da oben runter kommt, sind wir dran. Die Rinne hier ist bestimmt auch durch die Lawinen enstanden."

„Die Idee mit der Kletterei ist vielleicht doch nicht so gut."

„Außerdem sind wir Segler und keine Bergsteiger. Wir sollten's vielleicht nicht übertreiben."

Wir stapfen langsam zurück und lassen uns an einer Quelle nieder, wo dieses herrlich frische Wasser aus dem Eis plätschert. „Alten, schmeckt das gut." Kaum hab' ich den Satz beendet und lasse mir noch diesen glasklaren Geschmack auf der Zunge zergehen – so wie eben nur ein immer von Salzwasser umgebener Segler diese einzigartige Quelle genießen kann –, als ein mächtiges Grollen und Donnern über unseren Köpfen uns herumfahren läßt. Wie durch einen Vorhang höre ich Tonis Stimme: „Hubi, hurry up! Hurry, hurry, hurry!" Während ich hochgucke und sehe, wie der ganze Himmel von einer großen weißen Wolke eingehüllt wird und das Grollen gar nicht aufhören will, setzen sich meine Beine unendlich langsam in Bewegung.

Vor mir sehe ich Richi. Ein gutes Stück weiter unten ist das Beiboot mit Toni. Jetzt bloß nicht fallen. Scheißegal. Lauf, Mann, lauf. Richis Stimme überschlägt sich: „Spring, Alter, spring!" Er ist schon im Boot. Ich rutsche auf dem glatten Felsen aus und kann mich gerade noch halten. Die letzten Meter geschliddert und ich lasse mich nach vorne ins Boot fallen. „Film it. Film it", war das meine Stimme? Der Außenborder, den uns die Behrends für ein Taschengeld überlassen hatten, springt an. Beim ersten Versuch. Vollgas. Immer noch grollt es bedrohlich vom Berg. Der Motor heult auf. Das erste Eis hat uns schon erreicht. Riesige Brocken tauchen direkt hinter uns ein und bilden eine Flutwelle, die unser kleines Dingi hochhebt und surfend aus der Gefahrenzone rausdrückt. Wurde auch recht ungemütlich dort.

Der Gletscher ist immer noch in weißen Staub eingehüllt, und unsere Rinne ist voller Eis, das sich wie ein Lavastrom ins Meer ergießt. Toni filmt. Was für eine Frau. Keiner würde uns diese Geschichte glauben, wenn sie nicht die Nerven behalten hätte. Später hören wir auf dem Film, wie Richi schon vor mir: „Film it. Film it", gesagt hat und wie Toni mir auf mein wiederholtes „Film it" schon leicht genervt: „I'm filming it." entgegnet.

Alles ist drauf. Gebannt auf Zelluloid. Das Dokument unserer Wiedergeburt. Hätten wir nur ein bißchen länger da oben diskutiert, verharrt angesichts der blau schillernden Schönheit, oder wären wir nur ein wenig langsamer wieder abgestiegen… nicht auszudenken. Die Eislawine hätte uns erwischt, die riesigen Eisbrocken uns erschlagen und anschließend mit in das eisige Wasser genommen. Was für ein Tod. Wie dumm wäre das gewesen. Keiner hätte das verstanden.

Wir verdrängen die ganze Geschichte sehr schnell: „Oh, Mann. Das war knapp" und „Meine Güte. Da ham wir aber mal wieder Schwein gehabt" sind unsere einzigen Kommentare. Danach folgt ein längeres Schweigen.

„Guck mal, die ganze Bucht ist jetzt voller Eis! Weißt du, was wir jetzt machen, Alten? Wir filmen das Eis von unten." Gesagt, getan. Zum Glück haben wir uns inzwischen dicke Neopren-Taucherhauben für unsere Köpfe besorgt und Handschuhe. Nur für einen Trockenanzug hat das Geld leider nicht mehr gereicht. Bei Wassertemperaturen um die 3° Celsius sind unsere Tropentauchanzüge vielleicht doch ein wenig dünn. So ist es kein Wunder, daß wir am ganzen Körper puterrot sind, als wir uns nach zehn Minuten wieder aus den Anzügen schälen. Es ist einfach unglaublich kalt, dieses Eiswasser. Aber wir haben Bilder von grün schillerndem Eis im Kasten. Toni, unsere Filmqueen des Tages, hat natürlich wieder richtig Spaß an den Helden mit ihren eingefrorenen Zeugen der Männlichkeit. Gut gelaunt verlassen wir wenig später den Gletscher, den wir ganz sicher unser Leben lang nicht vergessen werden.

In der Nacht geht das Wetter wieder zu seinem traditionellen Verhalten über. Es bläst im Land der Stürme und zwar kräftig. Mal vermischt mit Regen, mal mit Schnee und ab und zu auch mit netten harten Graupeln. Und, fast hätt' ich's vergessen: Es bläst natürlich aus Westen. Ist ja schließlich im Augenblick noch unsere Fahrtrichtung. Klasse, wenn einem der Wind ins Gesicht bläst – hatten die nicht von Nordwind geredet?

Wir müssen den Motor mitlaufen lassen, obwohl hier im Beagle-Kanal die Natur genug Platz gelassen hat, um zu kreuzen. Aber bei dem Wind? Unser Kat, der sonst wirklich nur Vorteile hat, ist im Kreuzen wirklich nicht der Beste. Mit dem Motor als Hilfe geht es so gerade noch. Derjenige, der Wache hat, muß alle Viertelstunde raus und eine Wende fahren. Da Toni sich das Segeln alleine nicht so zutraut, macht sie immer vier Stunden in der Mitte mit, so sind Richi und ich wenigstens immer nur zwei Stunden allein, und das Ganze ist halb so wild.

Wir müssen uns zu hundert Prozent auf den Radar verlassen. Draußen sieht man trotz Skibrille gar nichts. Aber eigentlich kann auch nichts passieren. Wir haben die Karte genau studiert, und nach dem Romanche-Gletscher kommt erst mal meilenweit keines dieser eiskalbenden Ungeheuer mehr. Da wir gegen die leichte Strömung fahren, fühlen wir uns sicher vor dem Eis.

2 Uhr nachts. Noch eine Stunde, dann kommt Toni. Der Vierstunden-Rhythmus ist anstrengend. Das Wetter draußen unverändert. Ich lese die Position vom GPS ab und trage sie in die Karte ein. Vergleiche sie mit dem Radar: paßt schon. In 10 Minuten muß ich wieder raus zur Wende. Also genügend Zeit, um noch mal pinkeln zu gehen. Der „übliche Weg" über die Reling ist einfach zu kalt. Außerdem hat unsere BLUESHIP drei Toiletten, ist ja schließlich ein ehemaliges Charterschiff.

Ich bin gerade wieder auf dem Weg nach oben in Richtung Navtisch. Plötzlich ein Ruck. Scheppern und Krachen. Unsanft werde ich gegen den Tisch und auf die Sitzbank geschleudert. Sofort erkenne ich das Geräusch. Blitzschnell kommt die Meldung vom Kopf: Wir sind auf ein Riff gelaufen. Unmöglich. Aber genau der gleiche Krach wie damals zu Weihnachten in der Karibik mit dem kleinen Holzboot von Joey. Nur unendlich lauter. Aber wieso steht das Schiff nicht, wieso hört das Gepolter nicht auf? Ich bin wieder auf den Beinen. Richi steht im Raum. Nur in Unterhose, mit schreckgeweiteten Augen. In der linken Hand hält er sein Portemonnaie. „Was ist das?" Er ist kreidebleich.

„Verdammt, wir sind auf ein Riff gelaufen. Obwohl das eigentlich nicht sein kann." Endlich hat dieser in der Seele schmerzende Krach aufgehört. Ein Lärm, bei dem man das Splittern der Rümpfe förmlich vor Augen sieht.

„Zieh dir was an. Wir müssen gucken, was passiert ist." Toni erscheint. In ihrem Gesicht steht die blanke Angst. „Hubi. What happened?" – „I don't know", ich bin völlig ratlos. Richi kommt mit zwei Taschenlampen, und wir stürmen raus. Mit dem großen Strahler leuchten wir in die tiefschwarze Nacht. „Da!" brüll' ich, und wir sehen ein riesiges Stück Eis hinter uns treiben.

Das Boot läuft aus dem Ruder und steuert geradewegs wieder auf das Eis zu. Die Genua steht back, und das Boot wird von dem eisigen, starken Wind rumgedrückt. Der Autopilot piepst. Zum Glück läuft der Motor mit. Ich höre, wie Richi Vollgas gibt und mit dem Motor versucht, das Boot gegen den Wind wieder auf Kurs zu bringen. Inzwischen beginne ich das Schiff auf Schäden zu untersuchen.

Vorne im Bug, in der Sektion vor unseren Kabinen ist nur wenig Wasser drin. Luke wieder dicht, der Regen peitscht mir abermals ins Gesicht, und rüber zur anderen Seite. Mir kommt das Segel entgegen. Richi hat es geschafft. Wir sind wieder auf Kurs. Immerhin etwas. Ich tauche unter der Schot durch und bin am Einstieg zum vorderen Backbordraum. Der Generator steht im Trockenen. Kein Wassereinbruch. Ich stürze nach hinten und sehe, wie Richi gerade die Motorräume checkt.

„Alles klar vorne. Kein Wasser. Ich geh' innen gucken." Als ich in den Salon komme, steht Toni schon vor mir. „No water." Ich kann es nicht fassen. Nach dem Krach muß unser Boot Schaden genommen haben. Ich kontrolliere noch mal die Bilgen innen. Auch Richi scheint dem Frieden nicht zu trauen und examiniert erneut die Bugräume. „Dude, ich hab' noch mal vorne geschaut. Nur Steuerbord is'n bißchen was drin. Ist aber nicht der Rede wert."

Was wir alle später erst zu sehen bekommen, ist ein fußballgroßes Loch im Backbordschwimmer. Vor dem Untergang gerettet hat uns die Schottwand zwischen der Spitze und dem Generatorraum. Ursprünglich befand sich in dieser Schottwand ein Loch, um an die Schrauben der vordersten Relingstützen zu kommen. Dieses armgroße Loch hatte ich in Les Sables geschlossen, hauptsächlich weil von dem Einbau des Echolots noch etwas Epoxidharz übriggeblieben war. Mal wieder ein Zufall, daß ich in Frankreich gerade jene Inspektionsluke dicht gemacht hatte – sozusagen als Abfallprodukt. Ich sehe noch den netten Franzosen vor mir, wie er mich mit dem Epoxi in der Hand anguckt und fragt, ob ich noch irgend etwas zu reparieren habe. Nach langem Nachdenken ist mir damals noch die Inspektionsluke eingefallen. Jetzt hätte dieses armgroße Loch in der Schottwand auf jeden Fall ausgereicht. Das Boot wäre in der Einsamkeit dieser rauhen Natur mit wunderschönem eiskalten Wasser vollgelaufen. Gibt es so viele Zufälle? Kann es wahr sein, daß wir innerhalb kürzester Zeit zweimal haarscharf dem Tod entronnen sind?

Wir haben außerdem noch einen langen Riß im Steuerbordschwimmer, durch den aber nur geringfügig Wasser sickert. Jedes andere Schiff, zum Beispiel die Massen von Booten, die aus Kostengründen mit Polyester ausgeschäumt werden und nicht im Handauflegeverfahren mit Glasmatten gebaut sind, wären an einem solchen Riß zugrunde gegangen. Unsere BLUESHIP aber ist ein Qualitätsschiff. Gott sei's gedankt. Ansonsten hat das Eis unser Notausstiegsluk aus dickem Plexiglas zerschnitten und mehrere kleine Katschen hinterlassen. Aber unsere Lady schwimmt, und das ist doch wohl die Hauptsache.

Das Einschlafen fällt mir schwer nach dem crash. Wir haben schließlich erst gerade unsere 1.500 Seemeilen lange Reise durch diese subpolare Zone begonnen! Trotzdem sind wir schon heftig mit Eis kollidiert und fast von einer Lawine erschlagen worden. Ist unsere Zeit jetzt schon gekommen? Soll die finis terrae, das Ende der Welt, auch unser Ende sein, oder sollen wir einfach nur mehr Respekt zeigen vor der terra incognita, der unbekannten Welt, wie Patagonien früher genannt wurde? Hier, in diesem menschenleeren Gebiet mit seinen windgepeitschten Sträuchern und Bäumen, seinem dichten Nebeneinander von spitz hinaufragenden Andenkämmen und den Meerwasserkanälen, auf denen Eisberge treiben, ist der Mensch nicht erwünscht. Das hat uns die Natur nur allzu deutlich gezeigt.

Aber jetzt aufgeben? Nein. Unsere Zeit ist definitiv noch nicht gekommen. Wir stehen am Anfang eines der größten Abenteuer unserer Weltreise.

Im Land der Stürme Abenteuer pur

Wir kommen weitaus langsamer vorwärts als geplant. Beide Heizungen haben sich verabschiedet, und alles im Schiff wird feucht und klamm. Wir fahren Tag und Nacht. Nur tagsüber sitzen wir alle ein paar Stunden zusammen, ansonsten heißt es Wache gehen. Seit der Karambolage haben wir beschlossen, alle Viertelstunde nach draußen zum Bug zu steigen und mit dem Superstrahler vor uns alles auszuleuchten. Es beruhigt ein wenig, obwohl wir alle wissen, daß es mehr eine Farce ist. Meistens ist das Wetter so schlecht, daß man trotz des starken Strahlers nur ein paar Meter weit sehen oder überhaupt etwas erkennen kann, wenn einem der Schnee waagerecht ins Gesicht geblasen wird.

Inzwischen schlafen wir alle in Tonis Koje. So ist immer mindestens einer im Bett und hält es einigermaßen warm. Die Heizung mit zwei Ohren funktioniert nicht ganz so gut. Es fehlt die trockene Luft. Alles im Schiff ist feucht. Raus aus dem nassen Segelanzug und mit allem was man so drunter trägt rein in die klamme Koje. Ich bin jedesmal so hundemüde, daß ich trotz allem schnell einschlafe.

Wir sind seit vierzehn Tagen und Nächten unterwegs, als es mal wieder keinen Meter vorwärtsgeht, weil uns der Wind in Sturmstärke entgegenpeitscht. Diese Stops in schützenden Buchten zum Abwettern sind immer sehr spannend. Während einer versucht, das Boot auf einer Stelle zu halten, bringt der andere die Leinen aus. Wir vertäuen BLUESHIP jedesmal wie in einem Spinnennetz. Ankern ist hier nicht möglich. Die von den Gletschern aus der Eiszeit geprägten Buchten haben steil abfallende Ufer und sind sehr tief – meist zu tief zum Ankern. Ansonsten ist der Boden so stark mit Kelb bewachsen, daß der Anker keinen Grund findet und nur im Seegras hängen bleibt. Zum Glück haben wir uns aufgrund von Expertenrat lange, dicke Taue von Fischern besorgt.

In unseren Seekarten haben wir den Gletscher Anna-Maria dick umrandet, er soll absolut sehenswert sein. Es ist das größte Gletschergebiet außerhalb der Antarktis. In der Nacht erreichen wir den Eiskanal, die Zufahrt zu unserem Traumgletscher. Langsam tasten wir uns vorwärts. Wir erleben eine sternklare Nacht. Kein Regen und kein Schnee. Es ist lange nicht mehr so schön gewesen. Die Sterne der Südhalbkugel, unter ihnen das legendäre Kreuz des Südens, haben's mir angetan. Jetzt erst fällt uns auf, wie lange wir schon keinen klaren Sternenhimmel mehr gesehen haben. Er ist so unglaublich strahlend, daß wir zwischendurch denken, das Positionslicht eines Schiffes auszumachen. Lange rätseln wir, denn so einen strahlenden Stern in der Horizontalen zu sehen, das haben wir beide noch nicht erlebt. Ein gleichmäßiges Schrammen wie bei einer Eismaschine, die das Eis für einen leckeren Margarita-Cocktail zerhackt, unterbricht unsere Gedanken.

„Hey Rich, was ist das?" – „Wohl wieder Eis." Diese etwas laxe Äußerung ist symptomatisch für unseren Gemütszustand. Patagonien hat seine Wirkung nicht verfehlt. Das stetige Kämpfen mit dem Wind und der Kälte, die anstrengenden Wachen und die damit einher gehende Übermüdung haben in unseren Gemütern eine Spur Fatalismus hinterlassen. Obwohl wir nun beide draußen sind, hat keiner von uns einen Eisblock gesehen. Es ist auch keiner da. Vor uns liegt eine gleichmäßig zugefrorene Fläche. Allerhand, denn schließlich befinden wir uns in bewegtem Wasser. Unser Schiff hat sich bereits eine Bootslänge durch die Eisdecke vorgekämpft. Die Vorstellung, im Eis steckenzubleiben und einzufrieren, gefällt uns ganz und gar nicht. Außerdem hört sich jeder Meter, den sich unsere Lady vorarbeitet, grauenvoll an. Innen ist es noch schlimmer. Da denkt man gleich wieder, daß unsere BLUESHIP aufgerissen wird. Wir beschließen, uns während der Nacht im Eingang des Kanals treiben zu lassen, um uns das Ganze bei Tageslicht genauer anzuschauen.

In der Morgendämmerung versuchen wir es noch mal. Mit langsamer Fahrt tuckern wir voraus und beobachten, wie unsere beiden Rümpfe vorne das Eis brechen. Es ist nicht sehr dick, so beschließen wir, trotz der unangenehmen Geräuschkulisse weiterzufahren. Gleißend hell geht die Sonne auf. Unser Stereo versorgt uns mit klassischer Musik. Nach etlichen Tagen ohne Sonnenschein verspricht unser Ausflug zumindest vom Wetter her ein Traum zu werden. Die Eisdecke glitzert. Hinter uns zieht sich unsere Doppelspur durch das Eis. Mit der Wärme der Sonnenstrahlen ändert sich die Laune rapide. „Toni, can you prepare some Irish Coffee?" – „Right away, Sir." Tonis Irish Coffees sind einfach grandios, und an ihrem „Right away, Sir" kann man förmlich hören, daß auch sie es unendlich genießt, bei Kaiserwetter auf Entdeckungstour zu sein.

Plötzlich ein „Uuoooaaah". Der langgezogene Schrei eines Urviehs. Mit dem Echohall vervielfacht er sich in den Schluchten. Es ist ein Seelöwe, der wahrscheinlich seine Kolonie vor irgend etwas warnt. Und wieder „Uuuooooaaaah". Wie ein Mammut aus der Steinzeit. Es ist beeindruckend, wie durchdringend das Brüllen des Seelöwen ist. Vielleicht hat ihm gerade dieses Brüllen zu seinem Namen verholfen? Wir sind aus der Eisdecke raus und treffen alte Bekannte. Tümmler, und zwar eine ganze Heerschar. Springend in Dreier- und Viererformationen. Sie schwimmen und springen so ausgelassen um unsere Rümpfe, als wollten sie uns sagen: „Wie schön, mal Fremde zu sehen. Endlich mal wieder Abwechslung."

Klassische Musik, Wärme, der ausgezeichnete Irish Coffee von Toni und eine grandiose Vorführung der Mutter Natur: Kann es etwas Schöneres geben auf Erden? Die Grawler werden immer zahlreicher, so daß wir im Zickzack unserem Ziel entgegen fahren.

„Noch um die Ecke da vorne, dann müßten wir ihn sehen können." „Yeah, Dude. Ich hab' lange nicht mehr so gern Wagner gehört." Einige der riesigen Eisstücke, an denen wir vorbeigleiten, haben bizarre Formen, die zum Träumen einladen. In diesen Momenten wissen wir, warum wir losgefahren sind.

Die Navigation wird immer komplizierter. Große Eisplatten und riesige Eisklötze versperren uns den Weg. Inzwischen können wir das Objekt unseres abenteuerlichen Verlangens immerhin sehen. Der Gletscher Anna-Maria liegt am Horizont und verbreitet in seiner ganzen Größe dieses wunderschöne Blau. Es scheint, als sauge er die reichlich vorhandenen Sonnenstrahlen in sich auf, um sie zu brechen und sich uns in diesem unverwechselbaren Gletscherstahlblau zu präsentieren. Und wieder versperrt uns einer dieser unangenehmen Eisblöcke den Weg. Zentimeter für Zentimeter arbeiten wir uns an ihn heran.

„Angedockt", kommt der Ruf von vorne. – Genau, das ist es! Wir haben die Lösung gefunden. Wir benutzen einfach ein besonders dickes und stabiles Stück Eis als Eisbrecher! Gesagt, getan. Die Form des Katamarans ermöglicht dieses Kunststück. An einem Einrumpfer würde das Eis nur entlangschaben. Wir können mit unseren acht Metern Breite ohne Probleme riesige Eisplatten zwischen unseren Rümpfen einklemmen. Beschwingt von der Idee, nehmen wir auf unserer Eisbrecherscholle Platz, während uns unsere BLUESHIP durchs knisternde Eis fährt. Ab und zu kommen dickere Brocken in den Weg und zerstören unsere Eisbrecher. Ein herrliches Spiel und spannend zugleich, denn man sollte sich schon möglichst an Bord befinden, wenn einem das Eis unter den Füßen wegbricht. Wir docken immer wieder neue Brocken an und erwischen ein Superstück, auf dem wir sogar Volleyball spielen können, während sich unsere Lady weiter vorarbeitet.

Kurz vor Sonnenuntergang haben wir es geschafft. Wir lassen unser Dingi zu Wasser und machen noch ein paar Filmaufnahmen von unserem tapferen Boot vor dem imposanten Gletscher. Und dann ist es wieder dunkel.

„Wir sollten auf jeden Fall noch eine Expedition zum Gletscher machen, Alten."

„Klar Mann. Dahinten in der Ecke können wir ohne Probleme hoch. Nicht wie beim Romanche-Gletscher. Anna-Maria ist lieb."

„Wir brauchen nicht zu ankern. Ist weder Wind noch Strömung."

„Außerdem viel zu tief."

Toni hat passenderweise eh wieder keine Lust auf die crazy-tour, wie sie unsere Ausflüge seltsamerweise immer tituliert, und so stellt sich die Frage gar nicht, wer an Bord zurückbleibt. „Toni, switch the anchorlight on please", und schon sind wir verschwunden in der stockdüsteren Nacht.

Leider haben wir uns ein wenig mit der Entfernung verschätzt. Nun gut, das ist nicht weiter schlimm. Geradezu fahrlässig ist es aber, daß wir außer acht gelassen haben, daß durch den Temperaturabfall in der Nacht alles zufriert. Und zwar so rasant, daß wir nach einer halben Stunde mit unserem wunderschönen Plastikzodiak im Eis steckenbleiben. Unser Beiboot hat zudem keinen festen Boden. Alles ist aus diesem aufblasbaren Gummi. Das Eis hat genau die falsche

Konsistenz. Zu weich, um darauf zu gehen und zu hart für unser Dingi. Mühsam muß immer einer von uns vorne mit dem Holzpaddel das Eis zerschlagen oder zur Seite drücken. Stunden später erreichen wir völlig genervt BLUESHIP. Unser Zodiak hat seine schönsten Tage hinter sich. Später flicken wir zwar den vom Eis zerschnittenen Boden wieder, aber es ist halt nicht so wie früher.

„So, Dude. Jetzt zahlen wir's dem Eis aber heim."

„Was hast du denn vor?"

Wir haben uns einen der leckeren chilenischen Weine aufgemacht und genießen noch ein wenig die Ruhe draußen. „Na, Fire and Ice, Alten. Benzin haben wir eh genug."

Kurz danach haben wir einen der Eisberge drei Meter neben unserem Schiff mit zehn Litern Benzin in Brand gesteckt. Es sieht einfach grandios aus und bildet den richtigen Abschluß für diesen einzigartigen Tag. Nun ja, und mit dem Gletscherbesteigen hat es eben nicht sollen sein.

Tage später erreichen wir den Golfo de Penas, zu deutsch Golf der Leiden, den Ausgang Patagoniens. Es wird auch höchste Zeit. Zu essen gibt es nur noch selbstgebackenes Brot mit leckerem Erbsenpüree, Chilibohnenmus oder einfach mit Knoblauch und Zwiebeln. In der letzten Woche hatten wir keine Gelegenheit mehr gehabt, nach den legendären Centoillas zu tauchen oder mit Seeigeln unsere eintönige Speisekarte zu bereichern. Auch unser Diesel reicht nach unseren Berechnungen höchstens noch zwei Tage, dabei läuft eh nur noch eine Maschine. Am Ausgang des Golfo de Penas steht ein Leuchtturm. Als wir die Chilenen anfunken, freuen sie sich, von uns zu hören. Offensichtlich sind sie von ihren Kollegen in Puerto Williams informiert worden.

Als wir den Golf verlassen wollen, bläst uns der Norder ins Gesicht. Wir müssen wieder mal gegen den Wind an. Vor ein paar Tagen hatte es uns bei einer Bö vier Mastrutscher rausgefetzt, und wir konnten unser Groß nur noch im zweiten Reff fahren. Beide Genuas – wir hatten uns in Ushuaia noch eine Ersatzgenua besorgt – liegen wieder einmal zum Nähen bereit. Als Vorsegel fahren wir nur noch unsere Sturmfock. Lausige Besegelung und eklig viel Wind. Trotz Einsatz des Motors kommen wir nicht von der Stelle. Nach vier Stunden funken wir die Chilenen an. Wir erklären ihnen die Situation, und zum Glück kapieren sie sehr schnell. „Wir können euch Diesel geben. Ihr müßt dafür nur nach Puerto Slide kommen." Wir studieren die Karte. Also wieder zurück durch den ganzen Golf. Mindestens 24 Stunden. Aber wir haben keine andere Chance. Niemals können wir ohne zusätzlichen Diesel gegen den für die nächsten paar Tage angesagten, stetig blasenden Nordwind ankämpfen.

Wie geplant erreichen wir die Bucht, sichten dabei am Morgen noch ein paar Wale und werden bei der Einfahrt ständig von Seehunden begleitet. Die Chilenen sind einfach vom Leuchtturm aus über die Insel zu unserer Bucht gewandert. Vier Stunden gegen vierundzwanzig. In der Ecke der Bucht befindet sich ein Anlegesteg, leider quer zum Wind. Es ist zu riskant, anzulegen. Bei zwanzig Knoten Seitenwind mit nur einer Maschine und einem felsigen Strand direkt daneben – das geht einfach nicht. Wir knobeln kurz, dann muß Richi ins Dingi, während ich das Boot inmitten der Bucht im Wind halte.

Völlig durchnäßt kommt er kurze Zeit später mit der ersten Ladung Diesel an. Dreimal fährt er noch mit unseren Dieselkanistern. Zwischendurch müssen wir den Diesel auch immer in die Tanks füllen. Eigentlich kein Problem. Nur ein bisserl viel Wind. Bei zunehmendem Wind sprüht der Diesel schon beim Ansetzen durch die Gegend. Bei der letzten Fahrt bringt Richi einen chilenischen Soldaten mit an Bord. Dieser sieht nicht nur nett aus, sondern ist auch sehr sympathisch. Er gehört zur Marine und ist begeistert von dem Boot und der Tour, die wir ihm kurz umreißen. Als er hört, daß wir den Atlantik überquert haben und im Amazonas waren, strahlt er regelrecht aus seinem nassen Gesicht.

Die letzten Kanister füllen wir nicht mehr ein, es hat einfach keinen Sinn. Der Wind hat sich patagonientypisch wieder zum Sturm gemausert. 350 Liter Diesel haben wir bekommen. Jetzt wird es ernst. Erstens haben wir kein chilenisches Geld und zweitens wollen wir die 100 US$, die wir noch in der Tasche haben, am liebsten für unsere Ankunft behalten. Denn so ganz ohne Scheinchen anzukommen, nicht mal Geld für'n Bier, das ist so gar nicht unser Fall. Gerade wollen wir zur Erklärung ansetzen, als der Chilene, der ein feines Gespür zu haben scheint, uns langsam auf spanisch erklärt, daß dies ein Geschenk der Marine sei. Überglücklich über diese Gabe überreichen wir ihm ein paar Video-8-Kassetten für seine Kamera, mit der er pausenlos filmt. Erst später bemerken wir, daß in Chile alles auf NTSC läuft, der amerikanischen Norm. Unser Freund konnte also mit unserem Geschenk gar nichts anfangen. Aber er freute sich, und wir hatten es ernst gemeint.

Als Richi den Chilenen zurückbringt, hat er schon richtig Probleme, gegen Wind und Welle anzukommen.

„Jetzt aber nichts wie raus hier."

„Ja. Es wird höchste Zeit. Wir sind schon bei über 40 Knoten."

Es ist inzwischen dunkel geworden. Vor uns liegt eine Schlucht, die auch von einem Physiklehrer hätte aufgebaut sein können, der seinen Schülern den Bernoulli-Effekt veranschaulichen will. Der gegen uns gerichtete Sturm legt nämlich in der Schlucht noch mal ordentlich zu. Die perfekte Vorführung des besagten Effekts, den wir nun hautnah zu spüren kriegen.

Ein heftiger Regen hat eingesetzt, der uns waagerecht ins Gesicht peitscht. Es ist mal wieder Skibrille angesagt. Doch selbst mit diesem Ungetüm vor Augen ist der Radarschirm innen kaum zu sehen, geschweige denn die Felsen ringsherum oder irgend etwas in unserer Umgebung. Wir wechseln uns ab. Während der eine am Ruder steht, kann sich der andere innen im Trockenen ausruhen und den Radar im Blick behalten, um im Notfall einzugreifen. Es ist jetzt schon der dritte Versuch, durch die enge Schlucht zu kreuzen, und wir haben keinen Meter gewonnen. Mit unserer derzeitigen Notbesegelung und nur einem Motor haben wir einfach keine Chance, gegen diesen Wind anzukommen. Allein schon bei dem Versuch, unseren Kat hoch am Wind auf der Stelle zu halten, werden wir immer wieder herum gedrückt und müssen eine Halse fahren. Dazu ist es jedesmal erforderlich, im totalen Vertrauen auf den Radar, die Felsen anzusteuern – mit vollem Rudereinschlag und dem festen Glauben, daß wir rumkommen, bevor unser Boot an den Felsen zerschellt. Es ist jedesmal ein ziemliches Prickeln.

„Wir stecken jetzt schon ganz schön lang in dieser Mausefalle. Irgendwann überhitzt der Motor bei der Drehzahl!" Ich stehe draußen bei Richi, der mich kurz zuvor am Ruder abgelöst hat. Toni hat inzwischen mitbekommen, daß Not am Mann ist und verarbeitet die Situation auf ihre Weise: Sie geht in die Küche und kocht einen Eintopf.

„Hier können wir nicht bleiben. So ein Sturm kann Tage dauern. Was tun?" Es ist erstaunlich, wie ruhig wir beide sind. Die wochenlangen Strapazen bei unserer Reise durch das winterliche Patagonien haben uns verändert. Sind wir abgestumpft und fatalistisch geworden?

„Schau mal drinnen auf die Karte. Da ist in der Ecke der Bucht ein kleiner Sandstrand eingezeichnet. Vielleicht sollten wir beachen. Dann haben wir wenigstens unsere Ruhe. Besser als bei Motorausfall gegen die Felsen zu klatschen."

„Hast du denn den Sandstrand gesehen?"

„Nee."

Wir waren fast den ganzen Tag in der Bucht gewesen, und keiner von uns hatte einen Sandstrand wahrgenommen. Auch Toni, die die ganze Zeit mit uns draußen verbracht hatte, kann sich nicht an einen Strand erinnern. Sollen wir jetzt der Karte trauen? Wir haben keine andere Wahl. Nachdem wir abwechselnd jeder zweimal die Karte studiert haben, fassen wir den Entschluß. Lieber jetzt kontrolliert beachen als im Notfall ohne Motor. Alle Segel runter und vor dem Wind in Richtung Strand.

„Was ist mit der Tide?" − „Is' okay. Haben seit einer Stunde ablaufend." Den Heckanker klar zum Werfen und dann im richtigen Moment BLUESHIP mit Motor und Anker abstoppen. Hoffentlich sind da keine kleinen Felsen, an denen wir uns die Rümpfe aufschlitzen...

Die Verteilung der Aufgaben ergibt sich von selbst. Richi hat den Anker schon rausgeholt, und ich bin nun mal gerade am Ruder dran. Toni steht im Eingang und brüllt die Daten von Radar und Tiefenmesser dem Sturm entgegen.

Ohne Segel vor dem Wind mit zehn Knoten auf dem Speedo. Unglaublich. Zweimal testen wir das Abbremsen mit dem Motor. Das Boot macht jedesmal wegen des Radeffekts fast eine halbe Drehung zur Seite, wenn ich volle Power rückwärts gebe. Also erst das Boot quer zum Strand stellen und dann volle Kraft zurück.

„100 meter distance, 55 meter, 10,5 knots, steering well." Die erste Angabe ist der auf dem Radar gemessene Abstand zum Strand. Die zweite Zahl ist die am Echolot gemessene Tiefe und Nummer drei unsere Bootsgeschwindigkeit. Falls wir nicht gemäß Radar gerade auf den Strand zusteuern, sagt Toni auch das noch an. Aber wir haben vorher unsere Position und den Kurs bestimmt. Ich brauche mich also nur auf den direkt vor mir liegenden Kompaß zu konzentrieren und wie Richi genau auf Tonis Angaben zu hören.

Plötzlich geht alles sehr schnell.

„65 distance, 54 , 10,7 knots, steering well." Wann wird es endlich flacher?

„35 distance, 40, 10,5 knots." – „20, 28 depth. ...15,12 depth". Jetzt rum mit dem verdammten Ruder und BLUESHIP querstellen. „...9 depth", ich haue den Gang rein und reiße den Hebel nach hinten. Sofort reagiert das Schiff und dreht scharf nach Steuerbord. Ich gucke zur Seite und sehe, wie Richi das fette Tau um die dickste Winsch gelegt hat und es kontrolliert durch seine Handschuh gleiten läßt. Der Anker ist also schon drin. „5 depth, speed 4", brüllt Toni. Richi stemmt sich gegen das rausrauschende Seil. Der Motor heult auf Hochtouren. „2 depth, speed 1." Wir setzen ganz seicht auf. Motor Leerlauf, Richi läßt ein bißchen Trosse nach. Eine Welle hebt uns noch einmal empor, unterstützt von leichter Fahrt voraus, um uns sicher aufs Land zu setzen. Motor aus. Wir haben bei unserer Planung alles bedacht. Sobald man korrekt aufgesetzt hat, muß der geplagte Motor sofort ausgemacht werden, weil dann die Seeventile zum Ansaugen des Kühlwassers aus dem Meer ragen und kein Wasser mehr ansaugen können. Wir haben auch schon vorne einen langen Tampen bereitgelegt, um uns an Land zu vertäuen. Richi springt von Bord ins kniehohe Wasser und läuft an den Strand.

Kurze Zeit später sitzen wir im Salon. Der Regen prasselt gegen den Eingang. Innen ist alles völlig naß, weil Toni die ganze Zeit in der offenen Tür stehen mußte. Doch das ist jetzt alles völlig egal. Wir können unser Glück kaum fassen. Wir sitzen auf Land. Keine Nachtwache. Nicht mal Ankerwache. Sicher wie in Abrahams Schoß. Der Sturm kann uns gar nichts. Boot gerettet.

„Sag' mal, nach Radar wären wir ja längst drauf gewesen."

„Stimmt, müßte eigentlich andersrum sein. Ich dachte auch, der zeigt noch an, wenn wir schon längst mit unseren Rümpfen im Sand stecken. Na ja. Hat ja mal wieder geklappt. Gott sei Dank. ... und so butterweich aufgesetzt."

„Auch einzigartig der Sandstrand hier." Während wir noch diskutieren, kommt Toni, die gute Seele, mit heißer Suppe und chilenischem Rotwein in den Salon. Mit Heißhunger hauen wir uns die Suppe rein und feiern mit viel Rotwein bis früh in den Morgen. Wir genießen es, endlich mal wieder ohne auch nur die Spur eines schlechten Gewissens gemeinsam zu feiern. Schließlich ist morgen ausschlafen angesagt, und wir haben lange nicht mehr alle gemeinsam in Ruhe zusammen gesessen.

Der Sturm bläst die ganze Nacht und weitere drei Tage lang mit unverminderter Stärke durch. Zwei Tage nutzen wir davon zum Aufräumen. Obwohl es jeden von uns reizt nach draußen zu gehen, um mal wieder den Füßen ein bißchen Freiheit zu verschaffen, vergeht uns immer schon die Lust am Eingang. Der Regen macht nicht mal für eine Minute Pause in diesen Tagen, und es reicht schon, daß wir zweimal am Tag die Leinen kontrollieren müssen. Zu unangenehm sind die Verhältnisse da vor der Tür.

Doch kaum ist der Sturm vorbei, nutzen wir die Gelegenheit zu ausgiebigen Expeditionen. Als wir das Boot verlassen wollen, ist Ebbe. BLUESHIP steht auf Land, und wir haben nun endlich die Möglichkeit, uns die Schäden der Eisbergkollision anzusehen. Am Backbordschwimmer klafft unterhalb der Wasserlinie ein Loch, so groß wie ein Fußball. Der Steuerbordschwimmer hat vorne „nur" einen langen Riß abbekommen. Meine Güte, was haben wir wieder für ein Glück gehabt.

Die Zeit für eine Reparatur ist knapp bemessen, denn es bleiben uns nur ein paar Stunden, bevor die Flut kommt. Wir schleifen was das Zeug hält. Damit die Glasfasermatten genügend Halt haben, müssen wir ziemlich großflächig arbeiten.

„Meinst du, das macht überhaupt Sinn bei den Temperaturen?"

„Wir müssen es zumindest versuchen."

Das Epoxidharz rühren wir direkt unter dem Boot an. Ordentlich Härter rein, damit es wenigstens schon ansatzweise hart ist, wenn das Wasser kommt. Nimmt man aber von dem Zeug zuviel, brodelt das Harz und wird fest, bevor auch nur eine Schicht aufgetragen ist. Doch alles gelingt perfekt. Wir sind fertig, kurz bevor Harz und Härter reagieren. Von oben bis unten bekleckert, verlassen wir im Dingi unseren Bug.

Leider müssen wir am nächsten Tag feststellen, daß unser Flicken nicht gehalten hat. Zu kalt und zu wenig Zeit zum Trocknen. Wär' ja auch zu schön gewesen. Also reparieren wir unser Loch notdürftig mit einer ganzen Dose Bauschaum. Gar nicht schlecht für Notreparaturen.

Dann steht erst mal die Jagd auf dem Programm. Einmal ein wenig variatio auf den Speiseplan bringen. Die steam-ducks oder Dampfenten haben es uns angetan. Sie tauchen in Gruppen bis zu fünfzehn Tieren auf. Bei anderen Weltumseglern, die auch mit einem Kat die Erde umrundet haben, hatten wir von den steam-ducks als nette Ergänzung des Speiseplans gelesen. Wie sie in den Genuß dieser schnellen Tierchen kamen, hatten sie aber leider nicht geschrieben. – Die Jagd macht einen Heidenspaß. Wir wechseln uns immer ab. Einer sitzt mit unserer 22er Ruby vorne im Bug, die wir seit Buenos Aires an Bord haben, der andere hinten am Außenborder. Die Waffe, die wir übrigens nur mit Vorzeigen des Personalausweises und dreitägiger Prüfung durch irgendein ominöses Amt im Laden kaufen durften, ist nicht gerade optimal. Wir hatten uns mit ihr angefreundet, weil sie mit ihrem 20-Schuß-Magazin wie eine Uzzi aussieht, und uns daher als Abschreckung gerade recht war. Aber auf Distanz mit ihr zu treffen ist etwas anderes und gar nicht so einfach. Zumal die Enten genau die gleiche Geschwindigkeit haben wie unser Dingi mit dem 8-PS-Motor.

Sich unbemerkt zu nähern, ist geradezu unmöglich. Gegen den Wind tuckern wir leise die letzten paar Meter im Leerlauf, und schon stieben sie auseinander. Die Fortbewegung dieser speziellen Vögelchen hat etwas wirklich Lustiges an sich. Fliegen können sie nämlich nicht. Dafür bewegen sie ihre Flügel wie ein Schaufelraddampfer im Kreis neben ihrem Körper und zischen wie Hovercrafts übers Wasser. Und immer, wenn man glaubt, sie in die Enge getrieben zu haben, macht es schwupp!, und der Braten geht auf Tauchstation. Es ist aussichtslos, dann noch ihrer Spur zu folgen. Obwohl wir immer ganze Salven verschießen, um die fehlende Treffsicherheit unserer Waffe auszugleichen, sind die Enten schlauer und entwickeln regelrechte James-Bond-Allüren. Und ist die Salve noch so genau gezielt, immer entweichen sie lebendig. Ein scheinbar hoffnungsloses Unterfangen.

Am zweiten Jagdtag müssen wir zwar schon unsere Munition einschränken, haben aber auch an Treffsicherheit gewonnen.

„Du hast sie getroffen, Dude." Eine Ente liegt regungslos auf dem Wasser. Richi hat sie erwischt. „Grandioser Schuß, Alten." Jubelnd fahren wir auf sie zu. Endlich ist der Braten für Richis morgigen Geburtstag gesichert. Noch einen Meter. „Nicht..." Richi wollte noch „drüberfahren" sagen, bevor ich unsere Trophäe von der Seite her ansteuere, als sie einfach vor unseren Augen versinkt. Und zwar schnell. So schnell, daß wir keine Chance haben, sie vorher noch zu greifen.

„Das kann doch gar nicht wahr sein. Die war doch getroffen. Hier ist doch sogar noch Blut im Wasser." Fassungslos sitzen wir im Dingi und starren auf das Wasser, wo eben noch unser Abendbrot lag, doch die Ente taucht nicht wieder auf.

„Die muß noch ihre Schwimmblase vor dem Tod gefüllt haben. Was für ein Pech. Und was gibt es jetzt zu meinem Geburtstag? Schon wieder Brot mit Zwiebeln und Knoblauch oder Zwiebeln mit Brot in Knoblauchöl gebacken?"

Vorgestern hatten wir die letzten Gemüsedosen gegessen. Und nun so gar nichts zu haben zu Richis Geburtstag? Nein. Das darf nun wirklich nicht sein. Wir müssen uns eine neue Taktik zurechtlegen.

Zum Harpunieren ist das Wasser zu kalt. Bei den Temperaturen kann man keine halbe Stunde umherschwimmen und sich seinen Fisch suchen. Die Sicht ist auch nicht gerade gut, zumal die Sonne nicht scheint. Das Wasser ist einfach nicht einladend genug. Und Angeln ist zu langweilig. Außerdem haben wir nur Schleppangelköder für Hochseefische dabei. Und hier in der Bucht hinter einem langen Kanal vermuten wir keine dieser Art. Also Pech für Richi.

Das Geburtstagsfrühstück rettet Toni mit einem Mini-Kuchen, den sie heimlich in der Nacht gebacken hat. Eine echte Überraschung. Dazu noch die legendären Irish Coffee von ihr und der Geburtstagsbrunch ist gerettet...und das Dinner?

Wir haben Hunger, und das Jagdfieber ist in den letzten Tagen erst so richtig erwacht. Wir wollen unseren Braten. Aber wieder hinter den armen Enten herjagen, die dann getroffen vor unseren Augen versinken? Nein. Das ist zu frustrierend, und außerdem haben wir diese Flitzer geradezu lieben gelernt, die sich uns gegenüber so gut ihrer Haut erwehrt hatten.

Also starten wir, die Schleppangel hinter unserem Dingi herziehend, in die große Bucht. Selbstverständlich haben wir Ruby dabei.

Beide wissen wir, wieso wir die Waffe mit uns führen, haben heute aber noch nicht darüber geredet. Beim Reinfeiern in weinseliger Laune letzte Nacht war auch das Leben der Eskimos und ihre Art sich zu ernähren ein großes Thema gewesen.

Schon als wir vor einigen Tagen in diese Bucht einliefen, sind uns die rocks voller Seehunde aufgefallen. Seehunde gibt es hier überall. Ganze Buchten sind voll mit ihnen, und man kann ihr Blöken immer schon von weit her hören. Aber Seehunde jagen? Nein. Ausgeschlossen. Zu klar steht uns beiden das Bild von Brigitte Bardot mit ihren Robben vor Augen.

Dennoch haben wir bei unserer nächtlichen Diskussion über die Eskimos zu den Seehunden gefunden. Und warum eigentlich nicht? Ist es nicht etwas völlig Normales, daß man jagen geht, wenn man Hunger hat? Aber ausgerechnet Seehunde? Bringen wir das überhaupt übers Herz? Kann man die denn essen? Und wie sollen wir einen erlegen? Mit 'nem 22er Kaliber? Die Kügelchen reichen doch niemals aus. Die bleiben doch im Fett stecken.

Angestrengt gucken wir auf unsere Schleppangel hinter uns und steuern doch geradewegs auf eine der unzähligen Kolonien zu. Und schon zeigen sich die ersten neugierigen Köpfe neben unserem Boot. Urplötzlich tauchen sie auf, gucken interessiert und sind schon wieder verschwunden. Ihre langen Hälse mit den relativ kleinen Köpfchen sprießen wie Blumenstengel aus dem Wasser empor. Immer mehr und mehr. Jetzt tauchen jeweils gleich vier oder fünf dieser lebenden Periskope auf einmal auf. Um uns herum blökt es, rülpst und schreit es. Es sind mindestens achtzig Stück, die da an Land hocken. Wir fahren in einem großen Bogen um sie herum und lassen uns dann ohne Motor nah an ihnen vorbeitreiben. Beim dritten Mal sind sie schon recht zutraulich, und wir machen grandiose Filmaufnahmen von den exzellenten Schwimmern.

Fast zwei Stunden verbringen wir so mit ihnen. Blöken zurück und kommen mit manch einem dieser lustigen Viecher zu einem regelrechten Plausch. Das Frühstück liegt schon lange hinter uns, und der knurrende Magen läßt uns eine gewisse Distanz wahren. Wir spüren beide, daß wir uns nicht zu sehr verbrüdern sollten.

„Sag' mal, meinst du, wir können uns denen überhaupt an Land nähern, ohne daß die gleich alle ins Wasser flitzen?"

„Wieso?"

„Ach, nur so. Ich mein halt, daß wir, wenn wir nah genug rankommen, vielleicht die Möglichkeit hätten, so ein Vieh zu fangen."

„Oder zu schießen, hm?"

Endlich ist es raus. Eigentlich sind wir uns die ganze Zeit schon
einig. Wahrscheinlich hat Richi, während wir mit ihnen spielten, nur
an das eine gedacht – genauso wie ich. Nun ist es soweit. Der Hunger hat eindeutig über die Moral gesiegt. Hier in der Wildnis fühlen
wir eine klare Legitimation zu töten, um zu essen.

„Sag mal, kann man die überhaupt essen?"

„Keine Ahnung. Aber das werden wir ja sehen. Nun laß uns erst
mal so ein Ding überhaupt kriegen."

Und das scheint gar nicht so einfach zu sein. Denn jedesmal, wenn
wir auch nur ein wenig zu nah kommen, brüllt einer der Seelöwen,
die uns mit Argusaugen beobachten, und setzt damit immer eine
ganze Herde in Gang, die im Nu im Wasser verschwindet. Und dort
können wir sie ganz sicher nicht fangen. Selbst der König der Meere,
der weiße Hai, holt sich sein Lieblingsmahl, die Robbe, vom Felsen,
da er im Wasser keine Chance hat, sie zu erwischen.

Wir machen unser Dingi ein gutes Stück entfernt von der Siedlung
an einem Baum fest und begeben uns an Land. Schon pirschen wir
uns mit Ruby und Machete bewaffnet an die Siedlung heran. Bei der
Verteilung der Waffen haben wir geknobelt. Ich habe gewonnen und
damit Ruby bekommen, vorsorglich gefüllt mit zwanzig Schuß
Munition. Oder habe ich eher verloren? Es ist klar, daß derjenige, der
Ruby hat, schießen muß. Die Machete ist eigentlich nur für den Nah-
kampf gedacht.

Jedesmal kommen wir bis auf ungefähr vier Meter an die Herden
heran, bevor sie uns bemerken und ihr Heil im Wasser suchen. Auf
diese Weise haben sich auf dem Weg durch die Bucht schon drei dieser Großfamilien verabschiedet.

„Den da vorne, Dude. Das isser", flüstert mir Richi zu, während
er auf eine schwarze mittelgroße Robbe deutet, die ungefähr fünfzehn Meter von uns entfernt ist. Näher ranzukommen ist unmöglich,
da wir über einen umgestürzten Baum klettern müßten. Und gerade
der bietet die Möglichkeit, sich aufzustützen, um meiner unruhigen
Hand wenigstens ein wenig Hilfestellung zu leisten.

Der Schuß knallt gerade, als die Herde sich in Bewegung setzt. Ein langes Echo hallt durch die Bucht. Unser Seehund kippt einfach um, während der Rest in großer Aufregung ins Wasser eilt.

„Du hast getroffen!" Wir springen beide über den Baum und eilen auf unser Opfer zu. Noch lebt unser Seehund. Ich hab' ihn genau in den Kopf getroffen. Wir geben ihm den Gnadenschuß aus nächster Nähe. Er ist sofort tot. Besser hätte es nicht sein können.

„Was für ein grandioser Schuß, Dude." Ich bin selbst überrascht. Damit habe ich nun wirklich nicht gerechnet, daß dieses kapitale Tier mit einem Schuß eines so kleinen Kalibers zu erlegen ist. Wir bekommen uns gar nicht mehr ein vor Freude über unseren Fang. Endlich mal wieder Fleisch. Was für ein Geburtstag! Mit Jagd und Festtagsbraten.

An Bord angekommen, nehmen wir den Seehund auf unserer Badeplattform aus, als hätten wir unser ganzes Leben nichts anderes getan. Eigentlich ist es auch nicht anders, als einen Fisch auszunehmen. Wir schneiden uns ein paar schöne Stücke raus und ab damit in die Pfanne. Dazu noch einen leckeren chilenischen Roten und etwas Knoblauchbrot.

Köstlich! Oder bilden wir uns das nur ein? Will vielleicht keiner von uns zugeben, daß es nicht schmeckt? Nein, keinesfalls. Das Fleisch hat zwar einen leicht fischigen Beigeschmack, wenn man sich diesen aber wegdenkt, kann man glatt das Gefühl haben, ein besonders gutes Angusfilet zu genießen. Überhaupt ähnelte das Fleisch von der Konsistenz und dem generellen Geschmack sehr dem des Rindes. Es ist irgendwie weder Fisch noch Fleisch, was ja auch stimmt. Mit dem Hunger als exzellenten Koch lassen wir uns diese Rarität so richtig schmecken.

Wir feiern bis tief in die Nacht und sind so glücklich, wie es vielleicht nur Menschen sein können, die wieder einen großen Schritt zurück in das einfache Leben getan hatten. Ein Leben, in dem die Jagd nach etwas Eßbarem und das Erkunden der Umgebung dominieren, einen ganzen Tag füllen und einem eine tiefe Zufriedenheit vermitteln. Wir haben etwas gefunden, von dem wir nicht gewagt hatten zu träumen: Abenteuer pur.

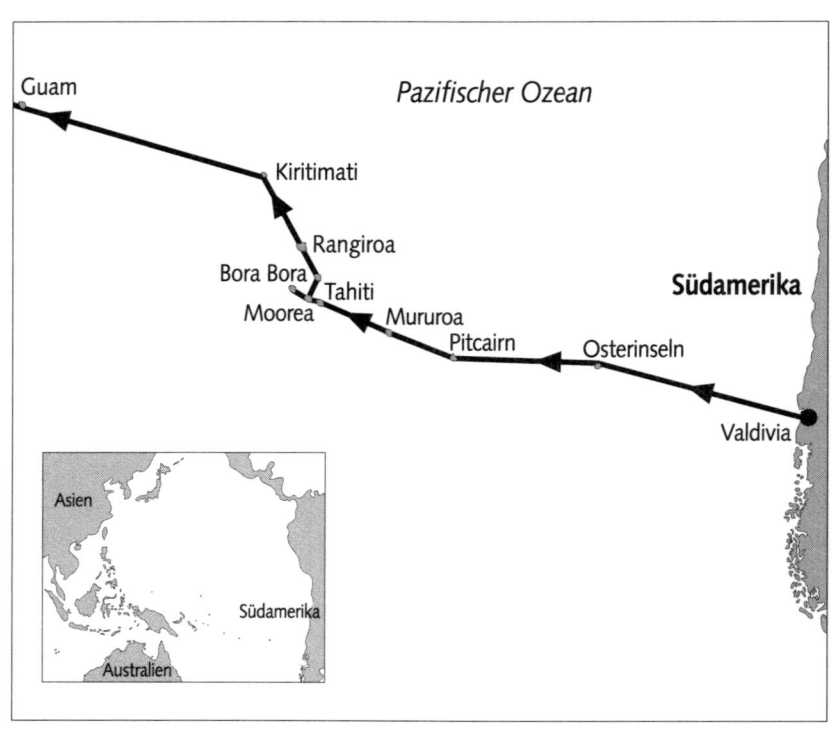

Chile, Ron Silver, Insulaner und das Fliegen

Schon seit geraumer Zeit fahren wir mit nur einem funktionierenden Motor, und es war eigentlich nie ein Problem gewesen. Aber daß nun gerade in Valdivia, unserem ersten Hafen seit einem Monat, beim Anlegemanöver dieser Motor ausfällt, ist richtig dumm. Blöderweise sind wir so weit von der Pier entfernt, daß wir es so gerade nicht mehr schaffen, den Leuten an Land die Leinen zuzuwerfen, bevor wir von der Strömung des Flusses wieder abgetrieben werden. Kein Wind und drei Knoten Strömung. Klasse. Und da wir recht schnell Geschwindigkeit aufnehmen, haben wir erhebliche Bedenken, unseren Anker zu schmeißen und den Ruck mit der Hand abzufangen. Na ja. Wenn 16,5 Tonnen Schiff erst mal in Bewegung sind, ist es gar nicht so einfach, diese wieder zu stoppen.

Wieder ist es die chilenische Navy, die uns aus der Klemme hilft. Sie sind wegen des Einklarierens schon auf dem Weg zum Yachtclub, als sie über Funk unsere mißliche Lage mitbekommen, gehen längsseits von BLUESHIP, übergeben uns ein paar Leinen, bremsen uns ab und schleppen uns zurück zum Yachtclub. Wieder mal unser inzwischen fast sprichwörtliches Glück.

Ein Monat ohne Dusche liegt hinter uns. Ohne die Zivilisation und ihre unglaublichen Errungenschaften, als da wären frischgezapfte Biere, Steaks und Pommes und vielleicht noch einer dieser Tanzsäle. So ein Landfall ist jedesmal wieder etwas ganz Besonderes. Die erste warme Süßwasserdusche, das erste frische Bier. Die Entbehrung macht es zu einem Hochgenuß. Es scheint, als würde man mit jedem Tag, der ohne diese Annehmlichkeiten vorübergeht, das Guthabenkonto für den einmaligen Genuß erhöhen. Bei der ersten Dusche hält sich dieser allerdings in Grenzen, da schon kurz nachdem Toni das begehrte Naß auf den Körper prasselt, die Gasflasche für den Durchlauferhitzer und damit das warme Wasser leer ist. Die arme Toni hat es natürlich, wie kann es anders sein, mit voll shampooniertem Haar erwischt. Mit dem Essen und dem Frischgezapften klappt es dann schon besser. In Valdivia gibt es viele deutsche Auswanderer, die im Ausland deutscher als die Deutschen daheim sind. So genießen wir von einem deutschen Braumeister gebrautes Bier. Dazu können wir zwischen Schweinshaxe, rheinischem Sauerbraten oder einer deftigen Schlachterplatte wählen. Anschließend sitzen wir auf dem Marktplatz und neben einer Chilenin. Während wir uns noch gegenseitig beteuern, wie süß sie doch aussieht und laut darüber nachdenken, was wir sie denn wohl fragen könnten, spricht sie uns in fehlerfreiem Deutsch an. Mein Gott, wie peinlich.

Unser Aufenthalt in Valfluvia, wie wir es wegen des unablässigen Regenfalls taufen, ist geprägt von den vielen Reparaturen, die zu erledigen sind. Beide Motoren haben Probleme, die Beschädigungen durch den Eisklotz müssen behoben werden, und außerdem wollen wir noch die Solarzellen installieren, den Autopiloten reparieren und die Tanks reinigen. Wie schön kann doch segeln sein – insbesonders, wenn man mit seinem Boot auf Land liegt und die sauren Früchte der Arbeit genießt. Am Angenehmsten ist der mikroskopisch feine Staub des Glasfasergewebes. Nach dem Scheifen juckt es überall. Besonders schön ist es, wenn einzelne Glasfasern mit eindrucksvollen Pickeln aus der Haut eitern. Sie kommen dann selten allein. Meistens ist uns dann eine vorpubertäre Akne sicher.

Ohne die Hilfe von Alex und Dagmar wären wir wahrscheinlich nie fertig geworden. Die beiden sind bei ihrer Weltumseglung in Valdivia hängengeblieben und haben eine Katamaranwerft mit einer Segelmacherei aufgemacht. Der Ruf, der Dagmar vorauseilt, daß der weicheste Part an ihr ihre Zähne seien, stimmt Gott sei Dank nicht. Obwohl Alex mit dem Neubau von Katamaranen alle Hände voll zu tun hat, hilft er uns, wo er kann. Wir dürfen uns alle Werkzeuge leihen, ohne jedesmal umständlich irgendwelche Zettel auszufüllen. Mit Alex' Superkran wird unser Zuhause zum absoluten Sonderpreis an Land gehievt. Alle Materialien, die wir verbrauchen, werden zum Einkaufspreis abgerechnet, und wenn uns der Mechaniker Max mit seinen begnadeten Fingern zur Hand geht, wird auch nicht auf die Minute geachtet. Alex baut Schiffe in absoluter Topqualität, und seinem Wissen über Epoxi ist es zu verdanken, daß nur einen Monat später BLUESHIPs Wunden wieder verheilt sind, als hätte es sie nie gegeben.

Doch auch das Nachtleben in Valdivia lernen wir zu schätzen. Diesmal erwischt es Richi so richtig. Er ist kaum wiederzuerkennen. Marie ist eine Studentin der Philosophie, die bereits Jura hinter sich gebracht hatte. Nicht nur ihr entzückendes Aussehen, sondern auch die Kombination von streng religiöser Erziehung und einer gewissen Schüchternheit haben es meinem Freund unglaublich angetan. Es werden Spitznamen vergeben, kleine Knuddeltierchen schmücken sein Bett, und die Stimme verändert sofort ihre Klangfarbe und Lautstärke, wenn er sie am Telefon hat. Zwei Turteltäubchen par excellence. Aber sie ist auch wirklich süß.

Es wäre paradiesisch, wenn da nicht dieses leidige Geldthema wäre. Die Reparaturen und Ersatzteile haben ein Loch in unser Portefeuille geschlagen, das klar erkennen läßt, daß wir so nicht bis zum Schluß werden durchhalten können. Eins ist klar, Chile ist günstig zum Einkaufen, und das will ausgenutzt sein. Insbesondere der chilenische Wein, der Lachs – Chile ist einer der größten Lachsexporteure der Welt – und die Avocadocreme haben es uns angetan. Der Wein in Tüten kostet ganze eineinhalb US$ pro Liter und kann auf der ganzen Welt eigentlich vom Preis-Leistungsverhältnis kaum besser sein. Und überhaupt war da nicht irgendwas von „Alkohol unbezahlbar im Pazifik"? Richtig. Das hatte eigentlich überall gestanden. Vielleicht sollten wir in diese Produkte unser letztes Geld investieren? – So gelangen wir zu unserem später noch so oft geschätzten Ron Silver. Dabei handelt es sich um einen Rum, der nicht nur lecker schmeckt, sondern auch vom Preis her überzeugt: Ebenfalls eineinhalb US$. Genau soviel wie unser Tütenwein. Und plötzlich wissen wir genau was zu tun ist: „Ist der Handel noch so klein, bringt er mehr als Arbeit ein."

Und zu klein sollte der Handel auch nicht sein. Also kaufen wir neben den zweihundert Liter Wein, die zur Versorgung der Crew und etwaiger Pazifikgäste gedacht sind, noch zweihundert Liter Rum. Selbstverständlich nur zum Handeln. Ware gegen Ware. An diesen Kauf werden wir noch oft zurückdenken. Es ist ein genialer Streich.

Wir sind jetzt fast schon ein Jahr unterwegs – Halbzeit. Ein guter Grund, daheim mal nach dem Rechten zu sehen.

Auf dem Heimflug sitze ich vor einem der Bildschirme, auf denen man die Flugroute aktuell nachvollziehen kann. Das GPS macht's möglich. Ich kann meinen Blick kaum vom Schirm lösen. Es fasziniert mich zu sehen, wie der Jumbo in lächerlichen zehn Stunden die Distanz bewältigt, für die wir fast zwölf Monate benötigt haben. Stündlich notiere ich die Veränderungen auf der Karte. Mit 900 Stundenkilometern schießt dieser Vogel durch die Luft und bringt mich in kürzester Zeit nach Hause. Ich war noch nie so aufgeregt beim Fliegen und sinniere über die Erfahrung und das Erfahren.

Ist denn eine Weltreise im Jet wirklich eine Weltreise? Nein. Das Ausmaß unserer Erde zu fühlen, dazu gehört, am Boden zu bleiben. Zu abrupt setzt uns der Jet in eine fremde Kultur. Der Übergang fehlt. Wie soll ein Mensch die Weite des Atlantiks fassen können, wenn er im Flugzeugsessel in sieben Stunden drüber wegjettet? In drei Wochen um die Welt. Ist das nicht ein bißchen krank? Magellan hätte wahrscheinlich aufs Heftigste widersprochen, wäre mit ein paar Tauschgütern in die Wundermaschine gestiegen, zu den Gewürzinseln geflogen und mit Übergepäck wieder heimgekehrt. Er hätte sich mit einem zufriedenen Grinsen im Gesicht zurückgelehnt und vielleicht nie mehr ein Schiff bestiegen.

Aber spricht nicht auch für die Seereise, daß wir mit unserem Boot ein Stück unserer Kultur in die fernen Länder tragen? Wir können Gäste auf unser schwimmendes Zuhause einladen, und gerade das verschafft uns ein Entrée, das dem „Koffertouristen" verwehrt ist. Anschnallen und Landung. Trotz allem herrlich, dieses Fliegen.

Zu Hause hat sich kaum etwas geändert. Wir besuchen unsere Eltern und ein paar Freunde, geben ein Interview im WDR, sehr aufregend, und kaufen massenhaft Ersatzteile ein. Die liegengebliebene Post wird abgearbeitet, und eh wir uns versehen, ist alles wieder wie vorher. Zum Glück wartet in Valdivia BLUESHIP auf uns. Vier Wochen später sind wir wieder da. Back home auf unserer Lady.

Zwei Tage später verlassen wir „Valfluvia", wie sollte es anders sein, im Regen und mit einem traurigen Richi an Bord in Richtung Osterinsel. Am liebsten hätte er Marie mitgenommen. Aber das Studium geht vor, und ihre Eltern waren auch nicht gerade begeistert von der Idee.

Wir sind ohne Zigaretten und mit einem neuen Crewmitglied gestartet. Das Rauchen wollten wir schon lange aufgeben, und jetzt, bei der Durchquerung des Pazifiks, bietet sich die Chance. Einfach keine mitnehmen. Die Methodik hat sich übrigens hervorragend bewährt. Wer also wirklich nicht vom Rauchen loskommt, sollte es vielleicht mal mit einer Ozeanüberquerung versuchen.

Nun wollten wir aber nicht mit dem Rauchen aufhören, um am Fischessen zu sterben. Speziell im Pazifik ist das Fischgift Ciguaterra weitverbreitet. Ein Nervengift, das alles andere als ungefährlich ist. In ausreichender Menge kann es zu Atemstillstand und damit zum Tod führen. Steht einem der Sinn nach Lagunenfischen, sollte man in jedem Fall Rat bei den Einheimischen einholen, welcher Fisch in dieser Lagune genießbar ist. Ciguaterra ist sehr heimtückisch. Die verseuchten Fische unterscheiden sich von Lagune zu Lagune, das Gift ist nicht durch Hitze zerstörbar, und die großen Raubfische, die kleine Riffische zu sich nehmen, können ebenfalls vergiftet sein.

Wir haben uns natürlich etwas ganz Besonderes einfallen lassen, um diese unliebsame Essensbeilage nicht aus Versehen zu uns zu nehmen. Extra hierfür wurde unser neues Crewmitglied angeworben. Ihr Aufgabenbereich an Bord ist klar definiert und ihr Spitzname auch schnell gefunden. Unsere Vorkosterin, eine kleine graue Katze, trägt den Namen Ciggy. Jeden Fisch, den wir genießen werden, wird von ihr vorher gekostet und für gut befunden. Ciggy ist gerade geboren, als sie zu uns an Bord kommt. Grundsätzlich halten wir nichts von Bordtieren. Ich bin sogar allergisch gegen Katzenhaare, aber in diesem Fall ist es die einzige Möglichkeit, einigermaßen gegen das hinterhältige Gift aus dem Meer gewappnet zu sein.

Wir sind gerade erst vierundzwanzig Stunden unterwegs, als uns die ersten Sonnenstrahlen begrüßen, die uns jetzt für ein gutes Jahr mit wenigen Ausnahmen nicht mehr verlassen sollen.

Hier vor der Küste Chiles fangen wir wieder reichlich Fisch, und Ciggy hat richtig Spaß an ihrem Job. Der kalte Humboldtstrom führt leckeren Thuna, unseren Lieblingsfisch, und Wahoos in Hülle und Fülle mit sich. Nach drei Tagen holen wir erst mal die Angeln ein. Drei große Yellowfin-Thuna und zwei Wahoo – das soll wohl eine Weile reichen. Wir machen Konserven und trocknen einige Fische. Das Trocknen ist eigentlich gar keine Arbeit. Während wir uns noch am Anfang die Mühe machen, den Fisch fein säuberlich auf eine Leine zu hängen, gehen wir bald dazu über, das Tier einfach vorne im Netz zwischen den Rümpfen zu trocknen. So braucht man den Fisch nur in dünne Scheiben zu schneiden, ihm ein kurzes Salzwasserbad zu gönnen und ab ins Netz damit.

Die Konserven machen da schon etwas mehr Arbeit. Erst den Fisch lecker in Öl mit Zwiebeln braten. Das Ganze in ein Einmachglas. Mit Wasser und etwas Öl auffüllen und mit losem Deckel in den Druckkochtopf. Ungefähr eine halbe Stunde die gefüllten Gläser im Wasserbad im Druckkochtopf kochen. Dann das Ganze ohne Flamme so weit abkühlen lassen, bis der Druck ein Öffnen des Topfs zuläßt. Das dauert noch mal fast eine Stunde. Wenn man dann den Deckel hebt, siedet der Inhalt der Gläser noch. Noch die Gläser zuschrauben − fertig. Das Vakuum, das beim Erkalten entsteht, sorgt dafür, daß alles fest verschlossen ist, so daß man das Einmachglas nur noch mit dem Dosenöffner aufbekommt. Die Konserven sind genial. Insbesondere dann, wenn man wegen Strommangels keine Kühlung zur Verfügung hat.

Wir segeln viel Spinnaker und meistens auch recht schnell. Dennoch warten Andreas und Arno, die sich über unser Inmarsat-Telex angekündigt haben, zwei Tage auf der Osterinsel, bis sie die BLUE-SHIP am Horizont erkennen. Die Ankunft wird gebührend begossen. Wir kennen uns alle schon sehr lange und haben viel zu erzählen. Die beiden haben eine zweiwöchige Andentour hinter sich, die sie auf über 4000 m Höhe in das Reich des Condor, des größten Vogels der Welt, geführt hatte.

Gemeinsam tauchen wir ein in die Mystik der Osterinsel. Es ist die entlegendste Insel der Welt. Keine Kultur auf dieser Erde ist in alle Himmelsrichtungen besehen von der nächsten so weit entfernt. Welchen Grund hatten die Insulaner, diese unendlich großen Statuen aus dem Vulkangestein zu schlagen und sie mühsam zu den Küstenstreifen zu transportieren? Angesichts der Mühen, die sie zu ertragen hatten bei der Erschaffung der Statuen, mutet der Name ihres Gottes „Make" belustigend an. Eine Verbindung zu unserem Wort machen oder dem englischen make ist natürlich rein zufällig.

Zwei Stämme lebten hier: Die Langohren und die Kurzohren, die sich im Kampf um das Holz auf der Insel gegenseitig vernichteten. Alles hatten sie abgeholzt, bis sie nicht einmal mehr Boote bauen beziehungsweise die vorhandenen reparieren konnten. Und ohne Boote war der Fischfang nicht mehr möglich. Der unfruchtbare Boden konnte nicht alle ernähren. – Ein anschauliches Beispiel, wie sich eine Hochkultur in kürzester Zeit durch die rücksichtslose Ausbeutung ihrer Umwelt selbst vernichtet.

Wir steigen zu dem Vulkan Rano Raraku auf. Überall ragen die aus dem Stein gehauenen Köpfe in verschiedenen Größen aus dem mit kleinen Büscheln bewachsenen Untergrund, wie Pflanzen aus dem Boden. Sie haben alle ihre eigene Mimik, und wir sind geradezu andächtig, als wir an ihnen vorbeischreiten. Immer weiter steigen wir hinauf, bis wir über den Rand des Kraters schauen können. Hier verschlägt es uns dann endgültig die Sprache. Vor uns breitet sich ein großer Kratersee in wunderschön sattem Blau mit grünem hochgewachsenen Schilfgras an den Rändern aus. Buntes Vogelgezwitscher und das Wiehern der Wildpferde, die auf der anderen Seite des Kraters umherlaufen, empfangen uns. Ein schwarzer Hengst galoppiert den Staub hoch aufwirbelnd zum Kraterrand. Dann steht er allein dort oben und wiehert mit Blick über das weite Land, als wolle er allen sagen: Schaut, dies ist mein Reich. Welche Anmut, welcher Stolz. Wir sitzen hier fast zwei Stunden und genießen die Farben, den skurrilen Anblick der halb fertiggestellten Köpfe und das Panorama.

Eine geraume Weile schon gärt in uns der Gedanke, auf dieser Insel zu fliegen. Zu lange schon hatten wir nicht mehr den Schirm ausgepackt und waren eine Runde mit dem motorisierten Paraglider geflogen. Was für phantastische Aufnahmen wären hier möglich. Genau das, was unser Film braucht. Im Tiefflug dahingleiten und im Hintergrund die Statuen der Osterinsel.

Doch am nächsten Tag sieht der Himmel so düster aus, daß wir von unserem Plan Abstand nehmen. Lieber verproviantieren wir uns mal wieder. Ein paar frische Sachen einzukaufen, ist schnell erledigt. Doch dann ist da immer noch die Sache mit dem Sprit. Auf der Osterinsel Diesel zu tanken, ist ein geradezu hoffnungsloses Unterfangen, aber es gibt ja Luka. Luka, einer der ansässigen Fischer, diktiert so

143

ziemlich alles auf dieser Insel. Offiziell gehört die Osterinsel zwar zu Chile, aber im Laufe der Zeit hat sich hier ein Staat im Staate gebildet. Die Osterinsulaner lassen sich nicht einfach okkupieren. Keine Aktion, ohne daß nicht Luka davon gewußt hätte. Touristengeschäfte werden überwiegend von Einheimischen abgewickelt und die wissen sehr genau, wo das Geld sitzt oder besser, wo es sitzen sollte. Eine Fahrt vom Boot zur Insel in einem der Fischerboote kostet mal eben 10 US$ pro Person. Die Einfahrt in den kleinen Hafen mit dem Dingi will gekonnt sein, da dort ein starker Schwell steht, so daß für kleine und schwache Beiboote eine hohe Wahrscheinlichkeit besteht, von einer Welle ergriffen und umgekippt zu werden. Unseren Ankernachbarn hatte es beim Rausfahren erwischt und seine ganzen Einkäufe sich zur Belustigung der Insulaner im Meer verteilt. So muß er nun jedesmal, wenn er auf die Insel will, zähneknirschend 10 US$ für einen zweiminütigen Trip zahlen. Ehrensache, daß wir ihn jetzt in unserem größeren Dingi mitnehmen. Auch wenn wir zweimal fahren müssen.

Aber auch wir sind auf die Fischerboote angewiesen, denn es gilt, insgesamt 600 Liter Diesel an Bord zu nehmen. Mit unseren sechs 20-Liter-Kanistern ist das keine einfache Sache, zumal wir uns auch noch einen Wagen hätten mieten müssen. Luka handelt mit uns den horrenden Preis von 100 US$ aus. Hierin inbegriffen ist wenigstens auch der Landtransport. An der Tankstelle werden drei 200-Liter-Fässer für uns bereitgestellt und sehr geschickt von Lukas Mannen auf einen kleinen Transporter und anschließend auf eines der Fischerboote verladen. Auch eine große mobile Pumpe wird bereitgestellt, um die ganze Ladung aus den Fässern in unsere Tanks zu pumpen.

Alle scheinen viel Zeit zu haben und so dämmert es bereits, als Luka, der das Pumpen höchstpersönlich übernehmen will, das erste Faß anzapft. Immer wieder müssen wir unterbrechen, weil die Pumpe ihre eigene Pflichtauffassung hat. So bleibt natürlich immer noch ein kleiner Rest in den Fässern, wenn die Pumpe nichts mehr ansaugt. Nur komisch, daß wir bei interner Überprüfung darauf kommen, daß ganze 100 lächerliche Literchen noch in den Fässern stecken müssen. Als wir Luka darauf ansprechen, spielt er den in der Ehre Verletzten. So ein Schlitzohr. Wir machen ihm klar, daß wir auch die letzten paar Liter aus den Fässern wollen. Mit Trichter und unseren Kanistern bewaffnet wechseln wir zu ihm aufs Boot und kippen das erste Faß. Trotz aufrichtigen Bemühens geht immer etwas daneben. Luka macht einen riesigen Aufstand und verbietet uns, weiterzumachen. Spätestens hier gibt man normalerweise auf und denkt sich seinen Teil. Meistens weiß man ja auch gar nicht, wieviel noch im eigenen Tank ist, und wegen ein paar Litern einen Streit mit den Einheimischen heraufbeschwören? Wer will das schon. Aber wir sind uns bei unseren Kalkulationen ziemlich sicher, daß zumindest etwa 90 Liter zu wenig aus der Pumpe gesprudelt waren.

Nun denn. Dann soll er uns eben kennenlernen, der Herr Luka. Angesichts seiner Dreistigkeit werden wir jetzt auch sehr deutlich und bestehen darauf, mit unseren Kanistern und ihm an Land zu fahren, um das Umfüllen dort zu erledigen.

Welch wundersamer Wandlung unterliegt da unser Freund Luka auf dem Weg von BLUESHIP zum Hafen! Kaum angekommen, saugt er den Diesel aus den Fässern, was nun wirklich keine angenehme Aufgabe ist. Die Art, in der er vorher sehr fachmännisch die Fässer in die perfekte Schräglage bringt, läßt tief blicken. Es scheint, als ob er uns nach unserem kleinen Aufstand und unserer Hartnäckigkeit nun einen gewissen Respekt zollt.

Wir müssen mit unseren drei 20-Liter-Kanistern noch dreimal zwischen Hafen und BLUESHIP hin und her pendeln. Gute 130 Liter Diesel sprudeln noch aus den Fässern. Zum Abschied ist Luka, dieser liebenswerte Gauner, richtig nett. Auch eine Art, Freunde zu gewinnen.

Der nächste Morgen verspricht stabiles Wetter, und so steht endlich die Fliegerei auf dem Plan. Der ideale Drehort ist schnell gefunden. Arno und Andreas mieten einen Wagen, wir laden den Flugmotor auf, und los geht's.

„Sag mal, meinst du nicht, es ist vielleicht ein bißchen viel Wind?"

„Ja. Eigentlich schon. Aber wir können es ja trotzdem mal versuchen."

Zu groß ist der Wunsch, diese Szenerie auf Zelluloid zu bannen. Außerdem können wir nicht auf weniger Wind warten. Hier bläst der Südostpassat, und der ist beständig. Auf weniger Wind zu warten, kann Wochen dauern, und wir wollen es ja schließlich nur mal versuchen.

Schon beim Aufbau unseres Fluggeräts gesellen sich einige der Inselbewohner zu uns und gucken mit großen Augen auf die ungewöhnliche Szenerie.

„Kamera läuft." – Ich weiß nicht, der wievielte Startversuch es inzwischen ist. Wir wechseln uns jedesmal ab. Ich möchte auf jeden Fall mit Richis Schirm starten, da mir bei meinem letzten Start in Punta del Este die Steigfähigkeiten meines Schirms nicht ausgereicht hatten. Ich hatte richtige Probleme gehabt, trotz Vollgas an Höhe zu gewinnen und wäre fast in die Bäume geflogen. Angesichts der Palmen um uns herum ist mir klar, daß ich es hier nur mit Richis größerem Schirm probieren kann. Doch statt sanft abzuheben, kommt es zu einem Debakel. Bisher war ich eigentlich ganz gut mit dem Fliegen zurechtgekommen. Aber nun? Ich bekomme den Schirm gerade mal halb hoch und werde dann sofort von der Kraft des Windes, der in das riesige Segel bläst, nach hinten gezogen. Gar nicht daran zu denken, das unwillige Ding über diesen Punkt hinaus nach oben zu bringen.

Inzwischen ist wieder eine Stimmung entstanden, bei der man tunlichst diese Art der Fliegerei unterlassen sollte. Andreas und Arno hatten bisher nur von unseren Fluggeschichten gehört und wollen nun zu gerne mal sehen, wie wir uns mit Hilfe dieser Gerätschaften Ikarus gleich in die Lüfte erheben. Natürlich wollen wir es ihnen auch unbedingt zeigen, um nicht nachher als Schwätzer abgestempelt zu werden. Diese Gefahr besteht zwar nicht wirklich, da die beiden uns unsere Geschichten über das Fliegen schon glauben. Aber einen dummen Stolz verspüren wir dennoch, und wir wollen ja schließlich auch die Bilder haben.

Und wieder einer dieser lächerlichen Startversuche. Sehr peinlich ist mir das, und ich ahne noch nicht, welches Glück mir widerfährt angesichts der Tatsache, daß ich mich so ungeschickt anstelle. Ans Aufgeben denkt keiner von uns. Daß zuviel Wind ist, übersehen wir geflissentlich.

„Sobald wir oben sind, geht das schon mit dem Wind. Der Start ist halt das Schwierigste an der Sache." Es hat nur noch gefehlt, daß ich dazu ein unglaublich professionelles Fliegergesicht wie Tom Cruise in „Top Gun" aufziehe. Dann hätte mir wahrscheinlich sogar mein Fluglehrer geglaubt, so klar und ruhig bringe ich die Einschätzung der Lage rüber. Währenddessen hat Richi den Schirm nach oben gebracht.

„Run, ruuun!" Keine Chance. Der Wind bläst Richi nach hinten, während er mit aller Kraft versucht, seinen Oberkörper nach vorne zu bringen. Immer wieder wird er zu einem Schritt nach hinten gezwungen. Ein, zwei Schritte. Startabbruch. In diesem Moment, als ich die Arme über Kreuz zum Zeichen des Startabbruchs verschränke, reißt eine weitere Bö am Schirm. Richi wird nach hinten gerissen und strauchelt über einen Absatz hinter ihm. Es geht alles unglaublich schnell. Richi fällt zu Boden, ein Scheppern des Holzpropellers, der noch rotierend meinen daneben liegenden Schirm aufsaugt, und Stille. Mein Schirm hat sich um den Prop gewickelt und gestoppt. Richi liegt unter dem Schirm begraben und rührt sich nicht.

„Rich! Richi!" Wir laufen alle auf das Knäuel aus Motor, Schirm und Mensch zu. Immer wieder brülle ich seinen Namen, bis ich sein Gesicht sehe und ein leises „Ja, Dude. Alles okay. Alles okay", vernehme. Während wir ihn aus dem Fallschirmtrapez befreien, sehe ich schon die ersten Blutspritzer. „Irgendwas stimmt mit meiner Hand nicht." Entsetzt und sprachlos starren wir alle auf seine Hand. Er kann seine Finger nicht bewegen, die aussehen, als hätte ein Fleischer mit seinem Hackmesser wahllos drauf eingeschlagen.

Was für eine unglaubliche Katastrophe. Erst später im Krankenhaus sehe ich im Sucher der Kamera, welches Glück er gehabt hat. Alles aufgezeichnet. Offenbar hatte sein Notaus nicht funktioniert. In Zeitlupe ist zu sehen, wie er umgerissen und im Moment des Fallens mein Schirm angesaugt wird. Als sein Arm im Reflex nach hinten geht, um sich abzufangen, wird der Motor gerade durch den eingewickelten Schirm abgestoppt. So bekommt seine Hand „nur noch" die letzten Umdrehungen der Luftschraube ab. Ohne dieses abermalige Eingreifen unseres Schutzengels hätte es ihn zumindest ein paar Finger gekostet, wenn nicht gar die ganze Hand. So sind zwei Finger bis auf die Knochen aufgeschnitten und mehrfach gebrochen.

Der Arzt in dem kleinen Krankenhaus tut sein Bestes, und Rich ist verdammt tapfer angesichts der Brüche. Das Nähen und Schienen muß höllisch weh tun. Zwischendurch müssen wir wegen eines Notfalls zwei Stunden warten. Ein wimmernder Mann wird in den kleinen Operationssaal geschoben. In seinem stattlichen Bauch steckt eine lange Harpune. Was wie ein Tauchunfall anmutet, entpuppt sich als tragischer Familienstreit. Zwei Brüder haben sich im Streit um eine Frau so in die Haare bekommen, daß einer sich vor lauter Wut nicht mehr zu helfen wußte und den anderen mit der Harpune bedroht hat. Beide beteuern aber vor Polizei und Ärzten, daß der Schuß nicht gewollt war und die Harpune von alleine losgegangen sein müsse. Der arme Kerl wird jedenfalls mit der Abendmaschine ins Krankenhaus nach Santiago geflogen.

Nachdem Richi inklusive einer besonders starken Spritze Antibiotika verarztet ist, erklärt uns der Arzt, daß mein Freund unbedingt Ruhe bräuchte und warnt uns inständig, nicht auf die lange Reise zu gehen, da im Falle einer Infektion keine Hilfe zu erwarten sei. Aber Richi grinst schon wieder, und einer zweiwöchige Pause auf der Osterinsel will keiner von uns zustimmen. Außerdem ist die Ansteckungsgefahr auf einer tropischen Insel größer als auf hoher See. Also wird Toni vom Arzt in die Geheimnisse der Tätigkeit einer Krankenschwester eingeweiht, und wir lichten nach einem äußerst famosen Essen in einem französischem Restaurant den Anker und verlassen mit gemischten Gefühlen die Osterinsel in Richtung Französisch-Polynesien.

Die Meuterer
und das Atomsperrgebiet

„Land in Sicht!" Dieser verheißungsvolle Ruf erklingt am frühen Morgen. In dem noch milchigen Morgenlicht erkennen wir einen Felsen. Das muß Pitcairn sein. In unserem Ratgeber „Landfalls of Paradise" wird eindringlich vor dem Ansteuern dieser Insel gewarnt. Keine sicheren Ankerplätze und wechselnde Winde in einer rauhen Pazifikgegend. Hier ist der Ort, an dem ein sehr populäres Schiff zugrunde ging: die BOUNTY. Wie oft hatte ich als Bub die Hollywoodstreifen über diese weltbekannte Meuterei gesehen. Auch das Buch hatte ich in jungen Jahren gelesen, und nun lassen wir unseren eigenen Anker im Westen vor der Insel fallen, wo die Urenkel der Meuterer zu Hause sind. Ein großer Augenblick auf dieser Reise.

Wir haben gelesen, daß die Menschen dieses Eilands noch immer gemäß den Satzungen der BOUNTY leben. Also eine alkoholfreie Insel. „Aber wie sollen wir dann unsere Landegebühr bezahlen? Hat einer von euch noch Bares?" Wir sind immerhin zu fünft an Bord. Aber auch unsere beiden Besucher Andreas und Arno können nur noch auf Kreditkarten verweisen. Die Ankündigung über Funk, daß wir als Landegebühr inklusive Hin- und Rücktransport 10 US$ zu zahlen hätten, ignorieren wir.

„Die kriegen 'ne Flasche Rum, is' doch klar. Du glaubst doch nicht im Ernst, daß die hier keinen Alkohol trinken. Hier auf so 'ner Insel wird mit Sicherheit getrunken."

Zehn Minuten später sitzen wir im Longboat der Pitcairner – nicht ohne vorher noch zwei Rum-Flaschen gegriffen zu haben. Und natürlich ist es wie erwartet. Ein kurzes Strahlen huscht über das Gesicht des Insulaners, als er die beiden Flaschen sieht und wir ihm feierlich eine überreichen.

Die Einfahrt in die kleine Anlegebucht ist selbst für versierteste

149

Dingi-Fahrer nicht zu empfehlen. Lange, große Wellen branden auf den Fels. Mit dem Longboat nimmt unser Kapitän gekonnt die Welle und surft das Boot, das sich wie ein Surfboard unter seiner geschickten Hand auf die Seite legt, in einer langen Kurve kurz vor den Felsen in die sichere Bucht daneben.

„Welcome to Pitcairn". Ein schönes altes Holzschild prangt über einem Schuppen, in dem die kleinen Transportschiffe untergebracht sind. Die Insel hat keinen Flughafen und wird nur alle drei Monate von einem Versorgungsschiff besucht. Jedes Einzelteil muß dann mühsam von dem großen auf die vielen kleinen Schiffe verladen werden. Was für eine unglaubliche Arbeit. Zweimal fiel die Versorgung im letzten Jahr aus. Zu stürmisch war die See, zu gewaltig der Schwell, als daß die Insulaner hätten wagen können, ihren dringend benötigten Nachschub auf die Insel zu bringen. Die Schiffe warten jeweils drei Tage, wenn bis dahin der Sturm nicht abflaut, sind sie gezwungen, weiterzufahren. Die Osterinsel mag der geographisch abgelegenste Ort der Erde sein. Faktisch ist Pitcairn der einsamste Ort der Erde. Wer hier Urlaub machen will, braucht viel Zeit.

Mit mehreren Vierradbikes werden wir vom Hafen über einen verschlungenen Pfad hoch in das kleine Dorf gebracht. Überall blüht es, und dementsprechend ist es sehr grün auf diesem Fels inmitten des Pazifik. Das kleine Dorf ist überschaubar. Die Einheimischen, die übrigens freudestrahlend auch die zweite Flasche eingeheimst haben, sind zuvorkommend und äußerst gastfreundlich. In jedem Haus ist man willkommen. Die meisten sprechen englisch, denn inzwischen findet auch ein Austausch mit dem Festland, mit Neuseeland statt, zu dessen Verwaltung Pitcairn gehört.

Ein Interview mit dem direkten Nachfahren von Fletcher Christian, Fletcher Christian jun. jun. jun., der übrigens sehr telegen ist, gibt uns Einblick in die derzeitige Lage. Nur noch vierzig Menschen leben hier in diesem Paradies. Oder ist es ein Gefängnis? Die Jugendlichen lernen England oder Neuseeland kennen und kommen nicht mehr zurück. Sie können nach einem solchen Aufenthalt nicht mehr in der Enge der Inselgemeinschaft leben.

Fletcher Christian setzt sich seit mehreren Jahren für eine Landebahn für Flugzeuge ein. Aber keiner ist bereit, zu investieren. Seinen feurigen Augen ist anzusehen, wie sehr er dafür kämpft, daß dieses Stück lebendige Historie nicht für immer verschwindet. Das Haupteinkommen der Kommune sind die weltweit bekannten Briefmarken. Ab und zu hält bei schönem Wetter eines der Kreuzfahrtschiffe. Die Touris strömen dann für eine Stunde auf die Insel, schreiben eine Postkarte, meist an sich selbst, und hauen wieder ab. Pitcairn hat für Touris nicht viel zu bieten.

Wir interviewen noch den Lehrer der kleinen Schule und die Polizistin der Insel. „Selbstverständlich können wir nicht jeden einsperren, der Alkohol auf der Insel trinkt." Sie lacht aus vollem Herzen: „Wir säßen alle trinkend im Gefängnis." Bisher hat sie noch nie jemanden eingesperrt, statt dessen steht das Gefängnis voller Gerümpel. Ihrer herzlichen und lustigen Art merkt man die tahitianische Herkunft an. Keiner fragt mehr nach den 10 US$. Sie haben ein Herz für Seefahrer. Zum Abschluß werden wir noch reichlich beschenkt mit Tomaten, weiteren Früchten und viel Gemüse. Zuhause würden sich alle die Finger lecken nach diesen wohlschmeckenden Gaben des Gartens Eden. So duftet die Natur, wenn sie die Unschuld in sich trägt. Beim Absetzen auf BLUESHIP geben wir nochmals zwei Flaschen Rum aus. So kann man auch mit feinen Sachen Inselbewohnern Freude machen.

Nach dem Ankerlichten geht's hinaus in die Pazifiknacht. Der Wind hat zugenommen und wir wissen, daß wir diese Nacht mit sogenannten „Thunderstorms" rechnen müssen. Schon am Tag durften wir zwei dieser erfrischenden, plötzlich auftauchenden Fronten genießen. Es ist auch nicht so, daß man sich nicht vorbereiten könnte auf diese „Entmaster", wie wir sie getauft haben. Seit zwei Tagen befinden wir uns in den Gebieten, die gemäß unseren Wettervorhersagen ständig von Thunderstorms durchkreuzt werden. Sie tauchen urplötzlich am Horizont auf, und innerhalb von Minuten wandelt sich alles um einen herum. Es zieht zu, und die Wasseroberfläche wird unheilvoll dunkelgrau. Man glaubt, den Sturm förmlich greifen zu können, wenn er so die Wasseroberfläche aufwühlt. Überall weiße Kämme. Der Stille Ozean, wie er fälschlicherweise genannt wird, zeigt sein unruhiges Gesicht. In diesen Feldern ist das Wasser der hochfliegenden Gischt kaum zu unterscheiden vom fliegenden Wasser des von Sturmböen gepeitschten Regens. Überall wo man hinguckt, ist der Schleier erkennbar, den Sturm und Wasser bilden.

Schon lange haben wir die Taktik des Reffens eingetauscht gegen das Mitnehmen des Sturms. Bei unverändert voller Segelfläche lassen wir unsere BLUESHIP fliegen. Wenn sich die Front nähert, nehmen wir am Rand bei den noch nicht so starken Winden mit Halbwindkurs Geschwindigkeit auf. Immer schneller schneiden die beiden Rümpfe das Wasser, bis wir vor den Wind drehen. Mit dreizehn bis vierzehn Knoten zieht dann unsere Lady ihre Spur durchs Wasser. Wir messen teilweise bis zu 50 Knoten wahren Wind. Und das mit voller Segelfläche. Auf dem Boot ist bei solchen Spitzengeschwindigkeiten der Wind „nur" ca. 35-36 Knoten schnell. Das hält unser Rigg. Zumindest kurzfristig. Doch jedesmal ist es so, als übertrage sich die Spannung der Wanten auf einen selbst. Es ist wie das Spiel mit dem Feuer. Wir schauen fasziniert zu, wie weit man es treiben kann.

Immer wieder überrasche ich mich dabei, wie ich ergriffen von dieser Kraft der Natur verharre. Wenn alles getan ist, stehe ich ganz ruhig draußen, und der Sturm streicht um mich herum. Er will mich nach vorne schmeißen. Aber ich stehe fest gegen das Armaturenbord gelehnt. Das Pfeifen ist wie eine akustische Schwebung. Zunächst hört man viele unterschiedliche Töne. Der Wind pfeift durch die Wanten. Er spielt auf ihnen wie auf den Saiten eines Musikinstruments. Der Relingsdraht und jedes gespannte Seil wird in Schwingungen versetzt und singt sein Lied. Und dann scheinen sich all diese verschiedenen Töne zu vereinen. Es wird lauter, und die verschiedenen Pfeiftöne mischen sich zu einem einzigen Kreischen. BLUESHIP taucht ein und schmeißt mir das Wasser entgegen, das sie mit ihren Spitzen aufnimmt.

In der Nacht ist alles anders. Nur der Radar läßt einen erahnen, was auf einen zukommt. Das fliegende Wasser ist wie eine rötliche Wolke auf dem schwarzen Screen schon in weiter Entfernung zu sehen. Oft gelingt es uns, den Fronten auszuweichen. Wenn sie uns erwischen, ist es jedesmal unheimlich.

In dieser Nacht ist es wieder soweit. Zu groß ist die Front, als daß man sie umschiffen könnte. Wabernd, immer neue Formen findend, kommt das rote Gebilde auf uns, den Mittelpunkt des Schirms, zu. Im vorderen Bett zwischen den Rümpfen liegt Andreas und versucht zu schlafen. Es ist sehr laut im Schiff. Wir segeln mit ungefähr 70°

zum Wind. Die Wellen, von den Rümpfen zerschnitten, schmettern zerpflügt gegen das Mittelschiff. Wir sind schon lange bevor die Front uns erreicht sehr schnell. Ich stehe draußen, lasse BLUESHIP immer weiter abfallen. Aber der erhoffte Effekt tritt kaum ein. Da meldet sich bei mir das Gefühl, zu dem wir wohl inzwischen auch Erfahrung sagen dürfen. Ich rufe Toni an den Autopiloten und springe zum Mast. Vorbei an Andreas, der in der Tür steht und mich ungläubig anguckt.

„Geh auf 360°." Wir gehen auf halben Wind. Ich muß das Groß reffen. Der Wind pfeift schrill. Unser Kat stiebt durch die Wellen. Ich löse das Fall. Es geht jetzt alles sehr schnell. Doch bevor ich das Achterliek anziehen kann, hat sich eine Latte aus dem Segel gelöst und schlägt jetzt am Ende des Segels um sich. Noch einmal killt das Segel heftig, bevor ich es unter Kontrolle bringen kann, und die Latte zerbirst am Achterwant. „Zurück auf Kurs!" brülle ich. Aber inzwischen weiß Toni auch so, was sie zu tun hat. Wahrscheinlich kann sie mich eh nicht verstehen in diesem Getöse. Mit unvermindert hoher Geschwindigkeit dreht unser Schiff vor den Wind. Wir messen in diesem Thunderstorm bis zu 49 Knoten an Bord und das bei 14,5 Knoten Geschwindigkeit. Das sind sie, die Entmaster. Vor dem Wind ist die Genua durch das Groß meist abgedeckt, das die ganze Kraft aufnimmt. Ohne das zweite Reff im Groß ist es gefährlich in solchen Augenblicken. Fährt man hier mit zuviel Tuch, reißt einem der Winddruck im Groß einfach die Achterstagen raus, und der Mast ist verloren. Nur eine einzige der vielen Verplombungen an den 12-mm-Stahlseilen muß eine kleine Macke haben. Oder ein haarfeiner Riß in den Nirosta-Platten, die mit den Bolzen die Stahlwanten mit dem Mast verbinden, und schwupps! ist er weg.

Ein paar Minuten später ist alles vorbei. Ich bin durchnäßt bis auf die Haut. Der Himmel reißt auf und läßt die Sterne blitzen. Alles ist ruhig. Das Reff raus und wieder auf alten Kurs.

Am nächsten Tag lese ich im „Landfalls of Paradise", daß jetzt die Taifun-Saison im Südpazifik beginnt. Taifune sind das pazifische Pendant zu den Hurrikans im Atlantik. Dann steht da auch noch etwas davon, daß die Hafenbehörden darauf bestehen, daß Gastyachten bis Anfang November den Hafen verlassen haben müssen. Aber genau dann werden wir einlaufen in Tahiti. Das ist jetzt schon abzusehen.

„Guck mal hier, Dude. Lies mal.“

„Kann ich mir nicht vorstellen, daß einem die Franzosen das Recht zum Einlaufen verweigern. Außerdem liegt Tahiti nicht in dem typischen Taifungebiet. Die Taifune sind alle weiter westlich. Tahiti hat's, glaub ich, bisher nur einmal richtig erwischt. Irgendwann in den Siebzigern.“

„Das war 1983.“

„Das heißt aber auch, daß wir nicht Fidschi, Samoa und Vanuatu sehen können.“

Nachmittags beschäftigten wir uns gerne mal mit den Karten, Büchern und Reiseführern und nicht zuletzt natürlich auch mit der weiteren Route. Diesmal werden die Großwettersysteme das weitere Routing bei der Durchquerung dieses größten Ozeans unserer Erde übernehmen. Wir werden den Großteil, den Central Pacific, im Norden durchqueren und die Hurrikangebiete im Südpazifik meiden.

„Sag mal, was könnten wir denn noch anlaufen vor Tahiti?“

„Da ist doch der Beginn von Französich-Polynesien die Gambier-Inseln.“

„Mmh. Und da? Was is'n das da?“

Richi kann vielleicht fragen! Seinen Arm in der Schlinge, steht er neben mir und hat mit einem Grinsen im Gesicht diese Frage gestellt, obwohl es klar und deutlich in der Karte steht, was das für ein Gebiet ist. Ein wenig nördlich von unserem direkten Kurs liegt ein Atomsperrgebiet. Ein sehr populäres sogar. Hier versuchten vor wenigen Jahren auch ein paar deutsche Politiker in alten Pötten von Neuseeland aus hinzugelangen und kamen nie an. Ein paar fünfzig Meilen leicht nördlich vor uns liegen Mururoa und Fangataufa.

„Die Einfahrt in dieses Gebiet ist aber strengstens verboten. Das weiß seit den Greenpeace-Aktionen jedes Kind. Dafür braucht man nicht mal die Karte.“

„Und im Notfall?“

Mir schwant Übles. Wir hatten beide unsere Wehrpflicht in der Bundesmarine verbracht und wissen, daß die Marine immer noch in erster Linie aus Seemännern besteht und niemals einem Schiff im Notfall die Hilfe verweigern würde. Plötzlich sind alle Feuer und Flamme.

„Wir haben ziemlich wenig Diesel, wenn Arno und ich pünktlich zu unserem Flug nach Tahiti kommen sollen und wir Flaute kriegen", das war Andreas.

„Bei 'ner Flaute hätten wir auch zu wenig Wasser."

„Außerdem bin ich verletzt und benötige dringend ärztliche Versorgung."

Beschlossene Sache. Wir werden morgen Mittag die erste Insel im Atomsperrgebiet anlaufen. Fangataufa. Vor lauter Aufregung kann ich kaum einschlafen. Nun sind wir bald da. Bei den Inseln, über die ich schon viel gehört habe. Wir werden sie sehen. Einlaufen dort, wo es zu heftigen Ausschreitungen zwischen der französischen Marine und den Umweltschützern auf der WARRIOR von Greenpeace gekommen war. Aber wir kommen ja schließlich mit friedlichen Absichten. Weltumsegler in einer schwierigen Lage. Geradezu in einer Notlage. Wird schon gutgehen.

Am nächsten Tag funken wir über den internationalen Notrufkanal 16 die Franzosen an. Keine Antwort. Wir wiederholen den Anruf alle halbe Stunde, bis Fangataufa in Sicht ist.

„Das kann doch nicht sein. Die müssen uns doch hören!"

„Komisch."

Wir rufen jetzt alle 10 Minuten die französische Marine. Keine Reaktion. Jetzt sehen wir schon die starken Strudel in der befeuerten Einfahrt. Bis ins Innere der Lagune können wir die gut markierte Fahrrinne erkennen. Überall am Ufer sind Lüftungsschächte auszumachen, deren Umrandungen aus Beton so gar nicht in die harmonisch gewachsene Korallenstruktur passen.

„Meinst du, wir können einfach einlaufen?"

„Tja, wenn die sich nicht melden. Was können wir denn noch tun? Wir können ja jetzt nicht noch rot schießen, damit die uns sehen."

„Okay. Wir laufen ein."

In der Einfahrt setzt eine sehr starke Strömung, die unserer Fahrtrichtung entgegensteht. BLUESHIP schiebt sich Zentimeter für Zentimeter vorwärts in die Lagune. Wir folgen den Tonnen und sehen die ersten Gebäude auf der Ostseite der Insel. Ein Turm, eine große Lagerhalle und noch ein weiteres altes Gebäude. Kein Schiff und keine Menschen. Die Insel scheint völlig verlassen. Wir ankern, und während Richi und die anderen mit dem Dingi übersetzen, gehe ich mit Andreas harpunieren. Richi steht die Traurigkeit ins Gesicht geschrieben. Aber mit seiner Verletzung ist tauchen nun mal nicht möglich. Seit Tagen haben wir mit der Schleppangel nichts mehr gefangen. Gemäß neuseeländischer Berichte konnte innerhalb der Lagunen keine gravierende radioaktive Verseuchung festgestellt werden. Was immer das auch heißen mag, Andreas und ich freuen uns einfach darauf, endlich wieder zu tauchen. Das einzige, was wir in dieser Lagune finden, sind Schwarzspitzenriffhaie. Diese Art ist klein und völlig harmlos. Obwohl es Segler gibt, die diese Haie essen, sehen wir davon ab, einen zu schießen. Der Schwarzspitzenhai ernährt sich ausschließlich von Riffischen und ist geradezu prädestiniert für Ciguaterra. Muß ja nicht sein.

Wir inspizieren die ganze Insel. Hier wurde die erste Atombombe der Franzosen gezündet. Überirdisch versteht sich. Inzwischen wachsen schon wieder Sträucher aus der großen asphaltierten Landebahn. Die Natur holt sich ihre Insel zurück. Unsere erste einsame Südseeinsel. Als verlassene Atomtestinsel zugegebenermaßen nicht ganz den paradiesischen Ansprüchen genügend, aber immerhin einsam.

Am Abend verlassen wir wieder unser „Paradies". Mururoa steht auf dem Plan, und diese Insel ist nun ganz sicher nicht verlassen. Am nächsten Morgen erkennen wir bereits die Umrisse des Atolls. Noch immer haben wir keinen Funkkontakt. Unmöglich, daß sie uns nicht hören. Völlig unerklärlich, daß sich keiner meldet. Wir befinden uns schließlich schon seit einem Tag im Sperrgebiet und funken ununterbrochen auf dem Kanal, den sie verpflichtet sind abzuhören. Es sind nur noch ein paar Meilen bis zur Einfahrt der Lagune. Wir sind alle sehr gespannt. Keiner von uns hat damit gerechnet, daß gar nichts passiert. Und dann überschlagen sich plötzlich wieder einmal die Ereignisse.

„Schnellboot an Backbord." Das Schnellboot der französischen Marine ist, kaum gesichtet, schon neben uns. Eh wir uns versehen, sind zwei von der ganz schnellen Truppe an Bord. Wir sind uns keiner Schuld bewußt, erklären, daß wir doch gefunkt hätten und außerdem einen Verletzten an Bord haben. Nach zehn Minuten legt das Schnellboot wieder ab. Wir müssen zunächst bleiben, wo wir sind. Die Franzosen bleiben in der Nähe. Gerade eben können wir das Schnellboot im Eingang der Lagune erkennen. Eine Stunde bringen wir so zu. Treibend vor dem Eingang im Visier des Schnellboots, bis plötzlich ein zweites Boot auftaucht, daß sich uns zügig nähert. Schon während des Anlegens erkennen wir einen großwüchsigen, äußerst athletischen Typ, der seinen kahlgeschorenen Kopf hinter einer Kamera mit großem Objektiv verbirgt. Er ist der einzige Zivile unter den Soldaten. Seine außergewöhnliche Statur, sein Auftreten und die Tatsache, daß der Rest der Mannschaft auf seine Befehle zu hören scheint, läßt uns vermuten, daß wir es mit einer französischen Ausgabe des Commander James Bond zu tun haben. Jeder von uns wird von ihm persönlich ins Verhör genommen. Währenddessen nimmt ein Gendarm unsere Personalien auf. Jedes Verhör endet mit einer Portraitaufnahme.

Ohne in irgendeiner Weise zu erkennen zu geben, was geplant ist, werden wir aufgefordert, unsere Maschine zu starten und dem einen Schnellboot zu folgen, während sich das andere Boot an unsere Fersen heftet. Der Geheimdienstmann steht mit Pokerface direkt neben mir, während sich zwischen den anderen und den Flics und Soldaten langsam eine Unterhaltung entwickelt. Wir fahren tief in die Lagune hinein und sehen überall Türme mit Antennen sowie Betonkränze, die uns vermuten lassen, daß sich darunter Bombentestschächte verbergen. Kurz vor dem Ufer werden wir aufgefordert, den Anker fallen zu lassen. Beide Schnellboote verlassen uns, und wir machen schon wieder die ersten Scherze: „Zwei deutsche Südseetouristen verbringen Weihnachten in französischer Gefangenschaft auf Mururoa." Arno und Andreas grinsen nur etwas gequält. Die Franzosen werden immer lockerer. Sie können sich inzwischen ziemlich sicher sein, daß sie es bei uns nicht mit Umweltaktivisten zu tun haben. Demonstrativ baden wir im verseuchten Lagunenwasser. James hat inzwischen unsere Fluggeräte bewundert, und es ergibt sich eine nette Plauderrunde beim Mittagstee.

Nach zwei unendlich langen Stunden kommt eines der Schnellboote wieder. Wir haben uns inzwischen richtig angefreundet und das Gefühl, die „Blauen Jungs" genießen es bei uns an Bord. Wir scheinen eine willkommene Abwechslung zu sein. Wir dürfen sogar die Ankunft des Schnellboots filmen, und außer James wollen auch alle mal mit drauf sein auf dem Film. Was dann folgt, hat keiner von uns erwartet. Kaum hat das Schnellboot angelegt, wird eine Kette gebildet und kistenweise frisches Wasser aus den Vogesen wandert zu uns an Bord. Aber damit nicht genug. Vier dicke 50-Liter-Kanister voller Diesel werden herangeschafft, und als wir Anstalten machen wollen, sie einzufüllen, wird uns großzügig bedeutet, daß dies Zeit hat. Die Kanister könnten wir selbstverständlich behalten. Richis Hand wird unterdessen neu geschient, und ein ganzer Sack voller Medikamente und Verbandszeug, inklusive zweier großer Jod-Flaschen und Wasserstoffsuperoxid, bleiben auf dem Tisch zurück, als wäre es eine Selbstverständlichkeit.

Die französische Marine beweist uns, wie gastfreundlich und hilfsbereit die „Grande Nation" Seglern gegenüber ist. Reich beschenkt werden wir aus der Lagune wieder hinausbegleitet und genießen die immerhin einstündige Fahrt in der Sonne. Hierbei erfahren wir dann noch beiläufig, daß die Frühwarnung mit unserer Katze Ciggy uns nicht wirklich vor Ciguaterra schützt. Das Gift reagiert von Organismus zu Organismus unterschiedlich. Es lagert sich im Körper bei jeder Portion vergifteten Fischs immer ein bißchen mehr ab, und erst bei Überschreitung eines bestimmten kritischen Levels geht's los. Unserer Katze ein Häppchen zu geben und sich dann den ganzen Fisch reinzuhauen, kann also nicht die wahre Lösung sein. Sie hätten letzte Woche wieder einen Fall von Ciguaterra gehabt, erwähnt der Arzt beiläufig. Er würde kaum noch Fisch aus der Lagune essen. Bei Fischen, die wir auf hoher See fangen würden, bräuchten wir allerdings keine Angst zu haben. Wie beruhigend. Dies alles schildert er so trocken und anschaulich, daß ich den Toxin-Gehalt in meiner Leber förmlich fühlen kann.

Jedenfalls ist klar, daß einer der Crewmitglieder auf Tahiti zurückbleiben wird. Unserer Katze Ciggy können wir nun das Land nicht länger vorenthalten. Im nächsten Hafen werden wir uns nach einem neuen „Home sweet Home" für unsere geliebte Ciggy umsehen müssen.

Leben wie Gott in Polynesia

Wir hätten Tahiti sicherlich anders kennengelernt, wenn da nicht wieder eine Heerschar von Schutzengeln aktiv gewesen wäre.

Tahiti ist eines der jüngeren Atolle. Das heißt, der Vulkan in der Mitte des Atolls ist noch nicht abgesunken, doch dieser Prozeß dauert freilich Jahrmillionen. Darwin hatte dies schon damals aus seinen Beobachtungen geschlossen. Rund um die Vulkane entstehen Saumriffe, die immer noch vorhanden sind, wenn der Vulkan aufgrund seines Eigengewichts schon wieder im Meer versunken ist.

Schon von weit her sehen wir die großen Vulkane Tahitis und machen uns keinerlei weitere Gedanken. Wir sind inzwischen wieder 20 Tage auf See, die Kurzstopps nicht mitgerechnet, und freuen uns alle so richtig auf Land. Vor allen Dingen endlich wieder auf eine größere Stadt: Papeete, die Hauptstadt Tahitis. Allein schon der Klang der Inselnamen in Französisch-Polynesien läßt wohlige Gefühle aufkommen. Französischer Lebensstil mitten im Pazifik, gepaart mit polynesischer Lebensfreude, eingebettet in eine Umgebung von Wasserfällen und paradiesischer Natur...

Und dennoch schwebt über der ganzen Szenerie ein Schatten. Nachdem morgens bereits jeder seine Lieblingshose so richtig geschrubbt hat, sind inzwischen alle mit Süßwasser geduscht. Ein Luxus, den wir uns immer erst angesichts des Ziels erlauben. Bei guter Musik wird Weißwein ausgeschenkt und noch hier und da ein Strähnchen mit Wetgel bearbeitet. Eigentlich ist die Party schon in vollem Gange, als sich ein kleiner Fleck auf dem Radar abzeichnet.

Wir segeln in der Abenddämmerung mit guten 9,5 Knoten und haben den Radar vor etwa einer halben Stunde eingeschaltet. Wir haben gute Sicht, und keiner achtet sonderlich auf das Gerät. Während ich reingehe, um die Musik lauter zu machen, fällt mein

Blick wie zufällig auf den Schirm, und ich sehe einen hauchdünnen Schatten. Er ist länglich und könnte auch eines der Phantomechos sein. Dennoch wandert mein Blick über das GPS zur Karte, die ausgebreitet auf dem Tisch liegt. Die Minuten und Sekunden der Breite vor mich hinmurmelnd, beuge ich mich über die Karte. Es ist ein großer Maßstab, und man muß nicht so genau sein. Jetzt noch die Länge. Na, wo sind wir denn? Während ich vom Kartenrand kommend langsam nach unten fahre, baut sich in mir gleichmäßig, immer stärker werdend, ein kalter Schauer mit Vereisungstendenz auf. Aber es ist keine Sekunde Zeit, um zu verharren. Mein Finger endet auf dem Riff Tahitis. Während des Umdrehens brülle ich schon: „Richi, hart Backbord!" Es ist nur ein Schritt bis zum Ausgang. Unsere Blicke treffen sich. Er hat nicht verstanden, was ich gesagt habe, sieht aber an meinem Gesichtsausdruck, daß es eine brenzlige Situation sein muß. Er steht direkt vor dem Ruder. „Hart Backbord", rufe ich nochmals gegen die laute Musik. Sofort drückt Richi die beiden Knöpfe am Autopiloten, und BLUESHIP dreht um 100° nach Backbord.

„Was ist denn los, Dude?" Aber noch während er den Mund zuklappt, ist es für alle offenbar. Der Schatten auf dem Bildschirm zeigt die kleine, seichte Brandung des Saumriffs der großen tahitianischen Vulkane. Nur ganz leicht kräuseln sich die Wellen an dem Riff, das jetzt fast parallel zu unserem Kurs liegt. Ab und zu ergibt sich eine etwas größere Brandung. Es sind maximal noch fünf bis sechs Meter, und unsere Ankunft auf Tahiti wäre sicherlich ungemütlich geworden. Bei über neun Knoten seitlich auf ein Riff zu laufen, wäre tödlich gewesen für unsere BLUESHIP. Da hilft dann auch nicht mehr, daß die Rümpfe in mehrere Sektionen aufgeteilt sind. Das wäre mal wieder ihr Ende gewesen, und selbstverständlich auch das Ende unserer Reise. Daß unser Radar diese kleinen Wellen überhaupt wahrgenommen hat, ist ein Wunder für sich. „Das war ja mal wieder verdammt knapp. Meine Güte, ham wir ein Schwein."

In Tahiti warten bereits Werner und mein Bruder Markus. Beide haben uns schon über den Atlantik begleitet und sind von Landratten zu echten Ozeanriesen geworden. Außerdem hatte sich René, unser Freund und Tauchlehrer, angemeldet, der endlich mal im Pazifik tauchen wollte. Wir freuen uns natürlich riesig über den

Besuch unserer Freunde und wollen ihnen selbstverständlich ein Höchstmaß an Gastfreundschaft bieten. Nur wie? Seit Valdivia haben wir keinen Pfennig mehr. Unser letztes Geld haben wir vorausschauend in die zweihundert Liter Rum und den Wein investiert. Nur, von Rum und Wein lebt der Mensch nun mal nicht allein.

Es ist eine fantastische Wiedersehensfeier in Papeete. Die drei zeigen sich überhaupt nicht kleinlich, trotz der wirklich unangenehmen Preise in Tahiti. Direkt nach unserem Landfall geht's zu einem äußerst ausgiebigen Abendmahl mit einigen Gängen, gefolgt von einer mehrstündigen, feuchten Erzählsaison bis hin zu einem ausgelassenen Tanzvergnügen in der Disco, deren Einlaß direkt vor unserer geankerten BLUESHIP liegt. Sehr angenehm.

Papeete ist eine aufregende Stadt und wegen der Taifunsaison sind kaum Fahrtensegler da. Die Tatsache, daß wir auf unserer Tour immer zur falschen Zeit am richtigen Ort sind, können wir nur weiterempfehlen. Die Menschen sind einfach gastfreundlicher und relaxter, wenn alles nicht so überlaufen ist. Am nächsten Abend machen einige unserer Besatzungsmitglieder, die es besonders eilig haben, die Erfahrung, daß die Travestie in der Südsee traditionell einen hohen Stellenwert genießt. Gunter (Name geändert) kommt mit hochrotem Kopf aus der Ecke, in der er es sich mit einem wirklichen Prachtstück gemütlich gemacht hatte.

„Hört mal, das sind ja überhaupt keine Frauen, obwohl die wirklich scharf aussehen. Is' ja Wahnsinn, das erkennt man ja gar nicht." Beim letzten Satz stolziert gerade wieder eine besonders Nette an Gunter vorbei, die ihn mit einem unzweideutigen Zwinkern und aufmunternden Lächeln zum Mittanzen einladen will. Er ist sehr aufgeregt, winkt aber dennoch ab. „Weißt du, Gunter, du erkennst sie einfach an ihrer Freizügigkeit. Die sind halt einfach ein wenig flotter dabei." – Papeete ist eben eine Hafenstadt wie aus dem Bilderbuch. Und in Hafenstädten soll man bekanntlich besonders aufpassen. Wir haben das Etablissement verlassen und sind auf dem Weg zu der Diskothek direkt vor unserer BLUESHIP, als Gunter plötzlich stehen bleibt: „Das Geld ist weg. Die hat mein Portemonnaie geklaut."

Mein Bruder Muck ist sofort zur Stelle. „So eine Sauerei. Aber nicht mit uns. Die werden schon sehen, mit wem sie es zu tun haben." Auf dem Rückweg zu der Bar wird mein Bruder immer wütender. Ich versuche ihn zu beruhigen. Jetzt bloß keine Schlägerei in einer Hafenbar. Zu schnell kann da einer ein Messer ziehen.

Wir stürmen das Etablissement regelrecht. Gunters Holde ist auf einem der Zimmer. Während Gunter und mein Bruder in die erste Etage hetzen, bleiben wir unten an der Treppe stehen und kommen uns vor wie in einem schlechten Film. Wir haben zwar keine zuhälterähnlichen Typen in der Bar gesehen, aber wer weiß, was sich in der oberen Etage tut? Wir sichern jedenfalls die Treppe.

„Open the door!" Ich kenne meinen Bruder in solchen Situationen. Wenn er einmal Feuer gefangen hat, kann er sehr hitzig werden. Wir hören, wie er gegen die offenbar verschlossene Tür schlägt.

„Open the fucking door!" Ein Krachen und Scheppern. Wir erstarren. Das war verdammt laut. Hoffentlich geht er nicht zu weit. Was dann passiert, erzählen uns die beiden wie folgt:

Muck hat sich gegen die labile Holztür geschmissen und ist mit ihr ins Zimmer gestürzt. Der Gast ist vor Schreck fast aus dem Bett gefallen und ist immer noch dabei, die Hose zuzumachen, als er uns auf der Treppe völlig verstört entgegenstolpert. Zunächst scheint der oder die Prostituierte nicht wissen zu wollen, wovon Muck spricht. Mein Bruder hat aber nicht lang gefackelt, sich auf den Brustkorb gesetzt und mit den Knien die Oberarme bearbeitet. Übrigens eine Technik aus Kindertagen. Mit hochrotem Kopf und unter lautem Schreien wiederholt er immer wieder, daß er/sie das Geld rausgeben soll.

Gunter hat dann meinen Bruder gebremst und immer wieder zurückgehalten. Er ist eher der Verständige, der das wilde Tier in sich gleich wieder bändigt.

„Die belügt dich doch nach Strich und Faden!"

„Nun beruhig dich doch mal."

Aber mein Bruder hat sich an Gunter wieder vorbeigedrückt und den Transvestiten gegen die Wand gestoßen. Eine seiner großen Hände um den Hals gedrückt wiederholt er schreiend, daß ihm die Halsschlagader schwillt, seine Forderung. Sie fängt an zu röcheln, und Gunter muß ihn regelrecht von ihr wegzerren. Aber diesmal hat es gewirkt. Nach Atem schnappend deutet sie auf den Schrank, den Muck sofort aufreißt. In einer Ecke liegt das dicke Portemonnaie von Gunter.

162

„Ist das deins?"

„Ja. Jetzt bloß raus hier."

Triumphierend kommen uns die beiden entgegen, und wir verlassen zügig diesen Ort des unschönen Geschehens.

„Nur Glück, daß die Transis keine Zuhälter haben. Das hätte auch ganz anders ausgehen können." In der Disco geht die erste Runde natürlich auf Gunter, und mein Bruder Muck wird den ganzen Abend freigehalten. Zu recht, denn das Portemonnaie war prall gefüllt mit Bargeld und Karten, und er muß wirklich imposant anzuschauen gewesen sein in seiner Raserei.

Weihnachten wollen wir in Bora Bora verbringen. Der Kenner läßt übrigens das zweite Bora ganz cool weg. Es ist unser zweites Weihnachten unter Palmen. Kurz vor der Einfahrt in Bora fangen wir einen fetten Thuna. Was für ein Glück. Passend zum Weihnachtsfest. Wir haben Probleme, das Riesenvieh an Bord zu bringen, doch der Schlachtplan ist klar. Der Fisch ist eh viel zu groß, so daß wir beschließen, uns mit Hilfe des Fischs ein complementary-Christmasdinner im „Club Med" zu erhandeln.

Sofort nach dem Anlanden engagiert Richi einen Einheimischen mit einem Pick-up und ab geht's in Richtung „Club Med". Wir entern den Club mit unserem stolzen Fang und legen ihn erst mal vor der Rezeption auf den Boden. Aber die beiden Französinnen hinter dem welcome-desk scheinen uns nicht verstehen zu wollen. Obwohl wir es auch in französisch versuchen, gickern und kichern sie die ganze Zeit nur rum. Geradezu ärgerlich. Ist unser Anliegen denn so merkwürdig? Oder sehen wir schon so verkauzt aus, daß man deswegen in Lachkrämpfe ausbrechen müßte?

Eigentlich ja nicht. Die Erklärung geben uns die Damen dann etwas später. Sie dachten tatsächlich aufgrund unseres Auftritts, daß wir vom „Verstehen Sie Spaß"-Team sind. Das Ganze war einfach zu skurril für sie. Vielleicht hatten wir auch nur das Ganze für ein wenig zu normal gehalten, mit einem Riesenfisch in einen „Club Med" zu wandern, um ihn gegen ein Dinner einzutauschen. Oft kommt das sicher nicht vor. Unser Anliegen wird dann auch abschlägig beschieden, da der Koch nicht da ist und die Leitung Angst vor Ciguaterra hatte. Falls es stimmt, was uns der Manager erzählt, und wir haben keinen Grund daran zu zweifeln, bekommen die Gäste des Clubs keinen Fisch aus der Gegend serviert. Wir werden auf Kosten des Hauses zu einem Drink eingeladen und dürfen den Fisch über Nacht im Kühlhaus der Küche lagern.

Am nächsten Morgen ist Markt. Direkt vor unserem Boot. Frisches Gemüse und exotische Früchte werden vor unseren Augen auf Dekken ausgebreitet.

„Sag' mal, denkst du auch, was ich denke?"

„Na klar. Wir tauschen mit den Einheimischen."

Eine Stunde später ziert der riesige Fischleib wieder unser Boot. Die Händler haben zwar kein Interesse zu tauschen, aber schon nach kurzer Zeit fangen die ersten Insulaner mit uns das Feilschen an. Wir geben ihnen große Stücke für ihr Geld und verkaufen dreiviertel des Fischs für umgerechnet 5 DM das Kilo. Es ist immer noch reichlich da für uns alle. So ernten wir nicht nur unsere ersten selbstverdienten Polynesischen Francs, sondern kaufen damit auch den Rest für unser Heiligabendfestmahl und können mit Fug und Recht behaupten, daß unser Gabentisch von Gott gedeckt ist. Ein Geschenk des Himmels. Am Abend laden wir eine Familie mit zwei hungrigen Kindern ein, die anscheinend ohne Hab und Gut die Nacht auf dem Marktplatz verbringen wollte. Wir taufen sie Maria und Josef, essen uns alle kugelrund, trinken den exzellenten Wein, den Werner aus Europa mitgebracht hat, und verleben einen unvergeßlichen Heiligabend.

In der nächsten Woche machen wir alle Südseeurlaub pur. Wir bauen unseren Hobie auf und segeln durch das türkisgrüne Wasser, gehen viel tauchen und machen Bekanntschaft mit einer großen Kolonie Stachelrochen, die sich als sehr smooth erweist und uns schon bei der dritten Begegnung als Vertraute behandelt. Nur das Fliegen geht leider nicht. Es ist mal wieder einfach zu viel Wind. Die Einheimischen in Bora erweisen sich übrigens als ungewöhnlich unfreundlich. Offenbar stehen sie dem Tourismus feindselig gegenüber, und das kann man ihnen nicht mal verübeln. Die Hotels werden von großen Gesellschaften gemanagt, und die Bewohner der Insel profitieren in keiner Weise von der paradiesischen Ausbeute. Das Geld fließt nach Tahiti bzw. Frankreich.

Zwei von denen, die die hiesige Tourismusindustrie unterstützen, sind uns gut bekannt. Mein Bruder hatte zwar schon angedeutet, daß Jan und Tina, ein befreundetes Paar aus Aachen, in der Südsee sind, aber die ist ja bekanntlich groß. Plötzlich aber stehen sie vor unserem Schiff. In Bora macht jeder Südseeurlauber einen Stop. Es ist nach Tahiti sicher die bekannteste Insel Französisch-Polynesiens. Aber sich nun gerade hier zu treffen, ist eben doch ein schöner Zufall. Sie hatten bisher ein wenig Pech mit dem Wetter. Während der Taifunsaison ziehen immer mal wieder ein paar Tiefs durch, die schlagartig den strahlend blauen Himmel in ein bedrohliches Schwarz tauchen und begleitet von sintflutartigen Regenfällen über die Inseln fegen. Kaum sind unsere Freunde an Bord, ist schon wieder ein solches Tief im Anmarsch.

„Willst du mal was erleben, Tina?"

„Ja, warum nicht."

„Okay. Dann laß uns mal so richtig Hobie heizen."

Wir haben kaum abgelegt, als die Front die Lagune schon erreicht hat. Im Nu ist alles zugezogen. Wir fegen übers Wasser, das zunehmend unruhiger wird. BLUESHIP ist schon außer Sicht, als die ersten Sturmböen einfallen. Ich habe richtig Mühe mit dem ungerefften Hobie und einem Vorschoter, der noch nie eine Schot in der Hand hatte. Aber Tina bleibt sehr cool. Sie vertraut mir und macht genau, was ich ihr sage.

Die Böen ziehen über das Wasser und wirbeln es richtig auf. Ein paar können wir noch abfangen und dann passiert, was eigentlich von vornherein klar war: Wir kentern.

„Bleib beim Boot. Ist schön warm das Wasser, oder?"

Tina bringt sogar noch ein Lächeln rüber. „Wärmer als draußen."

Natürlich kentert der Hobie auch noch durch. Wie kann es anders sein. Ich helfe Tina auf den umgedrehten Kat, und wir setzen uns auf eine Kufe. Kaum greift der Wind unter das Trampolin, liegen wir schon wieder im Wasser. Jetzt noch die Kenterleine und schwupps kommt er auch schon rum. Leider ist der Wind so heftig, daß wir das Ganze dreimal machen müssen, ehe ich den Hobie wieder unter Kontrolle habe. Ein Motorboot nähert sich uns. Jan hat sich Sorgen gemacht und einen Einheimischen mobilisiert, mit ihm rauszufahren. Als er sieht, daß alles einigermaßen in Ordnung ist, fährt er wieder weg. Tina scheint die Aufregung auf jeden Fall zu genießen und bleibt während der ganzen Aktion erstaunlich locker. Ich habe selten eine Frau erlebt – außer Toni – die in einer Hexenküche wie dieser so gelassen bleibt.

Zurück an Bord erfahren wir, daß es auch hier hoch her gegangen ist. Der Sturm hatte BLUESHIP so stark gegen die Hafenmole gedrückt, daß die Fender das schwere Schiff nicht mehr ausreichend abfedern konnten, zumal die Mole etwas tiefer im Wasser auch noch einen Vorsprung hatte. Jan ist jedenfalls richtig beeindruckt, als er mir erzählt, wie Richi die Insulaner dazu bewegt hat, das Boot so lang von der gefährlichen Kaimauer abzuhalten, bis der Seitenanker ausgebracht war. Aber eine gewisse Erfahrung kann man uns inzwischen eben nicht mehr absprechen. Die beiden haben auf jeden Fall bei ihrem kurzen Besuch auf BLUESHIP etwas erlebt, und sie erzählen die Anekdote gerne und blumiger, als ich es hier schreiben kann.

Wir segeln zurück nach Tahiti, wo uns Werner leider verlassen muß, und lernen Maliana, Mary und Christine kennen. Maliana stammt aus Wallis und Futuna, dem kleinsten Flecken Erde der Grande Nation. Sie ist die erste Pilotin Polynesiens gewesen und nur zu Besuch auf Tahiti. Sie hat eine Boutique auf Wallis, ein Haus auf Tahiti und lebt an der „Gold Coast" in Australien. Es scheint ihr also nicht schlecht zu gehen. Mary ist die bildhübsche Tahitianerin, Tochter eines Chinesen und einer Einheimischen. Sie lebt hier und hat ebenfalls eine Boutique. Die Mode in ihrem Geschäft paßt zwar nicht zu ihr, dafür aber zur Mehrheit der tahitianischen Frauen. „Large and Beautiful" steht über dem Eingang. Die dritte im Bunde ist eine Freundin von Mary und zu Besuch bei ihr. Alle drei haben einen ausgeprägten Sinn für das savoir-vivre und das Leben wie Gott in Frankreich. Es folgen einzigartige Tage, bei denen wir meist in Marys Haus eingeladen sind, wo man von ihrem ebenerdigen Pool einen wunderschönen Blick auf die Insel Moorea hat. Es ist das Leben im Paradies. Was kann jetzt noch schöner werden? Bei unseren Ausflügen über die Insel lernen wir die Werke Gauguins kennen und erfahren, daß er vor seiner Künstlerkarriere zur See gefahren ist und lange Zeit als Börsianer in Paris gearbeitet hat.

„Sag mal Rich, kannst du eigentlich malen?"

„Nee, du?"

„Nö. Aber hier niederlassen könnt' ich mich. Is' halt nur die Frage, was man hier macht und malen wär' ja nicht schlecht."

Wir baden unter Wasserfällen, von denen die Insel übersät ist und sind so begeistert von der Natur Tahitis, daß wir gar nicht begreifen können, daß andere Weltumsegler diese Insel als dreckig und laut abgetan haben. Sicher war damit Papeete gemeint. Aber gerade der Kontrast zwischen der Stadt und der nahezu unberührten Natur dahinter gibt dieser Insel ihren Reiz. Doch natürlich sind solche Erfahrungen immer sehr subjektiv und unsere drei Grazien tun alles, um unser subjektives Bild zu optimieren.

Wir lernen noch Germaine und Valerie kennen, zwei Mädchen, die einem Gemälde Gauguins entsprungen sein könnten. Sie sind begeistert von unserem Schiff und unserer Bordkatze und können es gar nicht fassen, daß wir ihnen unsere Ciggy als Geschenk anbieten. Ein Boot ist nun mal kein Ort für Vierbeiner. Doch die ganze Ratio kann nicht darüber hinwegtäuschen, daß wir alle sehr traurig sind, als uns unser Crewmitglied verläßt. Toni stehen die Tränen in den Augen, ist aber wenigstens beruhigt, Ciggy in gute Hände zu geben.

Leider wollen unsere Gäste noch eine andere Insel kennenlernen und wir werden zum Ablegen genötigt. Kein Problem für René, der inzwischen auffällig oft in der Nähe von Toni gesichtet wird. Und wir? Was wird aus uns? Muck ist gegenüber Christine zu einem regelrechten Turteltäubchen geworden, Rich und Mary sind von vornherein ein füreinander bestimmtes Traumpaar und Maliana und ich lernen uns eigentlich gerade erst kennen.

Richi wird die Entscheidung wortwörtlich aus der Hand genommen. Aufgrund der nicht gerade professionellen Hilfe war ein Fingergelenk der beim Flugunfall zerschmetterten Hand nicht richtig zusammengewachsen. Der in Tahiti konsultierte Arzt empfiehlt ihm deshalb, die Hand nochmals operieren zu lassen, da ansonsten der Finger steif bleiben würde. Richi will anschließend noch ein wenig bei Mary rekonvaleszieren. Honi soit qui mal y pense. Augenzwinkernd verspricht er mir noch, daß er unsere Prinzessinen schon mitbringen wird nach Rangiroa.

Die Haie und die Rangiroaner

Die zweitägige Reise wird nicht zuletzt durch eine ansteckende Augeninfektion und drei böse Thunderstormattacken zu einer speziellen Erfahrung. Wir haben alle zugeschwollene Augen und sehen wie Monster aus. Es ist unsere einzige Infektion der ganzen Reise und noch dazu ungefährlich. Als wir, kaum ist der Anker gefallen, mit dicken Augen das Inselhospital betreten, begrüßt uns ein sonnenbebrillter Arzt. Noch bevor wir ihm unser Leiden schildern können, nimmt er die Brille ab und gibt sich als Verbündeter zu erkennen. Wir bekommen ein paar Tropfen, und zwei Tage später ist wieder alles vorbei.

Richi hat es geschafft und bringt tatsächlich unsere Prinzessinnen zum größten Atoll der Welt mit. Der im Innern des Atolls gelegene See ist größer als der Bodensee und bietet einen weltbekannten Hai-tauchspot.

Die Wassermassen des Atolls sind nur über zwei schmale Durchfahrten mit dem Naß des Pazifiks verbunden, und entsprechend stark sind die Tidenströme. Am Abend der Ankunft unserer tahitianischen Gäste beschließen Richi und René, einen Tauchgang zu machen, während ich noch einen schönen Sunset-Sail mit Maliana auf dem Hobie unternehme. Zunächst können wir noch gut mithalten mit dem vollbesetzten Dingi, in dem neben den beiden noch Toni, Mary und Christine Platz genommen haben, doch dann läßt der Wind abrupt nach. Kurze Zeit später ist es völlig windstill. Maliana und ich genießen gerade den wunderschönen Sonnenuntergang, als ich merke, wie uns der Sog der ablaufenden Tide in den Kanal zieht. Obwohl ich mich sehr bemühe, meine Aufregung nicht zu zeigen, merkt Maliana sofort, was los ist.

„Something wrong, Hubi?"

„Yes, Maliana. There is something wrong."

Ich stehe auf, um zu sehen, wo wir anlanden können. Überall scharfe Korallen. Nicht nur, daß ich barfuß bin, wir werden auch mit über sechs Knoten aus dem Atoll befördert. Ohne Funkgerät, ohne alles in den weiten Pazifik hinaus zu treiben ist, gelinde gesagt, regelrecht unschön.

Wie schon damals auf der Île de Royale, als aus einem harmlosen Schwimmengehen ein ums Überlebenstrampeln wurde, so auch diesmal. Eine ganz normale Situation wandelt sich plötzlich in eine sehr bedrohliche Geschichte. Ich kann nicht anders als mit einem Affenzahn auf die Korallen draufrauschen. Der Ausweg: den Hobie leichter machen, indem ich sofort auf die Korallen springe, die Kenterleine in der Hand, um nicht den Kontakt zum Boot zu verlieren. Ich schreie laut auf, als ich auf den Korallen lande. Die Schnitte, die ich mir zuziehe, fallen dank der inzwischen passablen Hornhaut an den Füßen nicht ganz so tief aus. Die Brandung hebt den Hobie an, und ich ziehe den kleinen Kat ein Stück weiter zwischen zwei Felsen, so daß er mir nicht mehr entrinnen kann. Ein Stück weiter hinten sind zwei Jungen, die offensichtlich angeln. Sie haben alles mitbekommen. Als ich ihnen Zeichen gebe, nähert sich schon ihr kleines Motorboot. Ich schmeiße ihnen die lange Leine zu, schiebe mit schmerzverzerrtem Gesicht den Hobie wieder runter vom scharfen Riff und steige zu Maliana aufs Trampolin. Während Maliana hinter unserem Retter hersteuert, hole ich die Segel runter.

Was mag wohl mit den anderen passiert sein? Es ist inzwischen schon dunkel, und unser Dingi dürfte heillos überfordert sein, so überladen gegen diese Strömung anzukämpfen. Kaum sind wir an BLUESHIP angelangt, rufe ich über Funk die Gendarmerie. Währenddessen erfahre ich von unserem Retter, daß wir seine Aktion der französischen Yacht zu verdanken haben, die uns auf unserem Weg zurück zu BLUESHIP entgegenkam. Der Skipper hatte unseren Ausflug beobachtet, offensichtlich einen Schritt weiter gedacht als wir und unseren Retter losgeschickt. Aber was wird aus Rich und seinen Ausflüglern? Unser Retter Paul hat leider keinen Sprit mehr, und wir haben auch keine Reserven an Bord. Die Gendarmerie antwortet nicht.

Nach zehn Minuten, in denen ich mir alles Mögliche und Unmögliche vorstelle, nähert sich uns ein Schleppverband. Es sind zwei

169

junge Männer im vorderen Boot. Ich atme auf. Dahinter ist Rich mit seiner Crew. Sie kommen an Bord, und ich reiche ihnen erst mal einen guten Schluck Rum. Die Mannschaft um Richi ist eigenartig ruhig. Was ist passiert? Rich und ich gehen nach vorne, während die anderen zunächst ein wenig gelähmt dasitzen.

„Alten, du kannst dir nicht vorstellen, was da los war."

„Erzähl!"

„Also, wir sind am Ausgang der Passage rein ins Wasser, René und ich, und Toni sollte unseren Luftblasen folgen. Dann muß sich schon nach kurzer Zeit ein Drama an Bord abgespielt haben, weil Christine zurückwollte und Angst bekam. Toni hat sich aber nicht beirren lassen und ist stur weiter den Bubbles hinterhergesteuert. Beim Tauchen haben wir ein paar Riesenfische gesehen. Traumgebiet hier in der Ecke. Aber es wurde dann sehr schnell dunkel."

„Weiter, Alten."

„Ja, und als wir wieder hochkamen, war Toni auch gleich neben uns mit der keifenden Christine an Bord. Mary hat sich sehr cool verhalten. Und dann kam der Hammer. Der Motor ging aus. Zum Glück waren wir am Riff entlang getaucht und nicht allzu weit entfernt vom Ufer. Aber die Strömung war einfach unglaublich. Zunächst haben wir mit den Paddeln und Taucherflossen versucht zum Land zu paddeln. Aber keine Chance. Wir haben uns gerade mal auf der Stelle halten können. Dann sind René und ich wieder ins Wasser und an der langen Leine in Richtung Land geschwommen. Mit den Flossen ging das ganz gut. Wir haben uns mit der Unterstützung von denen im Boot die paar Meter, die der lange Leine zum Land fehlten, mühsam Millimeter für Millimeter erkämpft."

„Und wie haben euch die Jungs gefunden?"

„Die wohnen in einem Haus kurz vor dem Ausgang des Kanals. Da haben wir dann nett angeklopft und die haben uns sofort geholfen."

„Tja. Man muß halt wirklich immer aufpassen."

„Allerdings. Komm, wir gehen wieder nach hinten."

Der Rest ist inzwischen wieder lebhafter geworden und alle reden durcheinander. Die beiden Jungs und Paul bekommen noch eine Flasche Rum als Dankeschön. Ihnen ist die Freude über den Drink ins Gesicht geschrieben. Sie grinsen uns breit an, bevor sie mit Paul im Schlepp abziehen.

In dieser Nacht ist große Party an Bord. Und wer gesellt sich dazu? Na wer wohl? Natürlich der Gendarme. Jetzt isser da. Unsere Anlage sei dem Hotel in der Nähe zu laut. Wir machen die Außenanlage, die es wirklich in sich hat, eine Idee leiser und feiern bis tief in die Nacht.

Am nächsten Tag müssen uns René und mein Bruder verlassen. Sie fliegen zurück nach Tahiti und von dort nach Hause. Der Abschied fällt ihnen schwer. Besonders René ist enttäuscht, wollte er doch in jedem Fall die shark-alley betauchen, und nun ist keine Zeit mehr. „Macht nichts René. Wir nehmen alles auf. Kannst ja dann den Film schauen."

René lacht gequält über den schlechten Witz. „Aber filmt auch, wenn einem von euch das Bein abgebissen wird."

Kaum sind sie weg, beginnen wir mit unseren Vorbereitungen für unseren großen shark-dive. Wir schmeißen unseren Kompressor an, um die Flaschen zu füllen. Der kleine Kompressor ist unsere liebste Maschine an Bord. Es ist ein Viertakter und war bisher noch kein einziges Mal kaputt, obwohl er exzessiv von uns genutzt wird. Dieser Minikompressor ist ein kleines Stück Freiheit. Jeder Taucher wird nachempfinden können, welch unglaubliche Unabhängigkeit es bedeutet, wenn man mit dem Kat nicht nur sein „Home sweet Home" dabei hat, sondern auch seine Tauchbasis. Hier kann der Katamaran wieder seine Vorteile gegenüber den Einrumpfern voll ausspielen. Wir können wegen des geringen Tiefgangs nahe ran an die Riffe und haben richtig Platz auf Deck. Last but not least sind die großen Badeplattformen ideal zum Einstieg. Tauchen ist bei uns inzwischen zum Lieblingssport avanciert.

Unterdessen haben wir uns mit Steve, einem Amerikaner, gut angefreundet. Er hatte einen Abend bei uns an Bord verbracht, Ron Silver schätzen gelernt und uns viel von den Tauchgründen Rangiroas erzählt. Praktischerweise besitzt er eine der beiden Tauchschulen der Insel. Pro Person eine Flasche lautet der Kurs gegen einen ultimativen shark-dive. Eigene Ausrüstung ist mitzubringen.

Alles ist vorbereitet. Es ist 9 Uhr morgens. In der Tauchschule, die etwa 10 Meter vor unserem Ankerplatz liegt, herrscht schon rege Betriebsamkeit. Steve holt uns mit einem Fahrer in seinem Riesen-

Zodiak ab. Normalerweise kostet so ein Tauchtrip 60 US$. Wieder ein Augenblick, in dem wir stolz sind auf die Idee mit unserer flüssigen Pazifikwährung. Wir fahren zum äußeren Ende des Kanals und noch zirka 100 Meter weiter in das tiefe Blau des Pazifiks. Wir haben einen „current-dive", zu deutsch Strömungstauchgang, geplant. Wir werden uns mit dem Flutstrom in das Atoll tragen lassen und dort wieder von dem Schlauchboot aufgenommen werden. Hinein geht's in die erlebnisreiche Tiefe der Unterwasserwelt.

Wir gehen straight runter auf zirka 33 Meter. Schon beim Runtergleiten sehe ich die ersten Grauen Riffhaie. Sie sind groß. Sehr groß. Der Graue Riffhai ist vom Aussehen her genau derjenige, den selbst der vollkommene Laie sofort als Hai erkennen würde. Die kalten Augen, das große flache Maul und die obligatorische Rückenflosse. In unserem großen Haibuch ist dieser Fisch als weitgehend ungefährlich beschrieben. Sie sind halt nur neugierige Typen, die eng an einen rankommen und nur angreifen, wenn sie sich bedroht fühlen, jemand in ihr persönliches Territorium eindringt oder wenn sie einfach nur die blinde Freßgier bekommen. Liest sich ja gut. In diesen Fällen allerdings schnappen sie nach allem, was sich bewegt. Aber da wird man ja vorher gewarnt. Denn zunächst kommt immer das aufgeregte Schwimmen der Biester. Es sind jetzt verdammt viele geworden. Wir tauchen eng am Riff entlang. Die Haie haben sich versammelt, es sind inzwischen dreißig an der Zahl. Durch das Riff im Rücken haben wir die Jungs wenigstens vor uns. Wir finden eine Höhle in der Riffwand, ziehen uns zurück und beobachten diese außergewöhnlich eleganten und schnellen Schwimmer. Beeindruckend ihre bedrohlichen Augen, die kalt und sehr wach sind. Man fühlt die Energie, die in ihren Körpern steckt. Dieses geladen und von einer Minute auf die andere bereit sein, um wie von der Sehne geschnellt nach vorne zu zischen und zuzuschnappen. Um dann mit Unterstützung der starken Schwanzflosse das hilflose Opfer wild umherzuwirbeln und ein Stück aus ihm herauszureißen. Hoffentlich verletzen wir nicht aus Versehen eine Grenze ihrer Territorien. Aber Steve wird schon wissen, wohin er uns führt. Später erfahren wir, daß er sich von seinen Kunden eine Absolution unterschreiben läßt, die ihn von den Folgen etwaiger Mißgeschicke befreit. „Es passiert immer mal wieder, daß einer von 'nem Hai gebissen wird". Da wir in den warmen Lagunengewässern grundsätzlich ohne Anzug tauchen, müssen wir besonders aufpassen, uns nicht an den scharfkantigen Korallen zu schneiden. Schon ein kleiner Riß mit einem Tropfen Blut verändert das Verhalten der Haie schlagartig. Sie werden dann sehr unruhig, das kennen wir schon vom Harpunieren.

Wir tauchen weiter am Riff entlang, und die Haie bleiben bis auf wenige, die uns noch begleiten wollen, zurück. Unter uns taucht plötzlich ein Riesenmanta auf. Die Kamera im Anschlag, gehen wir runter auf 40 Meter. Wir nähern uns ihm ganz langsam. Jede hektische oder zu schnelle Bewegung veranlaßt diese Riesengleiter zur augenblicklichen Flucht. Von der Seite nähert sich Steve eine Spur zu schnell und zack! ist er weg. Aber unsere Aufnahmen müßten okay sein.

Wir gehen ein wenig höher und spüren schon, wie wir von der Strömung erfaßt werden. Immer schneller fliegen wir ohne jede Bewegung an den Fischen vorbei. Es ist einfach traumhaft. Die Fische schwimmen mit aller Kraft gegen die Strömung und scheinen im Wasser zu stehen. Zwischendurch halte ich mich im Flug an einem Fels fest, um in eine Höhle zu gucken. Sie ist voller Red Snapper, einem sehr leckeren Grillfisch. Jetzt müßte man eigentlich nur ein Netz dabei haben, und anschließend könnte man ein Fest für die ganze Insel veranstalten. Als ich mich zur Seite drehe, reißt mir die Strömung fast die Brille vom Kopf. Der Strom steht immer stärker in den Kanal. Loslassen und wieder Abflug. So muß Schwerelosigkeit sein. Ich dreh mich um und fliege, die Arme verschränkt, kopfüber an allem vorbei. Richi fliegt neben mir, um seine eigene Achse rotierend. Wir zischen an einem riesigen Napoleon-Fisch vorbei, der uns verwundert anschaut, seine großen Knutschlippen öffnet und wieder schließt. Es wird flacher, und die Strömung läßt nach. Wir kommen hoch, ein gutes Stück entfernt von dem Kanal, durch den wir gerade durchgerauscht sind. Das Schlauchboot ist sofort da und nimmt uns an Bord. Wir sind alle völlig begeistert. In den nächsten Tagen machen wir den dive noch viermal mit Steve. Jedesmal kribbelt es beim Anblick der sharks.

Beim Harpunieren sind wir in diesem Atoll besonders vorsichtig. Es ist ein großer Unterschied zum Tauchen, weil man immer wieder hoch muß, um Luft zu holen. Wir haben uns immer unsicher gefühlt, so an der Wasseroberfläche schnorchelnd und die Haie unter uns. Aber wir haben unsere Vorsichtsmaßnahmen. Man muß es ja nicht darauf anlegen. So nehmen wir, kaum ist ein Fisch getroffen, diesen sofort mit hoch und aus dem Wasser, rein ins Dingi. Das Wichtigste ist, das zappelnde Biest sofort aus dem Wasser zu bekommen. Das Zappeln scheint auf Haie die gleiche Wirkung zu haben, wie das Glöckchen, das mein Vater immer Heiligabend vor der Bescherung hat erklingen lassen. Wie wir damals als kleine Kinder kaum mehr zu bändigen waren, so erscheinen uns die Haie, die sich nähern. Sie sind nicht mehr zu kontrollieren. Aber deswegen verhungern?

Wir lassen uns nicht vertreiben und müssen auch nur einmal wirklich hektisch in unser Schlauchboot fliehen, als ein großer Lemon-Shark uns kurz nach einem besonders satten Fang plötzlich umkreist. Die Kreise werden schnell enger. Mit Lemon-Sharks ist nicht zu spaßen. Die machen schon mal einen Testbiß. Wirklich nur um zu fühlen, was sich hinter dem Gebilde vor ihnen so verbirgt. Unserem Begleiter merkt man seine Nervosität an. Er scheint noch die Spur des erlegten Fischs zu wittern und steuert auf uns zu, um einen Scheinangriff zu starten, dabei windet er seinen Körper lehrbuchmäßig, wie unter dem Kapitel „Aufgeregtes Schwimmen". Wir sind schnell im Dingi. Besonders fix bewältigen wir die Phase, in der man mit dem Kopf schon aus dem Wasser ist und das imaginäre Bild vor Augen hat, daß der Hai jetzt gerade heranzischt, um sich den Fuß zu holen. „Wow. Das war knapp. Der war ganz schön aufgeregt."

Unser mühsam aufgebautes Vertrauen zu den zierlichen Tierchen ist ziemlich angekratzt. Wir hatten die durch falsche Bilder und Horrorinformationen aufgebaute panische Angst, die einem beim ersten Anblick eines Hais überkommt, so schnell überwunden. Wir hatten alle Argumente parat, die auch einem Zweifler klar machen mußten, daß außer ein paar gefährlichen Exemplaren Haie Taucher nicht angreifen. Und all das ist in den letzten Sekunden noch viel schneller wieder weg. Diese unangenehme Begegnung hat uns gezeigt, daß wirklich jede Situation beim Tauchen mit Haien unterschiedlich ist. Der Hai kann zu verschiedenen Tageszeiten unterschiedlich reagieren. Nachlässigkeit oder sich sicher fühlen ist beim Haitauchen fehl am Platz. Aber ich muß zugeben, daß mich die Anspannung immer packt, sobald auch nur ein Hai in mein Blickfeld kommt, also von Nachlässigkeit keine Spur. Richi scheint es da nicht anders zu gehen. Auch sein Puls geht in solchen Fällen unweigerlich schneller, wie er mir erzählt.

An diesem Abend ist mal wieder große Abschiedsfeier auf BLUESHIP. Unsere Prinzessinnen wollen uns morgen verlassen, und wir machen mit unserem fetten Grouper, den uns dieser Agressivo von Lemon-Shark wegschnappen wollte, einen schönen Barbecue. Die frischen Sachen haben wir wie immer mit ein paar Eingeborenen getauscht. Dieses Mal haben wir Kartoffeln, alle Zutaten zu einem schönen Salat und zwei große Baguettes erhandelt. Normalerweise hätten wir für unseren kleinen Einkauf um die 22 Dollar ausgeben müssen. Wir tanzen nach dem Essen, machen bei herrlichem Wind und strahlendem Mondschein noch ein paar nächtliche Starkwindflüge mit unserem Hobie und gehen im frühen Morgen alle selig schlafen.

Am nächsten Morgen sind sie weg. Es wird jetzt erst mal für lange Zeit kein Besuch mehr kommen. Wir wollen noch ein paar Tage in diesem aufregenden Tauchgebiet bleiben und die Weißspitzen-Hochseehaie und insbesondere die Hammerhaie sehen, die sich öfter mal in der Gegend blicken lassen. Es gibt auch ein paar Insulaner, die uns schon länger belagern, um irgend etwas im Tausch gegen Rum zu erledigen. Einen davon haben wir Häuptling getauft. Ihm haben wir die Verproviantierung aufgetragen. Die Insulaner sehen zwar aus wie Menschenfresser mit ihren glatzköpfigen Schädeln und ihren Ganzkörpertatoos, haben aber eine gutmütige Art. Am Abend erscheint wie immer unser Häuptling und hat alles mitgebracht. Wir bezahlen mit vier Flaschen Rum. Der Häuptling und sein Kompagnon ziehen beide freudestrahlend wieder ab. Ein paar Stunden später sitzen Toni, Richi und ich noch draußen zusammen. Es ist kurz vor dem Schlafengehen, als sich uns ein Schiff nähert. Wir erwarten eigentlich keine Gäste, wer soll uns auch jetzt noch besuchen? Schon beim Anlanden des Boots ist offensichtlich, daß dies eine ungebetene Stippvisite ist. Es sind Eingeborene. Unser Häuptling ist nicht dabei. Aber einen der fünf im Boot habe ich vorher schon mal gesehen. Sie sind alle sturzbetrunken. Hatte da etwa Ron Silver seine Finger im Spiel? Schon einmal haben wir mitbekommen, daß die Einheimischen bei unserem Rum keine Grenze zu kennen scheinen, und vor ein paar Stunden hatten wir schließlich vier Liter davon rausgegeben.

Sie wissen genau, was sie wollen, und nach langen Diskussionen steht ihnen nicht der Sinn. Sie sehen sehr bedrohlich aus und sind ungeheuer aggressiv. Einer von ihnen, der besonders gefährlich aussieht, hat schon seinen Fuß auf unserer Badeplattform, während er unentwegt schreit: „Ron. Ron. Toni." Die anderen schreien ohne eigenes Hirn immer das gleiche. Als er kurzfristig auf einen von uns reagiert, wiederholt er noch mal: „Je veux Toni!" Wir hatten uns also nicht verhört. Die wollen Toni mitnehmen und nicht nur Rum. Zum Glück ist sie beim Anblick der betrunkenen Männer vorsorglich nach unten verschwunden. Wir erzählen ihnen, daß Toni schon schläft und wir jetzt auch schlafen gehen werden. Ihnen das ins Hirn zu bringen, ist gar nicht so einfach. Sie schreien ständig durcheinander, sind in Rage und wollen uns nicht verstehen. Der Anführer macht immer wieder Anstalten, über den Relingsdraht zu steigen. Überträgt man diese Szenerie ins normale Leben, dann ist das so, als hätte ein Unbekannter schon den Fuß in die Tür gestellt und wartet jetzt nur noch auf den richtigen Augenblick, die Tür weit aufzudrücken und mit seinen Kumpanen das Haus zu stürmen. Die Situation ist also sehr kritisch. Sehen unsere Angreifer diese Grenze auch so wie wir? Hausfriedensbruch, gibt es so was in ihren Köpfen? Und dann in dem Zustand? Während Richi den Anführer mit Reden in Schach hält, stürze ich nach drinnen, um mich zu bewaffnen. Toni hat Ruby, unsere Schnellfeuerwaffe, bereits rausgeholt. Daneben liegt die Sechs-Schuß Niko-Signal. Das Signalgerät ähnelt einem Trommelrevolver und hat Leuchtspurmunition rot intus. Es ist unsere Notausrüstung. Ich entscheide mich für die Niko-Signal. Das Ding ist nicht ganz so provokativ wie unsere Pistole mit dem zwanzig-Schuß-Magazin. Außerdem, was mache ich, wenn er mich auslacht und gar nicht reagiert – etwa schießen? Also besser das Signalgerät.

Wieder an der frischen Luft, unterstütze ich mit der Waffe in der Hand Richi, der diesem zu allem entschlossenen Primitiven erklärt, daß ein Schritt weiter Krieg bedeutet.

Demonstrativ begeben wir uns wieder nach innen und löschen alle Lichter. Doch kaum ist es dunkel, stehen wir an den Scheiben und

176

26

27

28

29

26 Ein Twister am Horizont, den wir in respekt-
vollem Abstand passieren.

27 Dennoch überraschen uns immer wieder
heftige Böen und zerfetzen unsere schon
arg strapazierten Segel.

28 Gar nicht so einfach: Richi bei dem Versuch,
ohne Steighilfen eine Kokospalme zu erklimmen.

29 Zwei Kulturen prallen aufeinander: Bast-
röcke und Electronic-Arts-Shirts.

30 Einsames Ankern in einer Lagune in der
Südsee, die während der Taifunsaison vor
anderen Seglern gemieden wird.

31 Geblendet vom Auftritt einer Südseeschön
heit.

32 Auf dem Foto fast kitschig, in der Realität
immer wieder atemberaubend: Die Sonne
untergänge auf See.

30

31

32

33

34

35

33 Einer der unzähligen Wasserfälle
Tahitis erweckt unsere Lebensgeister
nach der Sylvesternacht.

34 Die vielfältige Natur Tahitis: Seichtes
Planschen in einer Grotte im grünen
Herzen der Insel.

35 Von Bord aus mit Brotkrumen und
Netz gefangen: Ein leckeres Barbecue zum Dinner.

36 Unter vollen Segeln nach Afrika mi
dem Regenschirm als Sonnen-
schutz.

36

37 Germaine küßt die älteste Bewoh-
nerin der Insel, eine Schildkröte, die
die Zuneigung zu genießen scheint.

37

38

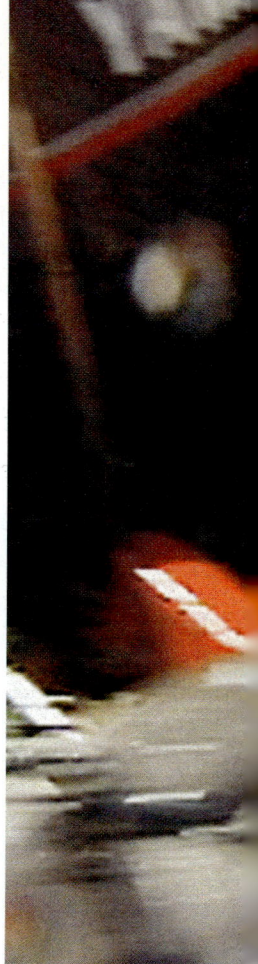

39

40

Zurück in der Jagdlodge mit der Antilope, die Werner im afrikanischen Busch erlegt hat.

Das Tauchen in Gesellschaft von Haien ist immer wieder ein Nervenkitzel.

40 Ein besonders neugieriges Exemplar zieht seine Kreise um Richi.

41 Da bleibt kein Knochen heil: Der Weiße Hai beißt zu.

42 Zurück im Atlantik, mit viel Wind u
dem eiskalten Wasser des
Benguelastroms.

43 Krönender Abschluß: Zwei Jahre
mußten wir uns gedulden, bevor
der Traum jedes Anglers anbiß: Ei
2,50 m langer Blue Marlin, der au
geschmacklich alle anderen Fisch
übertrifft.

beobachten sie. Der Anführer steht oben vor dem geschlossenen Relingsdraht und schreit immer wieder: „Toni, Toni.“ „Wenn der über den Draht steigt, wird's brenzlig.“ Toni steht unten im Gang. Die Angst ist ihr ins Gesicht geschrieben. „Stay where you are, Toni.“ Das Gegröle hat nachgelassen. „Die beiden sind weg vom Schwimmer, Dude.“ „Laß uns nachschauen.“ Tatsächlich haben sie unser Boot verlassen und sind abgezogen. Nur haben sie dummerweise unser Dingi mitgehen lassen und sind schon zirka zehn Meter entfernt. Die zwei, die in unserem Dingi sitzen, bekommen den Motor nicht an und driften hinter dem anderen Boot hinterher.

„Den Motor kriegen die nie an.“ Wir haben diesen Umstand einer kleinen Schraube zu verdanken, die wir statt des abgebrochenen Ganghebels eingesetzt haben. Sie ist unmöglich für einen nicht Eingeweihten zu finden.

„Bringt das Boot zurück oder ich schieße“, meine Stimme vibriert, während ich schreie. Keine Reaktion. Keine Zeit zu verlieren. Die Treibladung katapultiert die Kugel in den Himmel. Sofort erstrahlt die ganze Bucht in gleißendem Rot. Die Szenerie ist in helles Blutrot getaucht. Wir sehen, wie die Diebe im Rampenlicht erstarren. Sie fühlen sich ertappt. Das Rotlicht ist überall.

„Die Nächste ist für euch.“ Das hat gewirkt. Sie scheinen tatsächlich beeindruckt zu sein und bewegen sich in Richtung BLUESHIP. Unser Dingi wird gezogen. Nur noch drei Meter, dann sind sie bei uns. Einer muß runter die Leine annehmen. Als ich zur Badeplattform runtersteige, passiert ein Mißgeschick, das mich ausreichend mit Hohn und Gelächter versorgt. Der zweite Relingsdraht, der üblicherweise lose runterhängt, ist verschlossen. Daß ich den rüden Gesellen nicht kopfüber entgegenfalle, habe ich wohl irgendeinem Sensor meines Körpers zu verdanken, der mein Bein im letzten Moment noch leicht anhebt, so daß ich nur mit dem dicken Zeh im Draht hängenbleibe. Vielleicht hätte ein klarer Fall sogar besser ausgesehen als das Gehampel, das ich veranstalte. Ich habe mein Gewicht schon nach vorne verlagert, halte mich mit der einen Hand noch an der Relingsstütze fest und hänge im Draht. Während des Fallens versuche ich verzweifelt, meinen Zeh aus dieser mißlichen

Lage zu befreien, zappel dreimal hektisch mit dem Fuß und endlich, kurz vor dem schon unvermeidlich scheinenden Sturz, fange ich meinen schon dem Wasser entgegenstrebenden Körper noch ab und kann mich noch gerade an der Stütze halten. Mußte so etwas nun gerade jetzt passieren? Als ich das Seil entgegen nehme, zitter ich am ganzen Körper. Der Zwischenfall hat mich meine Reputation gekostet. Der Anführer steht drohend vor mir und hält mir mit einem fiesen Lachen den Tampen hin. Er fühlt und weiß, daß ich mich nach der Hampelmann-Nummer nicht für einen fight gerüstet fühle. Über mir steht Richi mit dem Signalgerät in der Hand. Er zielt direkt auf die unliebsamen Besucher. Während ich nach dem Tampen greife, versucht mir dieser Menschenfressertyp eine zu langen. Die Faust geht knapp an meinem Kopf vorbei. Ich halte das Seil fest in der Hand und ziehe mich sofort auf die Treppe und an die Reling zurück.

Unter lauten Drohgebärden verlassen sie uns, nicht ohne uns unmißverständlich klar gemacht zu haben, daß sie später wiederkommen. Kaum ist das Geräusch ihres Außenborders außer Reichweite, beginnen wir mit den Vorbereitungen zum Auslaufen. Wir haben Angst, daß sie noch mal wiederkommen, dann möglicherweise noch betrunkener und mit Verstärkung.

„Aber wir können unmöglich nachts durch einen der beiden Kanäle. Das ist einfach zu gefährlich."

„Ja und? Dann segeln wir eben rein ins Atoll. Die finden uns da eh nicht. Nur bloß weg hier."

Wir verbringen die Nacht irgendwo in der Mitte des riesigen Atolls und entfliehen im frühen Morgengrauen der Enge, segeln durch den Kanal in den Pazifik, in die große Freiheit.

Toni hat einen nachhaltigen Schock. Als einen Tag später ein Boot unseren Kurs kreuzt, ist sie völlig verängstigt, weil sie glaubt, es könnten die Rangiroaner sein. Es dauert noch ein paar Tage, ehe sie wieder gelöst ist und ganz die Alte.

Im großen Teich

Die Kompaßnadel weist nach Norden. Der Südpazifik ist zwar reizvoller von den Inselchen her, als da wären Samoa, Tonga, Fidschi, Vanuatu und wie sie noch so alle heißen. Aber es gibt ein schlagkräftiges Argument gegen die Südroute durch den Pazifik: die Taifunsaison. Die letzten Tage in Rangiroa hatten uns gezeigt, wie launisch derzeit das Wetter im Südpazifik ist. Innerhalb von Sekunden türmen sich unglaubliche Haufenwolken in die Stratosphäre, deren Innerstes in einer Mischung aus Braun und Schwarz den ganzen Himmel im Nu bedecken und dem Tageslicht keine Chance mehr lassen. Wenn solche Brummer übers Wasser ziehen, versucht man am besten, alle Segel in Windeseile zu bergen. Das Wettergebilde im Pazifik ist mächtig. Es ist die Wetterküche unserer Erde.

Wir haben vor, noch eine kleine Insel anzulaufen, die ungefähr eine Woche entfernt liegt, Kiritimati. Die Insel gehört zum Inselstaat Kiribati. Wenn man die Eigenarten der Sprache durchschaut hat, ist es ganz einfach und der Name der Insel klingt sogar vertraut. Das „ti" spricht man wie ein „s". Also heißt unsere nächste Insel „Kirismas". Es gibt zwei Weihnachtsinseln auf dieser Erde. Eine im Pazifik und eine im Indischen Ozean. Beim Anlegen in Kiritimati gibt es mal wieder eine Panne. Der Steuerbordmotor will nicht mehr. Genauer gesagt, das Getriebe kuppelt nicht mehr ein. Es hatte schon bei der Einfahrt in Rangiroa komische Geräusche von sich gegeben, die sich trotz Nachfüllen von Getriebeöl nicht verflüchtigt hatten. Das wäre nicht weiter schlimm gewesen, unser Kat hat ja schließlich zwei Motoren. Das Problem ist nur, daß der andere kurz hinter den Osterinseln wegen eines gerissenen Keilriemens so gekocht hatte, daß er mit Sicherheit 'ne neue Zylinderdichtung braucht. Nun hatten wir also keinen Motor mehr, keine Ersatzteile in erreichbarer Nähe und die Weite des Pazifiks vor uns.

Klasse. Schließlich hatte Magellans Flotte auch keine Motoren und ist durch den Pazifik gesegelt – aber was hilft uns jetzt Magellan. Wir haben keine Chance, gegen den Wind den Ankerplatz am Außenriff anzusteuern. Über Funk erreichen wir eine Tauchschule, die uns das letzte Stück schleppt, nachdem wir stundenlang auf der Kreuz wirklich nah rangekommen sind.

Von seiner Landmasse her ist die Insel das größte Atoll und beherbergt die größte Seeschwalbenkolonie der Welt. Beeindruckendes Gezwitscher und überall Vogelkacke. Für uns ist eines klar: Millionen Schwalben können sich nicht irren. Hier ist endlich die optimale Gelegenheit zum Fliegen.

Heute ist wenig Wind, und wir haben schon einen idealen Startplatz ausfindig gemacht. Nur wie bekommen wir die Maschinen an Land? Wir beschließen, lediglich ein Fluggerät auf die Insel zu transportieren. Der Weg von unserem Ankerplatz am Außenriff zum Strand ist bei der hohen Brandung nicht einfach zu meistern, und der Schirm darf auf keinen Fall im Salzwasser landen. Wir passen das richtige Intervall zwischen zwei hohen Brandungswellen ab und gelangen ohne Probleme an den Strand. So weit, so gut. Doch kaum sind wir angelandet, gesellen sich schon die ersten Kinder zu uns.

Wir erreichen unseren Startplatz und müssen feststellen, daß bereits die ganze Insel Bescheid zu wissen scheint. Sie alle wollen sehen, was hier vor sich geht. Von Minute zu Minute werden es mehr. Auf so einer Insel passiert nicht viel, und ein Mensch mit Luftschraube auf dem Rücken fällt auf.

Die Vorbereitungen dauern lange. Wir checken alles gründlich durch: die Leinen, das Trapez, die Aufhängungen und den Motor. Als wir ihn zum Warmlaufen starten, springen die durch die Warterei schon dreist gewordenen Kinder vor Schreck auseinander. Sie wahren jetzt den nötigen Abstand und fummeln nicht die ganze Zeit an dem ausgebreiteten Schirm rum. Toni hat sich zu ihnen gestellt und macht ihnen mit Zeichensprache klar, daß die Maschine gefährlich ist. Aber die verschreckten Gesichter haben schon verstanden.

Wir sind nervös und knobeln. Darf oder muß der Gewinner als erster starten? Wir sind beide heiß aufs Fliegen. Seit unserem ersten Probeflug in Hannover sehnen wir uns zurück nach diesem einzigartigen Gefühl der Freiheit. Aber deswegen gleich der Höhepunkt einer Flugshow zu sein, bei der ein ganzes Inselvolk zuguckt? Egal. Wer beim Knobeln gewinnt, kann es sich aussuchen.

Richi gewinnt, und es gibt für ihn keine Frage. Dabei ist seine Hand noch nicht einmal optimal verheilt. Sein erster Start seit dem Unfall auf der Osterinsel. Aber er will starten. Weg von diesem Platz, sich in die Lüfte erheben. Die Bedingungen sind optimal, wenn man einmal von den Gaffern absieht. Richi nimmt die fünfundzwanzig Kilo schwere Maschine auf den Rücken. Ich überprüfe nochmals die Leinen und gebe ihm die beiden Bündel in die Hand. Die Gurtschlösser schnappen ein.

„Alles okay?" Richi nickt nur.

„Ich mach ihn an."

Ein kräftiger Zug, und der Zweitakter springt an. Es ist ein zuverlässiges Motörchen, das in seinem normalen Leben Pumpen für Bewässerungsanlagen in Weinbergen antreibt. Ich laufe nach vorne und stehe jetzt etwa zehn Meter vor Richi. Aus dem Boden reiße ich ein paar vertrocknete Büschel und werfe sie in die Luft. Es weht nur ein seichter gleichmäßiger Wind. Ideal. Ich zeige mit meinem ausgestreckten Arm die Windrichtung an, und Richi verändert nochmals minimal seine Startposition, um optimal gegen den Wind zu stehen.

Beide Fäuste nach vorne und Daumen hoch. Startfreigabe. Richi gibt noch einmal Vollgas im Stand und lehnt sich gegen den Vorwärtsdruck des Propellers. Gas zurück. Ein kurzer Blick über beide Schultern. Ein letzter Leinencheck, und schon läuft er.

Die ersten Schritte sind entscheidend. Wer hier zögert, hat gleich verloren. Es gilt, den Schirm so schnell wie möglich nach oben zu bringen und die Phase, in der das gefüllte Segel quer hinter einem steht, möglichst kurz zu halten, damit man nicht vom Wind nach hinten gerissen wird.

Den Oberkörper nach vorne gebeugt stürzt sich Richi ins Gurtzeug. Der Schirm kommt schnell hoch und steht wie eine Eins. Sein Blick geht nach oben. Die Kappe steht.

„Run. Run. Run."

Meine Rufe gehen unter im Lärm der auf Höchsttouren rotierenden Luftschraube. Eins, zwei, drei, vier Schritte und airborn. Perfekter Start. Er steigt schnell und hinterläßt eine mit offenen Mündern erstarrte Zuschauerschar. Damit hatten sie nicht gerechnet, daß sich dieser Mensch mit dem bunten Stück Tuch am Rücken und dieser lärmenden Maschine vor ihnen in die Lüfte erhebt. Richi entschwindet unseren Blicken. Die Insulaner um uns herum reden wild durcheinander.

Eine Viertelstunde lang fliegt Richi das Atoll ab und landet dann ganz sanft mit nur zwei Schritten Auslauf. Der Schirm fällt hinter ihm zusammen. Maschine aus. Ihm steht die Faszination und Freude ins Gesicht geschrieben.

„Dude, einfach geil. Alles optimal. Super perfekt. Grandioser Flug. Dude, ich hab's geschafft."

Es muß für ihn eine Wahnsinnsüberwindung gewesen sein, nach dem Horror auf der Osterinsel. Und jetzt bin ich dran. Ich wähle wieder Richis Schirm. Es ist einfach der modernere und bessere. Auch wenn er vielleicht ein bißchen groß für mich ist.

Die Vorbereitungen sind schnell erledigt. Der Motor ist ja noch warm. Trapez anziehen, Schirm auslegen, Leinencheck, und schon steht Richi vor mir. Der Motor tuckert im Leerlauf auf meinem Rücken. Nach Richis Paradestart darf jetzt nichts schiefgehen. Ich bin wahnsinnig angespannt.

Start frei. Ich stürze mich nach vorne. Der Schirm steigt nach oben und geht zur Seite weg. Ich versuche mit der Bremse auszugleichen, aber der Schirm ist schon zu weit auf der anderen Seite und fällt wieder zu Boden. Das mußte ja passieren. Richi kommt zu mir und beruhigt mich.

„Kann passieren, Alten. Alles völlig normal. Hast ihn gut hoch bekommen. Du standst nur wahrscheinlich nicht in der Mitte."

Muß das nun wieder sein? Schnell liegt der Schirm wieder parat. Toni hat mir geholfen, und ich brauche noch nicht einmal die Gurte aus den Gurtschlössern zu nehmen. Jetzt nur nicht lang überlegen. Start frei und los. Diesmal steht die Kappe einwandfrei über mir. Ich laufe, gebe mit der rechten Hand Vollgas, und schon hebe ich ab. Ich spüre nicht mehr den schweren Motor, der jetzt vom Schirm getragen wird. Ich steige schnell. Der Schirm ist einfach super.

Ich nehme ein bißchen das Gas zurück und setze mich im Trapez zurecht. Alle Anspannung ist verflogen. Ich kann schon die ganze Insel überblicken und genieße das Gefühl, wie die Begeisterung in mir hochsprudelt. Traumhaft sieht die Lagune von hier oben aus. Schöner als jedes noch so verführerische Foto in Reiseprospekten. Über der Lagune gehe ich runter und fliege in etwa zwanzig Metern Höhe übers Wasser. Ich kann einige Fische erkennen und singe vor mich hin. Und wieder ein bißchen mehr Gas und im Steigflug eine leichte Linkskurve. Unbeschreiblich, diese Freiheit. Es ist einfach tausendmal schöner als nur mit dem Paraglider. Die Möglichkeit zu fliegen, wohin man will und dabei die Höhe zu wählen, ist eine Dimension mehr. Eben noch in geringer Höhe übers Wasser und jetzt schon wieder wie ein Adler hoch in den Lüften kreisend alles überblicken.

Ich fliege noch zwei Runden über das Atoll und lande wieder sanft auf unserem Startplatz. Völlig aus dem Häuschen erzähle ich Richi den ganzen Flug, als hätte er es nicht auch gerade erst erlebt. Die Kinder trauen sich jetzt wieder an uns ran und einige betatschen uns, als wollten sie fühlen, ob wir etwas anderes sind als normale Menschen.

Wir können sie gut verstehen, denn auch für uns sind die Flugmaschinen immer wieder etwas ganz Besonderes. Wie lange schon ist es der Urtraum der Menschen, sich einfach in die Lüfte zu erheben. Leonardo da Vinci, Lilienthal und die Gebrüder Wright. Sie würden wahrscheinlich genauso ungläubig gucken wie die Insulaner, dieses bunte Stück Stoff abtasten und ehrfürchtig vor der Maschine stehen.

Nach dem Fliegen gönnen wir uns erst mal ein eiskaltes Bier in der Dorfkneipe. Es dauert lange, bis sich die Dorfbewohner entfernen und wieder ihren Tätigkeiten nachgehen.

Ansonsten ist die Insel, wie üblich, eine Kommune. So richtig schön kommunistisch. Wir müssen noch bunkern. Besonders frische Sachen natürlich, aber auch die Dosen neigen sich dem Ende entgegen. Eine Versorgungsituation, die uns an den Abschluß Patagoniens erinnert, aber nicht an den entscheidenden Teil der Pazifikdurchquerung. Außerdem hatten wir damals wenigstens noch Geld und nicht wie jetzt nur Rum.

Ich packe mir zwei Flaschen unserer Flüssigwährung ein und mache mich auf den Weg zum Eintauschen. Den richtigen Laden auszuwählen ist relativ einfach. Es gibt nur einen privaten Markt, die anderen gehören zur Kommune. Und ich liege richtig. Nachdem ich mein Anliegen vorgetragen habe, werde ich an den Chef verwiesen. Der hört sich alles in Ruhe an, erzählt, daß er in England zur Schule gegangen sei und daß er selbstverständlich eine solche Unternehmung unterstützen müsse. – Während eines Tauschgesprächs macht es sich immer ganz gut, schon mal einen anzubieten. Auch diesmal verfehlt die inzwischen schon halb leere Flasche nicht ihre Wirkung. Er verabschiedet mich richtiggehend herzlich, wie einen guten alten Freund. Die zwei Flaschen hat er mir zu vierzig Austral-Dollar, der offiziellen Währung in Kiribati, abgekauft, und ich habe ihm großzügig die Testflasche geschenkt. Insgesamt will er acht Flaschen. Überglücklich verlasse ich den Laden. 20 A$ pro Flasche ist richtig gut.

Auf der Straße treffe ich Richi, der in der Zwischenzeit unseren Papierkram geklärt hat. Sofort gehen wir zum Schiff, um die fehlenden sechs Flaschen zu holen. Der Ladeninhaber soll möglichst wenig Zeit haben. So ein Eisen will schließlich geschmiedet sein, wenn es heiß ist. Doch als wir beide nur etwa zwanzig Minuten später in sein Büro eintreten, ist aus dem wirklich netten Kerl ein schielender, volltrunkener, sabbernder Mann geworden, der uns kaum mehr folgen kann. Wir versuchen, sachte auf ihn einzuwirken, aber das kennen wir ja nun schon. Unser Rum ist für die Insulaner das gleiche wie damals das Feuerwasser für die Indianer. Sie können nicht damit umgehen. Der Höhepunkt ist, daß er uns seine Frau und deren Freundin allen Ernstes zum Spaßhaben anbietet. Die Ärmsten müssen sich von ihm ins Büro rufen lassen und sich unter seinem lauten Gelächter vorstellen. Trotz ihrer unglaublichen Leibesfülle machen beide einen richtig galanten Knicks. Ihnen und uns ist die Sache unglaublich peinlich, da wir ja auch nicht unhöflich sein wollen. Wir sind froh, als wir endlich die Ladentür wieder von außen schließen.

„Macht nichts. Wir verkaufen ihm die Pullen morgen."

„Klar Alten. Und dann kaufen wir mal wieder richtig ein."

Am Abend legt der Wind zu, und wir lassen zur Vorsicht auch den Rest Kette noch raus. Der Schwell hier am Außenriff ist eine nicht zu unterschätzende Gefahr. Er ist so stark, daß BLUESHIP, die nun wirklich vom Riff weit entfernt ist, bei jeder Welle mitgeht. In der Nacht passiert es dann. Dieses verräterische laute Schurfen, als würde man einen richtig schweren Anker mit einem Schlepper über Asphalt ziehen. Als ich hochkomme, sind Richi und Toni schon draußen. Hilflos müssen wir zuschauen, wie unser Anker, dem Sturm nicht mehr standhaltend, den Meeresgrund durchpflügend immer weiter nachgibt. Wir funken, aber auf der Insel scheint keiner nachts Funkwache zu schieben. Noch ein letztes Rucken der Ankerkette und unser Kat treibt von der Insel weg. Der Anker hängt in der Tiefe, ohne Chance noch einmal Halt zu gewinnen. Wir driften in den Pazifik. Weg von unserem Rum-Superdeal, weg von unserer letzten Bunkermöglichkeit. Als wir den ersten Funkkontakt zur Insel bekommen, sind wir schon über zehn Meilen entfernt.

„Wieviel Wasser haben wir eigentlich noch?"

„Müßte dicke reichen, wenn wir ein bißchen sparsam sind. Außerdem haben wir ja noch die Handentsalzer. Nur das Essen ist vielleicht ein wenig knapp. Brot können wir zwar genug backen, aber außer ein paar Gemüsedosen und Kartoffelpüree ist mal wieder nichts da."

„Zum Glück haben wir wenigstens gestern die neuen Angelleinen und Haken gekauft."

„Sag mal, was ist eigentlich unser nächstes Ziel?"

„Japan."

„Ach, Japan. Das sind ja nur 6000 Seemeilen."

„Wir können's ja wenigstens mal versuchen."

„Warum nicht. Is' ja nur 'ne schlappe doppelte Atlantiküberquerung."

Wasser und Brot reicht eigentlich. Wenn man so richtig darüber nachdenkt, ist eigentlich nur Wasser und Angelzeug von Nöten. Im Vergleich zur Vorbereitung der Atlantiküberquerung mutet unsere Ausstattung für den großen Törn geradezu grotesk an. Wir haben zwar genug Wasser, aber weder die Tanks noch die Kanister sind voll. Lediglich 300 l haben wir, und das muß reichen. Und noch etwas hat sich seit ein paar Tagen geändert: Wir gehen alle so gegen neun Uhr schlafen. Viele Segler werden uns jetzt wahrscheinlich als Gefahr für unsere Umwelt ansehen oder dies als schlechte Seemannschaft abtun. Aber wem kann ein Boot wie unseres eigentlich gefährlich sein? Mit einem anderen Segelboot auf den Weltmeeren zu kollidieren ist so wahrscheinlich wie ein Lottogewinn. Ein einzigartiger Zufall. Und falls man mit einem Tanker oder einem Frachtschiff zusammenstößt, merken die gar nichts davon und man selber meist auch nicht mehr. Es ist also allein unser Risiko, und wir stufen die Gefahr gering ein. Selbstverständlich haben wir uns vergewissert, daß wir keine Schiffahrtslinie kreuzen. Aber ansonsten gehen wir eben schlafen, wie es sich gehört, und vertrauen darauf, daß schon nichts passieren wird. Änderungen des Windes werden selbst im Tiefschlaf wahrgenommen. Wir nennen es den „Wolle-Effekt", abgeleitet von Wolfgang Hausner, dessen Buch „Taboo" uns so begeistert hatte. Ändert sich irgend etwas draußen, treffen wir uns meistens am Ruder. Einer kommt vielleicht mal ne Minute später aus der Koje. Aber wir sind mit dem Schiff verwachsen, fühlen den Wind und unsere BLUESHIP.

Eine Pazifikdurchquerung ist lang. Wir erwischen zwei Flauten, die uns insgesamt für eine Woche Etmale unter 50 Seemeilen bescheren. An diesen windlosen Tagen brennt uns die Sonne das Hirn weich. Wenn der Wind ausbleibt, ist es entsetzlich heiß, und wir gehen mehrmals täglich im Salzwasser baden, um uns abzukühlen und nicht zu viel Wasser zu verbrauchen.

Die Stunden vor Sonnenuntergang sind immer die schönsten des Tages. Wir sitzen draußen im Cockpit, und Toni hat sich mit einem Buch vorne ins Netz zurückgezogen. Es ist nicht mehr so heiß, und wir lassen beim Angeln so richtig unsere Seelen baumeln. In den Abendstunden ändern wir meistens ein wenig unseren Kurs, um schneller zu sein. Wenn dann der Köder an der Wasseroberfläche seine Blasenspur hinter sich herzieht und ab und zu aus den Wellen hervorspringt, können wir relativ sicher sein, in nächster Zeit einen Fisch an der Angel zu haben. Für die Thunas, die mit zu den schnellsten Fischen des Ozeans gehören, kann der Köder gar nicht flink genug sein.

Es ist eigentlich erstaunlich, daß wir nach so vielen einsamen Stunden auf See immer noch Gesprächsthemen haben. Aber gerade die Einsamkeit mit sich selbst ist ja der Luxus. Es war faszinierend zu erleben, wie schwer ich es zunächst hatte, die Blase der Freizeit zu füllen. Keinerlei Ablenkung, und die Zeit vergeht im Schneckentempo. Heute haben wir wieder mal eines unserer Lieblingsthemen aufgegriffen: Unterschiede und Gemeinsamkeiten des weiblichen und männlichen Geschlechts. Ein schier unerschöpfliches Thema.

Meist ist eine Stelle aus einem Roman der Anlaß, um Meinungen aufeinanderprallen zu lassen. Ich hatte eine Stelle in „Schuld und Sühne" von Dostojewski rausgesucht, in der ein wohlhabender Russe beschreibt, nach welchen Kriterien er seine Frau aussucht. Er wolle eine, die von ganz unten kommt. Sie würde ihm sein ganzes Leben lang ohne Widerwillen dienen und zu ihm aufschauen. Zu ihm, der sie da rausgeholt hat aus dieser menschenunwürdigen Umgebung. Bis zu seinem Tode soll sie ihm ihre Dankbarkeit zeigen. Dostojewski hat diese Stelle so geschickt ausgearbeitet, daß man hin und her gerissen ist zwischen Ekel und amüsiertem Schmunzeln.

Wir reden über die Eitelkeit und die Schwierigkeit, kontroverse Meinungen zu akzeptieren und eigene Fehler einzugestehen. Wie langweilig muß ein solches Leben sein, in dem sich die Partner intellektuell auf zwei völlig unterschiedlichen Ebenen bewegen.

„Aber Alten. Hochintellektuelle Menschen setzen sich den ganzen Tag mit verkopferten Problemen auseinander. Abends will man dann seine Ruhe haben und genießen. Stell dir vor, deine Superfrau kommt dann noch nach dir aus dem Büro und erzählt, weil sie noch nicht abschalten kann, daß sie gerade ein Supermandat ergattert hat und die nächsten drei Monate öfter mal in die Staaten fliegen muß. Leider fällt deswegen auch der gemeinsam geplante Urlaub ins Wasser. Und du mußt dann noch den Verständigen spielen und ‚Toll, daß es geklappt hat‘, sagen und ‚Na, da gratuliere ich dir aber‘. Und am nächsten Tag im Büro erzählt dir dein Kollege, der mit der japanischen Frau, daß er noch nie Rückenprobleme gehabt hat, weil ihn seine Liebste jeden Abend auf der Liege vor dem Fernseher mindestens eine halbe Stunde massiert."

„Ja und? Wenn du dann ein Problem diskutieren willst, sagt die Japanerin immer nur ‚Hai, hai. Hai‘ und trampelt auf dir rum. Das ist dann also die Erfüllung. Die Wahrheit liegt dazwischen. Eine reine Karrierefrau will keine Kinder. Wozu also heiraten? Und eine ‚Nur-Mutter‘ wird irgendwann unglücklich. Spätestens, wenn die Kinder aus dem Haus sind."

Am Ende kamen wir zu der Weisheit, daß die Ausgewogenheit der Schlüssel zu einer glücklichen Partnerschaft ist. „Dosis venenum facit". Die Dosis macht das Gift.

Das ist Luxus. Wir können Stunden darauf verwenden, Probleme zu diskutieren, die dann in so trivialen Weisheiten münden. Und dennoch: Bei jeder dieser Diskussionen setzen wir uns mit uns selbst auseinander und erfahren ein wenig mehr über die eigenen Wünsche und die eigene Person. Zeit im Überfluß, um sich selbst besser kennenzulernen. Wachsen in der Auseinandersetzung mit sich selbst.

Auf diesem Törn haben wir auch Tage, bei denen wir das „Segeln mit dem großen Löffel" erfahren dürfen.

Drei Tage vor meinem Geburtstag werden wir von einem Sturm heimgesucht, der Gott sei Dank aus der richtigen Richtung bläst. In dieser Nacht wachen wir nicht nur mehrmals auf, sondern stehen gebannt mehrere Stunden draußen und gucken fasziniert zu. Wir haben um die 45 Knoten Wind und volle Segelfläche drauf. Mit 15 Knoten zischen wir bei achterlichem Wind dahin.

Mitten in der Nacht wache ich von dem Brodeln und Zischen unter den Rümpfen BLUESHIPs auf. Ich fühle die Geschwindigkeit und weiß, daß wir wahnsinnig schnell sind. Ich habe Angst. Was passiert, wenn jetzt der Autopilot versagt... und wieder wird unser Kat hochgehoben, so daß ich mich auf der Koje festhalten muß, um nicht mit dem Kopf gegen die Wand zu rutschen. Die Wellen sind einfach zu hoch und dann noch der Speed... Welche Kräfte diese kleine Schubstange des Autopiloten jetzt aushalten muß. Einmal verkantet, und unsere geliebte Lady würde querschlagen – und dann könnte tatsächlich das passieren, wovor sie uns alle gewarnt haben. Wir könnten kentern. Umkippen und das war's.

Ich muß raus. Das ist mir zu gefährlich. Das Bild aus den Lehrbüchern vor Augen, wie man bei hoher Welle mit einem Steuerfehler einen Hochseekat zum Kentern bringen kann, stürze ich nach draußen. Am Eingang halte ich mich fest und sehe am Heck von BLUESHIP keinen Himmel mehr. Und schon fühle ich, wie unser Schiff erneut geliftet wird, emporgetragen von einer unglaublichen Welle. Das alles erinnert mich an den Winterurlaub. An das Ski fahren, wenn man in einer langgezogenen Schlucht im Hang steht. Klein kommt man sich da vor. Ein riesiges Tal tut sich auf. Wie ein Berghang in den Dolomiten wirkt die langgezogene Welle, zu deren Topp BLUESHIP hochgesaugt wird. Da ist der Himmel wieder, und dann geht das Zischen los. Es ist nicht nur der Wind, der hinter der

Welle gewartet hat und verstärkt lospfeift, um mit seiner Kraft unserem Kat die Sporen zu geben. Wir surfen. Die Welle nimmt uns mit. Unser Schiff beschleunigt, als würde eine Turbine gestartet. Und dann ist die Welle doch schneller. Unter uns zischt und sprudelt es. Und schon ist die nächste da. Fassungslos stehe ich gegen die Wand gedrückt neben dem Eingang auf der Bank, als sich unser Heck hebt, und prompt ist es wieder da. Der Beschleunigungsschub, das einzigartige Gleitgefühl und dann wieder das Zischeln. Unglaublich faszinierend, wenn sich 16,5 Tonnen benehmen wie ein Hobie.

Ich schaue auf das Ruderrad. Es läßt sich nichts anmerken von den Kräften, die an ihm reißen. Unbeirrt dreht es vor sich hin. Unsere BLUESHIP rast einen Wellenberg nach dem anderen runter und scheint sich pudelwohl zu fühlen. Ich stehe da, höre dem Sturm zu, der wieder sein tosendes Lied singt, sehe die Wellen wie schwarze Berge heranrollen und bin jedesmal wieder überrascht, wenn sich unser Schiff auf die „Glitsche" begibt und dahinzischt. Es ist eine wunderbare Gleichmäßigkeit, mit der die Wellen heranrollen. Heraklit schwirrt mir mit seinem „panta rei" durch den Kopf. Göttlicher Fluß der Elemente.

Nach einer kleinen Ewigkeit gehe ich zurück in meine Koje. Ich kann zwar nicht schlafen, aber ruhen ist ja auch schon was wert.

Zwei Tage später ist mein Geburtstag. Wir haben nicht mal mehr Püree oder Gemüsedosen.

„Ja und? War doch bei meinem Geburtstag in Patagonien auch so."

„Was? Da haben wir doch die super Seehundsteaks gehabt. Und die Jagd. Das war doch wirklich ein besonderer Geburtstag. Kannst du mir mal sagen, was an meinem Geburtstag besonderes sein soll? Tolles Segeln, great. Oder ein besonders leckeres Knoblauchbrot. Vielleicht aber auch eine extra Dröhnung Tee mit Rum, geil."

Zugegebenermaßen war ich nicht gerade erbaut, meinen Geburtstag so ohne jedes Highlight zu erleben. Aber eigentlich hätte ich mich gar nicht aufregen sollen, denn einen Geburtstag ohne Highlights gibt es nun mal nicht. Und bei diesem Geburtstag gibt es sogar derer drei.

Ich sitze gerade bei der Angel und trinke, am frühen Nachmittag wohlgemerkt, ein wenig schwermütig meinen Tee mit Rum. Schwer-

mut ist nicht ganz richtig. Nach dem zweiten Drink ist mir schon
erheblich „leichtmütiger" zumute. Richi sitzt neben mir, und wir diskutieren mal wieder unsere neue Unternehmensidee. Wir genehmigen uns noch einen Drink und gehen im fliegenden Themen-
wechsel vom „Reichrechnen" über eine pompöse Schloßhochzeit, bei
der es an nichts fehlt, zur Planung des Schiffs für unsere nächste
Weltumseglung mit Familie.

„Fisch! Fisch!"

Diesen Ruf hat unsere Lady schon seit ein paar Tagen nicht mehr
gehört. Eine wunderschöne gelb-bläulich schimmernde Dorade holt
Richi an Bord. Den Haken raus und rein ins Wasser. Ein Fisch
kommt selten allein. Während wir noch mit dem „Ruhigstellen"
beschäftigt sind, zuckt über uns schon wieder die Leine.

„Fisch! Fisch!"

Und es ist wieder richtig Druck auf der Leine. Eine zweite Dorade.

„Ist das nicht ein wunderbares Geburtstagsgeschenk? Danke, Neptun, danke", rufe ich völlig begeistert über diesen Fang.

„Hubi. Look there."

Ich folge Tonis Finger und sehe am Horizont einen Regenbogen.
Ab da ist es dann wirklich vorbei mit mir. Ganz klar, daß Neptun
Hubi, den Seefahrer, liebt. Der Regenbogen ist natürlich die klare
Antwort im Dialog auf meine Danksagung für die Fische. Neptun
hat auf seine Art mit mir geredet. Da bin ich mir sicher.

Die Dorade backen wir in Alufolie mit viel Knoblauch, und sie
schmeckt einfach köstlich. Da aller guten Dinge drei sind, warten wir
gespannt auf ein weiteres Highlight. Der Fischfang, der Regenbogen und?

Es ist schon zu fortgeschrittener Stunde, als ich reingehe, um
irgend etwas an der Musik zu ändern. Toni gesellt sich, einen Drink
in der Hand, zu mir und wops! ist die Hälfte des Drinks im Computer. Richi kommt nach innen.

„Guck mal, der Computer raucht ja. Was hat'n der?"

Wir kommen natürlich nicht auf die Idee, direkt den Netzstecker
zu ziehen, um das Schlimmste zu vermeiden. Nein. Wir stehen
dumm daneben und gucken, wie unser Laptop anfängt zu ver-
schmoren. Natürlich tut sich beim Anschalten danach gar nichts
mehr.

Sollte dies etwa das dritte Highlight sein? Nun ja, es markiert wenigstens den Höhepunkt unserer Festivität. Denn soweit ich mich erinnere, passiert danach nicht mehr viel.

Es ist aber auch ein Wendepunkt, der uns zu einem Platz führen sollte, zu dem wir heute noch eine innige Beziehung pflegen.

„So können wir Japan auf jeden Fall nicht ansteuern. Ohne Charts und ohne Motoren bei der Strömung des Japan-Current."

„Ja, und wer soll uns denn auch helfen? Mit unserem Computer hätten wir ja noch über Telex Informationen einholen können. Aber jetzt? Nur über Sprechfunk. Kannst du japanisch?"

Wir diskutieren tatsächlich ziemlich lange, denn eigentlich wollten wir unbedingt nach Japan und dann nach Wladiwostok. Aber es wäre ein Himmelfahrtskommando.

„Tja, und wo sollen wir jetzt hin?"

„Wir machen's wie Magellan. Wir düsen nach Guam."

Es dauert noch eine gute Woche, bis wir die Insel erblicken.

Mr. Vice President Sir

Wie könnte es anders sein, natürlich bläst uns der Wind genau aus der Hafeneinfahrt von Guam ins Gesicht. Über Funk teilt uns die Hafenbehörde mit, daß sie uns für etwa 150 US$ reinschleppen können. Ist ja schon ein nettes Angebot, aber wir können es einfach nicht zahlen. Nach 26 Tagen auf See in einem nicht gerade luxuriösen Umfeld, können wir es nicht fassen, daß direkt vor uns die amerikanische Konsumwelt liegt und wir nicht rankommen. In den letzten Tagen haben wir uns immer wieder vorgestellt, wie das sein wird auf Guam. Hinein in den ersten 7Eleven und vom letzten Geld drei Hamburger und drei Bud-Ice kaufen. Und dann so richtig schwelgen im amerikanischen Konsumtraum. Yeah. Das wäre genau das Richtige für unsere ausgetrockneten Seelen. Nach diesem ganzen paradiesischen Atollkram mit Natur überreichlich und so, steht uns der Sinn eindeutig nach Ketchup, Disco, Burger King, Taco Bells, Pizza Hut, Hardrock-Café und Planet Hollywood. Zum Glück fehlen seit Valdivia wenigstens die Zigaretten auf dem Wunschzettel.

Guam, die Urlaubsdestination der Japaner. Hier können sie, ohne über den ganzen Pazifik nach Honolulu zu fliegen, nach nur drei Stunden Flugzeit ihrem geliebten American livestyle frönen. Guam, das denselben Status wie Hawaii vor 1954 hat, zu USA gehörend ohne ein Staat zu sein, ist die Heimat einer riesigen Air Force- und Navy-base. Kein Zweifel also, daß auf dieser Insel der Bär los ist.

Nach fünf Stunden Warterei vor den Pforten des Paradieses hat sich eine Seglerrettungsgemeinde gebildet. Die Hilfe unter Blauwasserseglern ist eben doch einfach vorbildlich. Aus dem Yachtclub kommen drei Dingis und schleppen unsere BLUESHIP zu einer Muring. Die Zollabfertigung geht schnell, trotz der fehlenden Ausklarierungspapiere aus Kiritimati. Endlich haben wir wieder festen

Boden unter den Füßen. Als erstes rufen wir zu Hause an. Wegen der abgebrochenen Telexverbindung haben sich die Daheimgebliebenen richtig Sorgen gemacht. Große Erleichterung auf der einen Seite und eine Mitteilung, die uns auf der anderen Seite den Landfall so richtig feiern läßt: Mein Bruder Markus, der uns gerade in Rangiroa besucht hatte, hat sich zu Hause sehr für uns eingesetzt. Er hat die Zeitungen angerufen und Artikel lanciert. Hat Sponsoren gesucht und Zentis gefunden. Karl-Heinz Johnen, der Zentis-Manager, mit dem Muck schon im Sandkasten gespielt hatte, sagte nur: „Aber klar lassen wir die Oecher-Jungs nicht im Stich." Dazu kam noch Electronic Arts, die Softwarefirma für Computerspiele. Genau zur richtigen Zeit, wo wir es jetzt so dringend benötigen. Von ein paar anderen Seglern bekommen wir noch etwas Geld geliehen, und ab geht's in die Nacht.

Wir haben uns die Tree Bar im Hilton Hotel empfehlen lassen. Sie liegt in einer Bucht, in der ein Riesenhotel neben dem anderen steht. Alle großen Namen sind vertreten. Unser Landfall nach unserer bisher längsten Etappe auf See ist grandios, und wir trinken wohl ein bißchen einen über den Durst. Aufgewacht bin ich jedenfalls in einem Seiteneingang eines Hotels auf einem Stuhl. Wie ich da hinkam, ist mir völlig unklar. Ein Wachmann weckt mich durch einen ganz seichten Zupfer am Arm und sagt mir, daß ich jetzt nun wirklich gehen müsse. Offensichtlich hat er schon lange daran gearbeitet, mich wieder zurück zu den Lebenden zu holen. Beim ersten Blinzler sehe ich einen terrassenförmigen Bau. Es muß wohl mit meinem vorangegangenen Traum zusammenhängen, daß ich den Terrassenbau eindeutig als Aufbau eines Oceanliners identifiziere. Ich fühle mich „shanghait" und frage verängstigt den Wachmann: „Sind wir schon auf See?"

Das völlig verstörte Gesicht des Wachmanns ist nicht auf die Sprache zurückzuführen. Selbstverständlich habe ich ihn in englisch angesprochen. Aber er kann mit meiner Frage einfach so gar nichts anfangen. Ich grinse auf jeden Fall zufrieden, als er mir antwortet: „No, Sir. We are not on sea", und verlasse meinen Stuhl, der mir so ausgezeichnet als Nachtlager gedient hat.

Für Richi ist die Nacht nicht so glimpflich verlaufen. Irgendwann nachts, wir waren beide aus der Tree Bar rausgeflogen und hatten uns aus den Augen verloren, fühlt er sich zu einem 7Eleven hingezogen. Er hat sich einen Hamburger zubereitet und voller Inbrunst reingebissen, ein Bier aus dem Kühlschrank genommen, aufgemacht und einen guten Schluck getan, und als es dann ans Zahlen geht, festgestellt, daß er nur noch Austral-Dollar hat. Die Amis sind ja wirklich liebe Menschen. Aber eins sollte einem nicht passieren: kein Geld zu haben. Die Freundlichkeit schlägt sofort um. Obwohl Richi der Verkäuferin weit mehr als den zu zahlenden Betrag in Austral-Dollar anbot, rief sie die Polizei. Den american cops fehlte schon immer die Verhältnismäßigkeit. Ob aus Versehen kein Geld in der Tasche oder millionenschwerer Bankräuber nach Raubüberfall: Die cops greifen hart durch.

Am nächsten Nachmittag treffen wir uns etwas „mellow" im Salon. Während wir so dasitzen und unsere Erlebnisse berichten, steht plötzlich ein Typ neben uns und zeigt so cool seine Marke, daß ich mich an einen schlechten Hollywoodstreifen erinnert fühle. Kaum hat er seine Marke gezeigt, rauscht auch schon das Schnellboot der amerikanischen Zollbehörde vor. Es folgt eine Durchsuchung, die sich gewaschen hat. Drei Officer durchwühlen die letzten Winkel unseres Schiffs. Am lustigsten ist das Kosten am Mate-Tee. Der südamerikanische Tee ähnelt vom Aussehen her nun wirklich Mariuhana und wird dazu auch noch aus einem wasserpfeifenähnlichen Gefäß genossen. Keiner der drei läßt es aus, eine Nasen- und Geschmacksprobe zu nehmen. Meine Bemerkung: „You should smoke it to test it", finden sie überhaupt nicht witzig. Als dann aber auch noch einer aus unserer Werkstatt kommt und stolz ein Säckchen voll weißem Pulver präsentiert, kann sich Richi nicht mehr halten vor Lachen: Das Säckchen enthält feuchtigkeitssaugende Kristalle für die Entfeuchter in unseren Kleiderschränken. Die Jungs nehmen ihren Job sehr ernst, und das nicht ohne Grund: Guam ist das kriminellste Pflaster der USA, und das heißt schon was. Die Insel ist von der synthetischen Droge Ice überschwemmt. Ein Zeug, das anscheinend Crack sehr ähnlich sein soll. Daß sie unser Boot durchsuchen, ist bei fehlenden Ausreisepapieren also nichts Besonderes. Wir hätten ja nun von überall herkommen können. Nur ist so eine Aktion im Yachtclub noch nicht vorgekommen, und das vorher überschwengliche Entgegenkommen der Segler und das aus allen Ecken schallende „How are you" wandelt sich in eine gewisse Distanziertheit. Da sind die Amis knallhart. Einmal mit dem Gesetz in Konflikt und schon wird man gemieden.

Doch unser Interesse gilt sowieso eher den Einheimischen und nicht hängengebliebenen Seglern. Überall auf der Insel sind japanische Touristen. Sie treten nie alleine auf, sondern meistens in Gruppen und im Gänsemarsch, wie eine Grundschulklasse. Bei einem Essen mit zwei Japanerinnen erfahren wir ihren typischen Urlaubsplan. Die meisten kommen für drei Tage nach Guam: Ankunftstag nachmittags Jet-Ski; erster Tag morgens Wasserski oder Bananaboot, nachmittags Gun-Shop; zweiter Tag Chamorro-City einkaufen, nachmittags Erholung am Strand; dritter Tag schnorcheln oder mit dem U-Boot (in fünf Metern Tiefe) im Blue-Hole, nachmittags shopping in der Duty-Free Mall und am Abend wieder husch husch in den Flieger. Die Pläne differieren selbstverständlich ein wenig, denn nicht von ungefähr hat die Insel fünfzehn exquisite Golfplätze. Die Gun-Shops aber scheinen die Japaner durch die Bank weg alle wirklich zu lieben. Wir haben allein zwanzig auf der Hauptstraße gezählt. Hier darf jeder mal die Rambowaffen abdrücken. Ob schweres Maschinengewehr, silbrige Pumpgun oder schlicht eine Magnum. Man kann auch einfach nur zuschauen, wenn den doch recht zarten Japanern die fetten Waffen um die Ohren fliegen. Es ist uns allerdings ein Rätsel, wieso jedes Jahr im Schnitt fünf Touristen in der knietiefen Lagune ertrinken.

Zwei Tage später begeben wir uns auf eine Uni-Fete und finden schnell Kontakt. Kathy und Benett, zwei echte Chamorro-Damen (Chamorros sind die Einheimischen Guams), trinken mit uns ein paar Budweiser und fragen uns aus. Nicht nur durch Zufall erfahren wir, daß Kathys Onkel Vending-Business betreibt. Richi hatte nach seinen diversen Japanbesuchen immer von der ubiquitären japanischen Automatenkultur geschwärmt. Wir haben in unseren reichlichen Mußestunden immer wieder über die Möglichkeiten in diesem Bereich diskutiert. Die Getränke- und Snackversorgung über Automaten ist genau das, was uns nach der Weltumseglung vorschwebt. Ein Unternehmen zu gründen, das in ganz Deutschland die Menschen mit Essen und Trinken über Verkaufsautomaten versorgt. Dies war auch mit einer der Gründe, warum wir unbedingt nach Japan wollten, zur Hochburg des Vending. In Japan wird ein Großteil des Nahrungsmitteleinzelhandelsumsatzes über High-tech-Maschinen abgewickelt. Deutschland ist dagegen ein Entwicklungsland.

Zwei Tage später lernen wir Cel kennen. Cel war mit der Army dreizehn Jahre in Deutschland und spricht als Chamorro gebrochen deutsch. Wir verstehen uns auf Anhieb mit ihm. Cel und seine Frau Ruth haben die Händlerlizenz eines amerikanischen Automatenherstellers für den ganzen pazifischen Raum.

„Sag mal Cel, warum verkaufst du denn die Automaten an andere, statt sie selbst zu betreiben?"

„Ich habe keine Geld, mein Freund. Ich bekomme nur my pension von die Armee und muß Familie versorgen, und von der Bank kriege ich keine Geld."

Ein paar Tage später ist alles klar. Wir beschließen, gemeinsam eine Firma zu gründen. Von da an haben wir es schwer, die Tage für die Reparaturen der Motoren abzuzwacken.

Wochenlang sitzen wir hinter den beiden Computern von Cel. Während Richi sich ein dreizehnseitiges Unternehmenskonzept aus den Fingern saugt, erstelle ich ein Excel-sheet mit einer Cash-flow und Gewinn-Projektion für die nächsten drei Jahre. Zwei Monate bleiben wir auf der Insel und arbeiten. An den Bootsmotoren und an unserer neuen Firma. Steuerbordmaschine, Getriebewechsel und auf Backbord mal eben eine neue Zylinderkopfdichtung. Daneben Anwälte, Banken und die US Small Business Administration. Ausschlaggebend für unsere Firmengründung am anderen Ende der Welt ist die revolutionäre Entwicklung des Internet. Obwohl wir an Bord nicht täglich die Tageszeitung lesen können, sind wir nicht von den aktuellen Entwicklungen abgeschnitten. Die an Land gekauften Magazine wie der „Economist" oder „American Science" werden von uns aufgrund der überreichlichen Zeit regelrecht studiert. Wir träumen schon davon, mit Cel über das Netz zu sensationellen Preisen zu telefonieren und die Firmendaten monatlich per e-mail zu empfangen.

Mr. Wong aus MongMong, so heißt der Ort auf Guam, ist Leiter der Kreditabteilung der First Hawaiian Bank auf Guam. Er ist Chinese, harter Geschäftsmann, und macht uns zunächst wenig Hoffnungen, ohne Sicherheiten einen Kredit zu bekommen. Als er aber

an den vielen nervigen Anrufen und dem Papierkram unsere Ent-
schlossenheit erkennt, ebnet er uns den Weg bei der Small Business
Administration (SBA). Eine Woche vor Abreise ist es dann soweit, wir
gründen die „Vendi International Corporation" eine Aktiengesell-
schaft nach amerikanischem Gesetz, und werden beide zu Mr. Vice
President. What a move! Mr. Wong verspricht, uns zu informieren,
sobald er ein Feedback von der SBA bekommt, und unser Partner Cel
ist mächtig stolz, jetzt Präsident einer AG zu sein und Partner over-
seas zu haben. Für die Insulaner ein echtes Prestigemerkmal.

Aber das ist noch nicht alles, was in Guam passiert. Ich könnte jetzt
noch über die Hahnenkämpfe berichten und über unseren Ausflug
nach Japan, den wir uns von unserem Sponsorengeld gönnen. Auf
diesem Trip besuchen wir die drei großen japanischen Automaten-
hersteller und übernachten in einem Capsule-Hotel. Man schläft dort
in Kapseln, die nur ein bißchen größer sind als die Matratze darin,
übereinandergestapelt wie in einer Bienenwabe. Es ist die günstig-
ste Gelegenheit in Tokio zu nächtigen, und wenn man kein Problem
hat mit der ausgeprägten Geräuschkulisse der oft auch sakeseligen
Nachbarn, ist es eigentlich ganz prima. Doch das alles ist nicht halb
so interessant wie Isa. Isa, der Super-Taifun.
    Guam liegt mitten drin im „Taifun Track". Falls ein Taifun in die-
ser Region des Pazifik ensteht, sagt er meistens in Guam guten Tag.
Nicht ohne Grund haben die Amerikaner eines der weltweit größten Wirbelsturmlabors auf Guam angesiedelt. Für uns beginnt
zunächst alles ganz harmlos. Wir sitzen bei Cel im Büro, als wir das
erste Mal von Isa hörten. Da ist sie noch klein und fünf Tage entfernt. Zwei Tage später sieht die Geschichte ganz anders aus. Isa wird
immer stärker und steuert direkt Guam an. Am Abend wird Isa offiziell zum Super-Taifun ernannt. Diese Ehre gebührt nur Wirbel-
stürmen, deren Winde Geschwindigkeiten von mehr als 100 miles
per hour aufweisen.
    Am nächsten Tag hat Isa 160 mph erreicht. Die riesigen Kumu-
luswolken sind in eine Mischung aus feurigem Rosarot und bedroh-
lichem Violett getaucht. Über das Radio kommen ständig neue Situa-
tionsmeldungen über Isa und wie man sich verhalten soll. Überall
wo wir hinkommen ist das normale Leben unterbrochen. Die Fen-

ster werden verbarrikadiert und alles Freistehende wird festgezurrt. Ohne Hektik, denn es ist nicht der erste Taifun für die Guamesen – aber der erste für BLUESHIP.

Zum Glück gibt es in Guam einen „Harbor of Refugee". Zwanzigtausend Pfund schwere Blöcke sind dort zuhauf versenkt, um die Schiffe zu vertäuen. Doch wehe, es wagt sich einer hinein und hat nicht ausreichend dickes Tauwerk. Selbst die Größe der Schäkel wird durch Taucher gecheckt. Eine verständliche Prozedur, denn die Schiffe liegen alle dicht beieinander, und ein Schiff, das sich losreißt, kann verheerende Wirkungen nach sich ziehen. Insbesondere unser großer, windanfälliger Kat hat es einigen angetan. Der Hafen wimmelt plötzlich von Hafenkapitänen, und jeder meint uns Ratschläge geben zu müssen. Wir müssen fast 1000 US$ ausgeben für das meeting mit Isa. Nach unseren Vorbereitungen ist unser Boot das sauberste der ganzen Flotte im Hafen. Wir haben die Segel abgeschlagen, alle Fallen eingeholt, und es befindet sich nichts mehr auf BLUESHIP, woran sich Isa gütlich tun könnte. Unseren kleinen Hobie-Kat haben wir sicher an Land untergebracht.

Am Tag vor der Ankunft von Isa ist Guam wie ausgestorben. Die Ausläufer des Wirbelsturms haben schon die Insel erreicht, und es ist überhaupt nicht richtig Tag geworden. Der Wind hat schon fast Sturmstärke angenommen, und der Regen peitscht über die Straßen. Wir hören den ganzen Tag Radio und schauen uns bei Cel das Satellitenbild im TV an. Isa ist von ihrem direkten Pfad in Richtung Guam ein wenig abgekommen. Wir erwarten sie gegen ein Uhr nachts. Wir sind verpflichtet, uns während des Sturms auf unserem Schiff aufzuhalten. Ab zehn Uhr abends steigt unser Windmesser an Bord kontinuierlich an. Der Hafen ist traumhaft geschützt. Von Bäumen und Palmen aus nächster Nähe abgedeckt, liegt etwas weiter entfernt ein großer Kühlturm und ein großes, langes, stabil aussehendes Lagerhaus, das unserem Hafen Windschatten gibt. Wir messen 50 Knoten in unserem Refugium.

Eine Stunde später sind es 60 und noch ein Stündchen mehr sind es dann 70 Knoten. Es pfeift um uns herum, wie wir es bisher noch nicht erlebt haben. Der Wind drückt das Wasser durch die kleinsten Ritzen nach innen. Es ist so laut, daß einem angst und bange werden kann. Draußen ist pechschwarze Nacht. Nur kurz wagen wir uns einmal aus der geschützten Kajüte und sind schnell wieder drin. Draußen können wir schreien so laut wir wollen. Nicht mal das eigene Wort ist zu verstehen. Der Wind ist unglaublich gewaltig. Ohne sich irgendwo festzuhalten, geht nichts mehr. Während wir vorher noch gehofft haben, nach den ganzen Vorbereitungen nun auch endlich einmal einen Super-Taifun zu erleben, reichen uns jetzt schon die ersten Minuten. Es ist unheimlich genug.

Die Kraft aus dem Schwarz dieser windgepeitschten Dunkelheit ist überall. Man kann sie nicht greifen, aber wir ahnen, daß es bei der doppelten Windstärke ein unvorstellbares Inferno sein muß.

Wir haben Glück. Isa verzichtet darauf, Guam in Augenschein zu nehmen. Das Auge des Taifuns zieht südlich vorbei, und es werden auf Guam „nur" Windgeschwindigkeiten von bis zu 80 Knoten in der Spitze gemessen. Isa geht in die Analen Guams als „Bananatyphoon" ein. Während in unseren Breiten Windstärken über 64 Knoten klar als Orkan definiert sind, deklarieren es die Guamesen liebevoll „Bananatyphoon", weil eben nicht Bäume und Dächer durch die Gegend fliegen, sondern mehr oder weniger kleines Zeug, eben Bananen oder so. Wir protestieren am nächsten Tag natürlich heftig, denn an vielen Ecken sehen wir ausgerissene Palmen, aber die Insulaner wissen, wovon sie reden.

Im Dezember desselben Jahres, lange nach unserer Abreise, wird die Insel nochmals heimgesucht. Ein doppeläugiger Wirbelsturm fegt mit unglaublichen 230 Meilen pro Stunde in der Spitze über die Insel und verwüstet Guam für mehrere Monate. Wir sind dankbar, nur ein Geschmäckle solcher Urgewalten mitbekommen zu haben. Übrigens auch ein Grund dafür, daß wir mit Cel vereinbart haben, nur indoor-locations für unsere Automaten unter Vertrag zu nehmen.

Guam ist in dieser Hinsicht wirklich nicht zu beneiden. Die Natur sucht dieses Eiland nicht nur immer wieder mit Stürmen heim, auch an Erdbeben herrscht kein Mangel. Direkt bei Guam liegt der Marianengraben, die tiefste Stelle der Erde. Über elf Kilometer tief geht es in die Witjastiefe, und während unseres Aufenthalts auf der Insel erleben wir ein Erdbeben mit der Stärke acht auf der Richterskala. Aber so ein kleines Erdbeben interessiert hier eben keinen so richtig. Wir sind zu der Zeit noch im Harbour of Refugee, und um uns herum brodelt das Wasser, als würde es kochen. Aber eben nur für etwa eine halbe Minute, und das zählt nicht so für die Insulaner. Die Zeitungen sind zwar voll damit, aber die hartgesottenen Einheimischen schenken diesem kleinen „shaky" nicht viel Beachtung.

Und noch eine Begegnung der besonderen Art haben wir im Hafen von Guam. Eine Woche nach Isa läuft zum ersten Mal in Guam ein Flugzeugträger ein. Es ist nicht ein x-beliebiger. Was da einläuft und mit vielen kleinen Booten und Sirenen begrüßt wird, ist die USS INDEPENDENCE. Die Navy-Guys sind völlig aus dem Häuschen, als auf einigen Booten Stripperinnen unter den großen Banderolen ihrer Tabledance-Clubwerbung die Hüllen fallen lassen. Das Schiff, das von Kennedy ausgesandt wurde, um Chruschtschow vor Kuba in seine Schranken zu weisen. Der Flugzeugträger, der letztens erst den Chinesen den Appetit auf Taiwan verdorben hat. Vorne am Bug weht die „Snake", eine Flagge, die sie als das älteste Schiff der US-Navy ausweist. Ein Besuch dieses ehrwürdigen Schiffs ist natürlich ein Muß für uns.

Hier zeigt sich wieder, wie gut es ist, einen Presseausweis zu haben. Vorbei an den Schlangen von Besuchern drängeln wir uns, denen es nur vergönnt ist, das untere Deck zu sehen, den Lagerraum der Flugzeuge. Es folgt ein Empfang durch den Presseoffizier und eine persönliche Führung durchs Schiff. Auf dem Landedeck wird uns die Landung erklärt. Mit seiner Hand beschreibt der Offizier, wie die Piloten ihre Maschinen bei schwerem Seegang seitwärts hineingleiten lassen, um das wacklige Deck zu erwischen. Immer wieder, so erzählt er, kommt es vor, daß die Piloten durchstarten müssen, und ab und zu bleibt auch mal einer an der Kante hängen. Aber das passiert selten.

Auf der Brücke haben wir noch einen sehr netten Plausch mit dem Kapitän, der uns gar nicht mehr gehen lassen will, als er hört, daß wir mit einem Katamaran im Winter um Kap Hoorn gesegelt sind. Als wir ihm dann noch erzählen, daß unsere BLUESHIP auch so eine Art miniaturisierter Flugzeugträger ist, werden wir gezwungen, mit ihm auf einen Drink in seine Kapitänskabine zu kommen. Sie ist nicht ausgesprochen luxuriös, aber eben geräumig. Er erzählt von seinem Leben an Bord und von seinem Traum seitdem er bei der Navy ist: einer Weltumseglung. Nach drei Stunden verlassen wir die USS

INDEPENDENCE und sind stolz, ein Stück Geschichte so hautnah kennengelernt zu haben.

Als wir Guam goodbye sagen müssen, ist es uns ans Herz gewachsen. Wir feiern noch einmal mit Cel und seiner Familie ein Grillfest, bei dem jeder, der vorbeikommt, eingeladen wird – das ist so usus in Guam – und wissen, daß wir wiederkommen werden. Wann? Selbstverständlich nach unserer Weltumseglung. Wenn wir es geschafft haben. Wie sich später herausstellen wird, haben wir einen Grundstein gelegt zu einem Reich, in dem die Sonne nicht mehr untergeht.

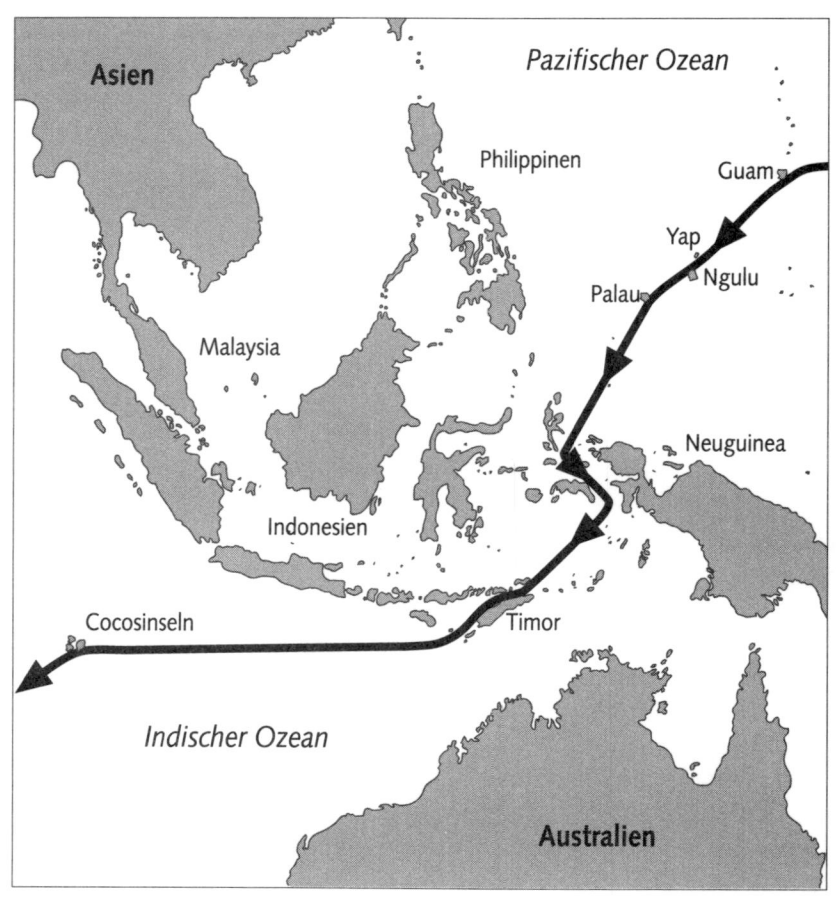

Piraten
und der härteste Feind des Seglers

Den Hafen von Guam zu verlassen, ist für uns erheblich einfacher, als in ihn hineinzukommen. Wurden wir auf dem Hinweg noch von drei Dingis in Schlepp genommen, laufen wir jetzt mit zwei Motoren aus. Wie schön sich der Kat steuern läßt, wenn beide Maschinen laufen! Völlig ohne Hektik läßt sich unsere BLUESHIP im engen Hafen wie auf einem Plateau um 180° drehen, und hinaus geht es, der Heimat entgegen. Trotz der Vorfreude sind wir auch ein wenig traurig. Toni hat uns hier in Guam verlassen. Nach den zahllosen Berichten anderer Segler über die Piraterie in Indonesien wollte sie dort auf keinen Fall hin. Statt dessen hat sie sich entschlossen, sich hier eine kleine Existenz zu schaffen mit green card und so.

Unsere Route durch Indonesien ist tatsächlich prädestiniert für ein meeting mit diesen unangenehmen Gesellen. Täglich erreichen uns Berichte über unser Inmarsat-C-System vom Piracy Centre of Kuala Lumpur. Es werden meistens Zwischenfälle bei der Berufsschiffahrt gemeldet. Die professionellen Piraten haben es überwiegend auf die Containerschiffe und Tanker abgesehen. Nur zwei Vorfälle, in die private Yachten verwickelt sind, kommen uns zu Ohren. Aber für Toni war das schon genug.

Wir wollen jetzt nach Hause. Wir sind schon eineinhalb Jahre unterwegs und haben immer noch eine Mammutstrecke vor uns. Es sind noch etliche Meilen bis zum Indischen Ozean, die wir in unseren Gedanken schon abgehakt haben. Es ist viel schöner, schon von dem Übergang vom Pazifik zum Indischen Ozean zu träumen.

Ein paar Tage später passieren wir Ngulu, eine Insel der Yap-Gruppe. Wir beschließen, einen Kurzstop zu machen, da diese Inseln selbst von Fahrtenseglern sehr selten besucht werden. Vielleicht ist ja hier noch etwas übriggeblieben von der Ursprünglichkeit des pazifischen Insellebens?

Bei der Einfahrt in die Lagune werden wir von einer riesigen Schule von Delphinen begleitet, der uns den Weg weist. Kaum hat sich unser Anker fest in den Lagunenboden gearbeitet, als sich unserem Schiff ein kleines Boot nähert. Drei kleine Jungs hüpfen zu uns an Bord, gefolgt von einem älteren Insulaner. Er lächelt uns freundlich an und zeigt uns sein strahlend schwarzes Gebiß. Es ist nicht das verzagte Lächeln eines Mundes, dessen Zähne wegen fehlender Pflege ergraut sind. Nein, es fehlt kein einziger Zahn, und der Träger scheint sogar stolz auf sein pechschwarzes Gebiß zu sein. Es sind die Folgen exzessiven Betelnußkauens, einer weitverbreiteten Softdroge der pazifischen Inseln. Es soll ein „dizzy-feeling" auslösen, wenn man sie kaut. Wir haben's auch mal probiert. Aber das Ganze schmeckt sehr bitter und dann kommt noch dazu, daß man ständig rumspuckt wie ein Lama, denn den Saft, der sich mit der Spucke mischt, sollte man tunlichst nicht schlucken. Von einem „dizzy-feeling" haben wir nichts gespürt, aber eklig war's, und die Spucke sieht aus, als hätte man Magenbluten. Einfach nicht nachzuvollziehen, warum dieses Betelnußkauen so populär werden konnte.

Die Insel ist genau das, wonach wir gesucht haben. Die Frauen laufen noch in Baströcken herum, es gibt keine Elektrizität und keinerlei Tourismus. Wir nehmen unseren heute gefangenen Skipjackthuna und selbstverständlich eine Flasche Ron als Gastgeschenk mit auf die Insel. Es leben hier gerade mal zwanzig Leute, von denen die Hälfte Kinder sind. Auf den Yap-Inseln lernen die Kinder englisch, und einer von den ganz aufgeweckten erzählt mir, daß er seinen Vater beim Harpunieren verloren hat. Der Tigerhai hat ihn gefressen, dessen Revier das fischreiche Außenriff der Insel ist. Der Junge zeigt keinerlei Anzeichen von Trauer, während er mir das erzählt. Es gehört zu ihrem Leben in der Natur dazu, den Tod zu akzeptieren. Seit sein Vater tot ist, harpunieren sie nicht mehr auf der Insel. Statt dessen fangen sie jetzt ihre Fische mit Schleppangeln, die sie hinter ihrem Boot herziehen. Der Außenborder liefert ihnen hierfür die ausreichende Geschwindigkeit. Der kleine Motor ist nicht das einzige Produkt, das seinen Weg aus der Zivilisation hierher in die Einsamkeit gefunden hat. Wir entdecken noch etwas anderes: ein Radio. –

Kein normales, sondern ein ganz besonderes. Es ist das einzige im Dorf und läßt sich, in dieser Einöde besonders wichtig, ohne Stromzufuhr betreiben. Mit einem kleinen Rädchen wird ein Dynamo angetrieben, der für Energie sorgt. Einmal kurz gedreht, und schon dudelt das Ding für eine halbe Stunde vor sich hin. Ein Segen der Technik!

Stolz zeigt der Junge uns sein Haus, daß er gerade mit seinen Freunden baut. Er kann höchstens fünfzehn sein und ist der Älteste unter ihnen. Das Haus ist beeindruckend. Es hat einen richtigen Dachstuhl, und die Holzkonstruktion sieht stabil aus. Auf dem Rückweg gehen wir an einem Gatter von Riffschweinen vorbei, die grunzend ein paar Kokosnüsse verzehren. Außerdem zeigt er uns noch den leeren Panzer einer großen Schildkröte. Er hat sie nachts beim Eierlegen überrascht und umgedreht. Seinen Erklärungen zufolge zählt Schildkröte bei den Insulanern als Festtagsschmaus. Schildkröte hält sich auch ohne Kühlschrank. Diesen Umstand haben sich früher schon die Seefahrer zunutze gemacht. Bestialisch werden den Tieren, auf dem Rücken liegend, bei lebendigem Leib Teile ihres wohlschmeckenden Fleischs herausgeschnitten. Die hilflosen Schildkröten leben danach weiter bis zum nächsten Mahl.

Wir werden zu einem bescheidenen Essen eingeladen und legen uns anschließend zum Schlafen auf den Boden. Über mir wiegen sich die Palmenblätter und geben immer wieder den Blick auf den einzigartigen Sternenhimmel frei. Wie unbeschwert diese Menschen hier ihr Leben führen. Was für ein einfaches Glück wird ihnen zuteil. Aber möchte ich mit ihnen tauschen? Nein. Ich könnte so nicht glücklich werden. Die Vielfältigkeit unserer Zivilisation würde ich nicht missen wollen und die damit einhergehenden Schwierigkeiten auch nicht. Aber faszinierend ist es dennoch, das Glück einer einfachen Gesellschaft.

Am nächsten Morgen stehen wir mit den Dorfbewohnern früh auf, setzen über und lichten Anker, während das ganze Dorf am Strand steht. Sie winken uns zu, bis wir ihre Hände nicht mehr erkennen können.

Die Meilen durch die Molukken-See werden zu einer der schlimmsten Etappen der ganzen Reise. Nicht daß wir den Kampf gegen Wind und Welle fürchten. Aber es gibt einen Gegner, der schrecklicher ist, als der härteste Sturm: die Flaute. Tagelange Flaute in der Äquatorsonne. Spiegelglatte See, keine Wolke am Himmel und sengende Hitze. Tage, an denen man nicht weiß, womit man dies alles verdient hat. An denen man darüber nachdenkt, was man falsch gemacht hat im Leben. Wieso man jetzt so schrecklich bestraft wird. Meile für Meile sich vorwärts quälend durch das Piratengebiet.

Wir fahren unter Backbordmaschine. Der Motor jault. Wir haben uns schlechten Diesel andrehen lassen, und alle Filter sind mit schwarzer Schlacke verstopft. Der einzige, der noch ein bißchen Sprit durchläßt, ist der unserer Backbordmaschine. Es ist zum Heulen. Da sind die Motoren technisch in Ordnung und dann das. In weiter Entfernung sieht Richi ein Fischerboot. Es bleibt auf Distanz, fährt aber offensichtlich den gleichen Kurs. Wir befinden uns jetzt seit zwei Tagen in den kritischen Gebieten.

Unsere Angst gilt nicht nur den Piraten. Wenn uns die indonesische Marine in ihren Hoheitsgewässern ohne cruising-permission erwischt, können wir uns auf einen netten kleinen Zwangsurlaub einstellen. Ihre Hoheitsgewässer bestimmt dieses 200-Millionen-Inselvolk übrigens nicht nach den internationalen Festlegungen. Wasser, das zwischen ihren Inseln liegt, gehört dazu, egal wie weit es von den jeweiligen Küsten entfernt ist. Das Schlimmste ist, daß wir jetzt eigentlich ständig von Land aus mit einem guten Fernglas zu sehen sind. Wir müssen zwei enge Straßen umfahren, wo ausdrücklich vor Piraten gewarnt wird. Es sind keine Profis, sondern arme Schlucker, die in langen Einbäumen oder als Fischer getarnt ankommen. Sie sind so arm, daß sie meistens nur Macheten besitzen. Das Problem ist nur, daß sie keinerlei Achtung vor dem menschlichen Leben haben und mit diesen Macheten verdammt gut umgehen können.

Die Fischer haben uns den ganzen Tag nicht aus den Augen gelassen. Wir haben inzwischen den Radar angeschaltet, um ihre Spur zu verfolgen. Kaum ist die Dunkelheit hereingebrochen, verkürzen sie den Abstand zu uns. Oder ist es nur eine Täuschung?

„Guck mal, Dude. Die kommen näher. Zwar nur minimal. Aber immerhin eine Meile."

Mit dem Cursor ziehen wir einen Entfernungskreis um unser Schiff auf dem Radar.

206

„Wenn er da durchfährt, müssen wir uns vorbereiten."

Inzwischen haben wir beide die Hosen voll. Die Vorstellung, daß da ein Fischerboot voll mit Indonesiern in der Nacht auf uns zusteuert, ist äußerst unheimlich, zumal wir auch noch so unendlich langsam sind, und Beweglichkeit ist nun mal alles in einer brenzligen Situation!

„Wir sollten die mal anfunken." Unsere Rufe in den Äther verhallen ohne Reaktion. Wir rufen auf Kanal 16. Immer wieder haben wir die Hoffnung, daß sich ein Krächzen aus dem Lautsprecher meldet.

„Was machen wir, wenn die kommen?"

„Schuß vor'n Bug, was anderes bleibt uns gar nicht übrig. Wir sollten schon mal Ruby und die Leuchtmunition fertig machen."

„Hey Dude! Der Kreis ist durchstoßen. Die kommen tatsächlich zu uns."

Ich fühle, wie die Angst in mir hochsteigt. Wenn wir jetzt die Nerven verlieren und die indonesische Marine zu Hilfe holen, machen die uns richtig Ärger, wegen der fehlenden Durchfahrtserlaubnis. Außerdem kämen die als Rettung wahrscheinlich eh zu spät. Die Ohnmacht ist unerträglich. Wir können nicht fliehen und müssen quasi tatenlos zuschauen, wie der Punkt auf dem Schirm immer näher kommt.

„Wir sollten noch ein Ausweichmanöver fahren, um sicher zu sein, daß die uns meinen."

„Okay. Ich dreh mal 90° nach Backbord."

Wir haben auf dem Radar die Trackingfunktion" eingestellt. Unser Verfolger hat einen wunderschönen blauen Schweif, den er hinter sich über den Schirm zieht.

„Dude, er dreht mit", Richi sitzt vor dem Schirm, während ich draußen vor der Ruderanlage stehe. Die Maschine jault fürchterlich. Ich habe noch ein wenig mehr Gas gegeben, aber die Wirkung ist gleich Null. Der Motor bekommt nicht genügend Sprit. Wir müssen aber schneller werden. Ich spiel' noch ein wenig mit dem Gas, und plötzlich versäuft die Maschine endgültig. Schlimmer konnte es jetzt gar nicht kommen. Kein Wind, kein Motor. Wir sind manövrierunfähig und dümpeln unserem Schicksal entgegen.

Während unsere Verfolger vorher wenigstens nur zirka drei Knoten schneller waren, kommen sie jetzt geradezu rasant näher. Auf dem Fischerboot, das nur noch eine Meile entfernt ist, wird ein großer Strahler angemacht.

„Dude, wir brauchen auch unseren Strahler, schnell!" Zum Glück funktioniert unser Superstrahler noch. Wir schließen ihn an die Batterie an und leuchten unseren Angreifern entgegen. Es ist die einzige Chance, um nicht wie Freiwild im Lichtschein an Deck umher zu hüpfen. Wir hören den schwergängigen Diesel pöttern. Das Stampfen wird immer lauter, schließlich drosseln sie ihre Geschwindigkeit.

Wir richten den Strahler genau auf unsere Gegner und verstecken uns in den Ecken bei den Motorräumen. Falls die Waffen haben, ist es sicherlich nicht so gut, neben dem Scheinwerfer zu stehen. Ich habe Ruby, Rich hat die Leuchtspurmunition. Ich habe auch noch ein paar einzelne Raketen neben mich gelegt. Für den Fall, daß es ganz hart kommt.

Der Diesel des Fischerboots tuckert jetzt ganz langsam vor sich hin. Wir können nichts sehen, wegen des starken Strahlers, aber weit entfernt sind sie jetzt nicht mehr.

„Los Dude". Der Ruf kommt von Richi. Ich halte Ruby in Richtung der Angreifer und schieß über ihre Köpfe hinweg fast das halbe 20-Schuß-Magazin leer. In der Nacht macht unsere 0.22 Kaliber einiges her. Vorne kommt bei jedem Schuß ein Feuerstrahl raus, und allein die Tatsache, daß ich mit schnellem Finger einen Feuerstoß von zehn Kugeln durch den Lauf jage, läßt den Eindruck entstehen, daß wir eine Maschinenpistole an Bord hätten. Und schon zischt die Rakete von Richi in den Himmel. Während die Leuchtkugel alles in helles Rot taucht und gespenstisch die Umrisse des Boots zu erkennen gibt, lasse ich noch eine weitere Salve von Schüssen über ihre Köpfe fegen. Neben mir liegt noch ein zweites Magazin mit zwanzig Schüssen. Wir hören den Diesel wieder lauter pöttern. Meine Nerven sind zum Bersten gespannt. Jetzt geht's los. Ich bin voll entschlossen. Ich werde schießen. Ich weiß, daß ich ohne Kompromisse mein Leben verteidigen werde.

„Dude, die drehen ab." Kann alles nur eine Finte sein. Nur ruhig halten, versteckt bleiben. Jetzt bloß nicht den Kopf verlieren. Aber tatsächlich, sie drehen ab. Das Pöttern wird leiser.

„Sie fahren weg. Wir haben's geschafft!" Richi sitzt jetzt neben mir.

Ich bin noch wie gelähmt, aber tatsächlich besteht kein Zweifel: Sie haben abgedreht. Sie sind weg. Wie auf Kommando stürmen wir beide zum Radar. Die Anspannung steckt uns noch voll in den Knochen. Wir starren auf den Schirm und verfolgen minutenlang, ohne daß einer von uns etwas sagt, den Punkt auf dem Screen. Es ist offensichtlich, daß sie aufgegeben haben, aber wir können es noch nicht fassen.

„Hättest du auch auf alles geschossen?"

„Ja. Aber is schon ein komisches Gefühl. Ich hatte vor allen Dingen Angst, daß die gleich losballern."

Wir halten die ganze Nacht Wache, obwohl sich BLUESHIP quasi nicht von der Stelle bewegt. Die Angst, sie könnten zurückkommen, ist einfach zu groß.

Wochenlang dümpeln wir durch die Doldrums, Filter reinigend und unter lautem Motorjaulen. Wir haben inzwischen keine Energie mehr für den Autopiloten, so daß ständig einer von uns in der gleißenden Sonne am Ruder stehen muß. Die Tage gehen quälend langsam dahin, und die Meilen bis zum Übergang in den Indischen Ozean schrumpfen nur unmerklich. Das einzig Schöne ist, daß diese Gegend von Walen und Delphinen nur so wimmelt. Sie nutzen die spiegelglatte Oberfläche, um sich perfekt zu präsentieren. Riesige Buckelwale kreuzen unseren Weg, und ganze Wellen von Delphinen lenken uns immer mal wieder ab und bringen ein wenig Abwechslung in das monotone Bild des stillen Wasser und der brennenden Sonne. Doch irgendwann hat auch das größte Leid ein Ende. Ohne größere Zwischenfälle passieren wir die Insel Timor, in deren Osten zur Zeit Krieg herrscht, und gelangen in den Indischen Ozean. Endlich. Der dritte der drei großen Ozeane liegt vor uns und bietet sich zur Durchquerung an.

Kaum haben wir Timor einen Tag hinter uns gelassen, haben wir wieder ordentlichen Wind. Unsere BLUESHIP schneidet mit ihren Rümpfen durchs Wasser, daß es eine wahre Wonne ist. Nur der Wechsel nach der wochenlangen Flaute kann einem dieses Glücksgefühl der Geschwindigkeit so frisch und neu vermitteln. Wir jagen mit zehn Knoten übers Wasser und stieben durch die Wellen, daß es im Innern des Schiffs nur so kracht. Aber keiner von uns wagt es, sich zu beschweren. Wir sind froh, daß es endlich wieder vorwärts geht. Doch wie könnte es anders sein, ein solcher Frieden hält nicht lang an Bord. Durch den heftigen Wind und die Welle bricht uns die Halterung des Vorstags. Vielleicht wäre es uns gar nicht aufgefallen, wenn uns nicht beim Nachspannen des Vorlieks der Genua das Fall gerissen wäre. Wir haben wie immer geknobelt, diesmal hat Richi verloren. So muß er bei den wirklich unangenehmen Wellen in den achtzehn Meter hohen Mast, um das Fall zu wechseln. Es ist wirklich nicht beneidenswert da oben. Man hängt zwanzig Meter über dem Wasser und hat das Gefühl, daß der Mast bei seiner Pendelbewegung mindestens noch einmal die gleiche Entfernung von einer Seite zur anderen zurücklegt. Es kostet Kraft, sich trotz Bootsmannsstuhl am Mast ruhig zu halten, um arbeiten zu können.

Kaum ist Richi oben, hat er das ganze Ausmaß der Katastrophe erkannt. Der Schaden ist kaum zu übersehen. Die Halterung, die wie eine Gabel den dicken Bolzen des Vorstags aufnimmt, ist gebrochen. Der Bolzen hängt schräg aus der gebrochenen Halterung raus, und es grenzt an ein Wunder, daß dieser seidene Faden noch nicht gerissen ist. – Ohne Vorstag kein Vorsegel und, was noch viel wichtiger ist: keine Abspannung des Mastes nach vorne. Sofort sichern wir das Ding mit zwei Fallen, so komme ich wenigstens auch in den Genuß, die herrliche Aussicht von da oben zu genießen. Unser nächster Stop steht fest: Cocos (Keeling) Islands. Unser gesichertes Stag muß noch zwei Tage halten, dann können wir die Insel erreicht haben.

Nach 33 Tagen auf See ist Land in Sicht. Es ist ein Ring von Inseln. Wieder mal haben wir keine Karte, da wir nicht vorhatten, hier zu stoppen. Nur eine grobe Zeichnung in einem Tauchmagazin haben wir zur Hand. Unmöglich, damit die Einfahrt zu wagen. Richi funkt sich seit einer halben Stunde die Stimme heiser und versucht es auf den verschiedensten Kanälen. Nur seiner Hartnäckigkeit haben wir es zu verdanken, daß wir nicht weitersegeln müssen. Endlich meldet sich jemand. Es ist eine Seglerin, die uns die Einfahrt in den Inselkranz erklärt und auch, daß wir uns über Kanal 12 anmelden sollen. Während der Einfahrt funkt Richi die Behörden an. Plötzlich kommt er rausgestürmt.

„Hart Backbord! Wir müssen ganz rüber und uns eng an der anderen Insel halten."

Nach der Kursänderung erklärt er mir, daß er unsere bisherige Information über die Einfahrt nochmals mit dem Offizier abgestimmt hat. Sicher ist sicher.

„Hat die uns denn wirklich in Richtung Riff geschickt?"

„Ja Alten. Ich hab' doch beide mehrmals gefragt, bis ich mir ganz sicher war. Irrtum ausgeschlossen."

Wir können es nicht so richtig begreifen, wieso die Seglerin uns falsch gelotst hat, sind aber froh, endlich beruhigt einlaufen zu können.

Cocos, Loopi und John Ross

DI oder Direction Island mit der direkt angrenzenden Prisoners Island sind Eilande wie aus dem Bilderbuch. Schneeweißer Sand und helltürkis glitzerndes Wasser. Palmen, deren Köpfe sich bis weit über das Wasser neigen und deren fast waagerecht verlaufende Stämme ideale Sprungbretter sind, um sich im köstlichen Naß abzukühlen. Kaum haben wir den Anker vor DI fallen lassen, sind auch schon Zoll und Einwanderungsbehörde da. Alles läuft sehr locker und angenehm ab. Richtig nett, die Australier. Außer uns liegen noch zwei weitere Yachten vor Anker. Die Beamten haben kaum ihre Arbeit beendet, da sitzt auch schon der erste Gast bei uns an Bord.

Sie stellt sich mit Andrea vor, hat lange, blonde, ungewaschene Haare und sieht auch sonst recht schmuddelig aus. Ihre zu große Hose hat sie mit einem Tampen als Gürtel versehen, damit das gute Stück auch oben bleibt, und ihr T-Shirt hat ein paar Löcher. Aber wir sind hier ja schließlich auf einer einsamen Inselgruppe, die sich zum Robinsonspielen trefflich eignet.

Andrea hat außerdem eine eiskalte 5-Liter-Tüte Weißwein und ein paar selbstgemachte Krautrouladen zur Begrüßung mitgebracht. Allerhand. So nett sind wir bisher noch nirgendwo empfangen worden. Wir stürzen uns auf die Rouladen und den eiskalten Wein. Besonders der Wein hat es uns angetan, nachdem wir von den Zöllnern hörten, daß wir heute kein Bier mehr einkaufen können. Nach 33 Tagen auf See, nur mit Rum, sind wir richtig heiß auf einen Schluck Bier. Der Zöllner verspricht uns zwar, bei dem Boot der australischen Marine, das etwas weiter weg liegt, Bescheid zu sagen, aber große Hoffnungen machen wir uns nicht. So lassen wir uns die Geschenke von Andrea munden.

Wir haben kaum zwei Gläser getrunken, als uns auffällt, daß unser Gast ganz schön einen im Kahn hat. Als wir sie fragen, ob sie diejenige war, die uns den Weg in die Lagune gewiesen hat, brüstet sie sich auch noch damit. Wir zwinkern uns zu und belassen es erst mal dabei. Dann wird sie aggressiv. Insbesondere mir gegenüber verhält sie sich grob unschön. Sie wird sogar richtig ausfallend, und wir sind beide doch ein wenig überrascht, da ihre Wortwahl nun wirklich nicht zu der einer Dame paßt. Zunächst hatten wir es noch unter „australische Frauen haben keine Manieren" gebucht, aber sie steigert sich immer mehr in ihr seltsames Verhalten hinein. Just als ich mir denke, es wäre besser, mich zurückzuziehen, höre ich ein Boot.

An der Größe des Schlauchboots und seiner vorschriftlichen Lichterführung ist leicht zu erkennen, wer da an Bord sitzt. Es ist die australische Navy. Auf meine Lichtzeichen reagieren sie sofort und steuern die BLUESHIP an:

„Hey guys. You wanna party?" Das lasse ich mir nicht zweimal sagen und springe sofort in ihr Dingi. Es muß den Eindruck machen, als fliehe ich vom eigenen Boot. Leider ist nur ein Platz frei, so daß Richi mit Andrea fahren muß. Gesehen habe ich Richi an diesem Abend nicht mehr.

Es ist einfach fantastisch. Auf DI ist alles vorhanden: ein Grill, Tische und Bänke und sogar ein Dschungeltelefon, über Funk und Solar betrieben. Die Jungs von der Navy haben viel eiskaltes Bier mitgebracht, und es gibt Steaks und Hot Dogs dazu. Der Rum als Gastgeschenk kommt sehr gut an. Keine Ahnung, wann wir uns getrennt haben. Irgendwann im Morgengrauen wache ich am Strand auf, weil es kalt und ungemütlich ist. Nur schnell zurück. Nicht einmal die paar Meter schwimmen machen mich richtig wach, und ich schlafe schnell an Bord ein.

Das Erwachen am nächsten Morgen ist fürchterlich. Dunkel schwant mir, daß ich einen Sturz auf DI hatte, wie genau weiß ich auch nicht mehr. Ob es an den Toiletten lag? Etwas ungewöhnlich zu erreichen waren sie, in ungefähr fünf Meter Höhe mit einer Stahlleiter. Außerdem ist mir im nachhinein völlig unklar, was ich da oben gesucht habe, denn ich bin nun wirklich kein Freund von öffentlichen Bedürfnisanstalten. Dennoch bin ich wohl oben gewesen und runtergestürzt. Eine andere Erklärung kann ich nicht finden für den blutenden Hinterkopf und die unsagbaren Schmerzen in der Brust, die von einem Rippenbruch herrühren. Eben ein typischer Landgang mit Blessuren.

Und Richi? Nun ja. Richi hat einen Alptraum erlebt. Andrea, die liebe nette Nachbarin, hat sich als verrücktes, kreischendes Monster entpuppt. Zunächst war alles noch relativ normal. Sie hatte vielleicht ein bißchen zuviel getrunken und war mir gegenüber ausfallend geworden. Bei Richi war sie wohl etwas sanfter gewesen. Da unser Dingi noch gar nicht aufgebaut war, hatten sich die beiden entschlossen, mit dem Hartschalen-Dingi von Andrea loszuzockeln. Ihr Beiboot war eine dieser aus Glasfaser und Epoxi zusammengeschusterten Nußschalen, extrem kippelig und selbstverständlich gut sinkbar. Es kam, wie es kommen mußte. Richi hatte sich sehr vorsichtig in diese schwimmende Eckbadewanne gesetzt, und Andrea ist zugestiegen. Man sollte vermuten, daß sie ihre Nußschale kennt.

„Und dann steigt die einfach auf den Rand. Ja, auf den Rand, als würde sie auf 'ne Fähre steigen. Unglaublich."

Das Dingi schlug natürlich sofort um, und Richi wurde rauskatapultiert. Nun hing dieses Ding halb im Wasser und schlug in den Wellen ständig gegen unsere geliebte BLUESHIP.

„Alter, du kannst dir gar nicht vorstellen, was dann los war. Die hat einen so unglaublichen Tobsuchtsanfall bekommen, daß ich richtig Angst bekam."

Besonders dick schien die Außenhaut ihres Dingis nicht gewesen zu sein. Das heftige Schlagen gegen unseren Rumpf riß ein Loch in die Seitenwand der Nußschale und selbige begann zu sinken. Selbstverständlich wollte Richi den Motor noch retten und schmiß Andrea ein Tau zu, die inzwischen wild im Wasser paddelnd ihr Boot stützen wollte. Immerhin schaffte sie es noch, einen Knoten um den Griff des Motors zu schlingen.

„Und dann zieh' ich den Motor hoch und auf halber Höhe geht der Knoten einfach auf. Unglaublich. Die kann noch nicht mal 'nen Knoten machen."

Der Motor verschwand mit einem deftigen Platsch im Wasser und lag in etwa vier Meter Tiefe unter unserer BLUESHIP. Danach muß die Hölle an Bord losgewesen sein. Richi, der versuchte zu dem Motor runter zu tauchen, mußte plötzlich feststellen, daß Andrea wie eine Furie umhersprang und lauter Geräte ins Wasser schmiß. Er konnte gerade noch das Notebook retten, das Andrea schon von den Kabeln losgerissen hatte. Für das sündhaft teure Steiner-Glas und unsere beiden Superstrahler kam leider jede Hilfe zu spät. Dummerweise hatten wir das Steiner mit einem Schwimmband versehen, so daß es wunderschön abtreiben konnte in der Nacht.

„Ich war wirklich kurz davor, zum ersten Mal in meinem Leben 'ne Frau zu schlagen. Die hat nur noch wie wahnsinnig rumgekeift und um sich geschlagen."

„Und wie bist du sie losgeworden?"

„Ich hab' mich in meiner Kajüte versteckt, ihr vorher noch die Schwimmflossen hingelegt und die beweglichen Teile in Sicherheit gebracht. Doch dann fiel mir ein, daß ich das große Küchenmesser auf dem Salontisch vergessen hatte. Dude, ich hab' gebetet, daß sie das nicht sieht in dem dämmrigen Licht. Nach einer endlosen halben Stunde ist sie dann abgehauen."

Später erfahren wir, daß Andrea inselbekannt ist und Loopi (liebevolles Synonym für verrückt) genannt wird. Während unseres Aufenthalts haben wir Loopi noch mehrmals getroffen. Einmal mit einem Fisch in der Hand, nackt in der kaputten Eismaschine der Insel und ein andermal schreiend auf der Saling ihrer Yacht. Nackt selbstverständlich, mit einem nackten Polen unter ihr, der sie mit dem Messer bedrohte. Sie ist dann recht elegant ins Wasser gesprungen, als der Pole ihr mit seinem Messer zu nah kam. Dann schwamm sie zum Strand, an dem wir mit ein paar anderen Seglern gegrillt haben, und ist laut schreiend mehrmals auf und ab gelaufen. Ihr Freund, der Pole, der offensichtlich auch einen an der Klatsche hat, beruhigte sich dann später. Die beiden sind auf jeden Fall immer noch zusammen, als wir die Insel verlassen.

Ansonsten ist Cocos ein Paradies. Morgens beim Aufstehen schwimmen Schildkröten ums Boot, und das Außenriff entpuppt sich als ideales Langustenfanggebiet. Übrigens ist das mit den Langusten gar nicht so einfach. Wir benötigen einen ganzen Vormittag, um läppische vier Stück zu fangen. Ständig wird man im knietiefen Wasser schnorchelnd von der starken Brandung um die Felsen gewirbelt. Und die Biester können sich wirklich gut in den hintersten Ecken verstecken. In Öl mit Knoblauch angebraten, schmecken sie dann aber so unvergleichlich gut, daß man weiß, wofür man da rumgehampelt ist.

Fische gibt es hier natürlich auch in Hülle und Fülle. Ein weiteres Mal wäre uns unsere Harpuniererei um ein Haar zum Garaus geworden. Richi hatte gerade einen richtig großen Papageienfisch geschossen, als einer dieser Weißspitzen-Hochseehaie auftaucht. Bei Tiefseehaien blinken bei uns schon ohne zappelnden Fisch an der Harpune die Warnlampen. Der Hai ist ein ziemlich großes Vieh und zweifelsohne wegen unseres Fangs hier. Sofort fängt er an, uns zu umkreisen. Für solche Fälle haben wir uns schon lange einen Plan zurechtgelegt. Schnell kommen wir sehr dicht zusammen, um dem Hai das Gefühl eines großen Gegenübers zu geben. Doch kaum sind wir zusammen, macht er schon den ersten Scheinangriff und zischt knapp an uns vorbei. Bis er umdreht und zurückkommt, haben wir gerade noch Zeit, unseren Pfeil mit dem zappelnden Fisch von der Harpune zu trennen. Sofort widmet sich der Hai der Beute. Wir kommen mal wieder mit dem Schrecken davon und haben einen Harpunenpfeil verloren, was zwar ärgerlich ist, aber es hätte eindeutig schlimmer kommen können.

Es kommt hier wohl öfter vor, daß sich Tiefseehaie verirren. Uns werden Fotos von einem riesigen Tigerhai gezeigt, aufgenommen in der Lagune von Cocos. John Ross erzählt dazu eine Story von einem Fischer, dem die Angel aus der Hand gerissen wurde und der von Bord sprang, um sie wiederzuholen – und einem Tiger direkt ins geöffnete Maul gehüpft war. Ob die Story erfunden ist oder nicht, ist nicht so wichtig. Wir harpunieren danach jedenfalls nur noch in direkter Nähe von BLUESHIP.

John Ross, Sarah und Jane sind definitiv die Krönung der ausgefallenen australischen Inselbewohner – von gerade mal sechzig insgesamt. Die Australier sind eigentlich nur zur Versorgung der etwa zweihundert Malayen da, die auf „home island" wohnen. Ihre Geschichte und die von Cocos ist eng verwoben mit der Geschichte von John Ross.

Sein Vater war es, der bis vor ungefähr zwanzig Jahren König dieser Inselgruppe war, die zu dieser Zeit unter keinem staatlichen Protektorat stand. Es war das letzte wirklich freie Fleckchen Erde. Als uns John diese Story erzählt, zeigt er uns stolz ein Bild, auf dem sein Vater, ganz in edlem Weiß gekleidet, neben der Queen steht. Die Pose, die er eingenommen hat, spricht für sich. Die Arme verschränkt, den rechten Fuß leicht quer gestellt und in gerader Linie den linken Fuß davor, läßt er sich von der lachenden Queen etwas erzählen. Ein stolzer Mann.

Vor etlichen Jahren war er auf die Insel gekommen und hatte die Malayen für seine Kocosfarm importiert. Und die kamen da nie wieder weg. Denn als Lohn für ihre Arbeit auf den Plantagen bekamen sie Plastikgeld, das sie nur auf der Insel verwerten konnten. Ganz schön gemein. 1978 entschied dann eine UNO-Sonderkommission, daß der Ritter der Kokosnüsse moderne Sklaverei betreibt, woraufhin die Australier das vor ihrer Küste nicht länger dulden wollten. John Ross Senior gab irgendwann auf und verkaufte die gesamte Inselgruppe für lächerliche 9 Millionen A$ an Australien.

Danach ging es mit dem Ross-Clan ziemlich schnell bergab. Der Einstieg ins Reeder-Business mißlang gründlich, und zwei Jahre später war die Familie pleite. Nicht mal die wunderschöne Villa „Ocean-House" auf „home-island" konnten sie halten.

Die englische Internatserziehung ist das einzige, was John Ross geblieben ist. Und die merkt man ihm an. Er ist sozusagen der Prototyp des englischen Internatbengels. Ungemein sympathisch und nur Blödsinn im Kopf. Ein echter Freak, der aus Prinzip keine Schuhe trägt und uns begeistert von seiner Vogelfangtaktik erzählt:

Als Bub gehörte die Vogeljagd quasi zum guten Ton des Hauses. Die Gäste seines Vaters aus England waren immer ganz begeistert davon, statt Tontauben zu schießen oder Treibjagden zu veranstalten, mal so richtig daraufloszuballern, womöglich noch bei einem Hochseeangeltrip. Später, unter australischem Protektorat, war dies selbstverständlich strengstens verboten. So mußte sich der kleine John Ross etwas anderes ausdenken. Spitzbübisch arrangierte er seine Vogelfalle als Unfall. Unter eine große Plexiglasplatte plaziert er einen zappelnden Fisch am Haken. Kaum von den Seevögeln entdeckt, dauert es nicht lange, bis einer darauflosschießt und klatschend landet.

– Es hat John nie einer gefragt, weshalb bei ihm öfter mal Vögel auf dem Deck „landen". Aber er hat ja ein Schiff aus glänzendem Aluminium und würde sicher eine phantasievolle Ausrede finden. Eigentlich tun mir die Viecher richtig leid, zumal wir Seevögel in alter Seemannstradition als Glücksbringer ansehen. Aber es war halt so etwas wie eine Kinderstory übers Frösche aufpumpen oder ähnliches, und er erzählt es uns mit seinen verschmitzt glitzernden Augen, so daß man nicht umhin kommt, darüber zu lachen.

Einmal gehen wir mit ihm tauchen, denn er will uns unbedingt Perilwall zeigen. Nachdem wir ihm von unseren vorangegangenen Tieftauchgängen vorgeschwärmt haben, leuchten seine Augen und er berichtet uns von der Höhle in zweiundsechzig Meter Tiefe. Natürlich sind wir Feuer und Flamme. Alles ist gut vorbereitet. Unter dem Boot haben wir eine Flasche zur Dekompression in sechs Metern Tiefe plaziert. Der Ablauf ist klar. Wir wollen runter zur Höhle und dann langsam aufsteigend perilwall umtauchen, um dann von der anderen Seite her mit der Strömung wieder zum Boot zu gelangen.

Wir steigen sehr schnell ab. Es ist schon dunkel hier unten, und der hohe Druck läßt die Blasen aus den Automaten wie Glasperlen aufsteigen. Die Höhle ist leer. Mein Tiefenmesser am Anschlag. Richi zeigt mir seinen Computer: 62 Meter. Es ist unheimlich still in dieser Tiefe. John deutet auf eine Blattkoralle über uns, die hier eigentlich gar nicht mehr zu finden sein dürfte. Ängstlich gucke ich auf meinen Druckmesser. Wir hatten eigentlich nicht vor, hier einen stundenlangen Höhlenbesuch zu veranstalten. John, der uns führt, scheint damit keine Probleme zu haben. Langsam steigt er auf vierzig Meter. Wir sind beide inzwischen schon gute fünf Meter über ihm, als Richi mir Signale gibt. Was will er mir sagen? Nicht in Ordnung, aha, dann ein Fingerzeig auf mein Flaschenventil. Er nimmt kurz seinen Atemautomat ab und läßt ihn sprudeln. Was? Ist etwa mein Ventil undicht? Ein gutes Stück vor uns ist John, der jetzt ordentlich speed gibt. Kurz danach ist er verschwunden.

Wir steigen auf bis auf zehn Meter und schwimmen in Richtung Boot. Zum Glück haben wir den Kompaß dabei. Richi hat die Führung übernommen. Er hat den Tauchcomputer am Arm. Wird die Luft reichen? Natürlich nicht. Wir haben wahnsinnig zu kämpfen, um gegen die starke Strömung zurück zum Boot zu kommen.

Wir sind jetzt auf sechs Meter. Als meine Flasche leer ist, atmen wir wechselseitig über Richis bottle. Und dennoch. Es reicht nicht. Kurz bevor wir am Boot anlangen, müssen wir hoch. Richis Computer piepst wie verrückt und zeigt pausenlos SOS. Wir haben beide Angst.

Geradezu plastisch habe ich vor Augen, wie der Stickstoff in meiner Blutbahn sprudelt. Schwimmend ist die Strömung noch stärker. Zum Glück haben wir die Dekobottle, so können wir immerhin noch eine halbe Stunde beide das Gas abatmen. Zwischendurch kommt auch John. Er bleibt zehn Minuten bei uns und scheint immer noch Luft zu haben. Als wir schließlich auftauchen, piepst uns der nervige Computer immer noch sein SOS um die Ohren.

Zurück auf unserem Kat nehmen wir beide erst mal 50 Millibar reinen Sauerstoff zu uns. Nur gut, daß wir uns eine komplette Notarzttasche an Bord genommen hatten. Beim Sauerstoffatmen müssen wir immer wieder einen Druckausgleich über die Ohren machen. Nach der Sauerstoffdusche und ausgiebigen Berechnungen fühlen wir uns sicherer. Auch das Jucken im Nacken oder an den Armen bleibt aus. Vorbeigeschrammt am Tauchunfall. Soviel zu unseren Erlebnissen mit John.

Sarah ist anders gestrickt. Sie ist die Met-Frau der Insel. Außer ihren wirklich ausgezeichneten Wetterkenntnissen, ist sie ausgesprochen hübsch und neben Jane, der Lehrerin, die einzige alleinstehende Frau auf der Insel. So ist es nicht verwunderlich, daß wir zu einem kleinen Vierergrüppchen werden. Jane ist eine feurige Bewunderin von Russ-Meyer-Filmen, und wir haben wirklich ausgelassenen Spaß mit den beiden. Feiern gehört auf Cocos geradezu zum Tagesgeschäft.

Überhaupt sind die Australier definitiv das Völkchen, das in der Rubrik Feiern als absoluter Sieger unserer Tour hervorgeht. Wir bauen einen Erdofen am Strand und machen Strandparty. Ein Turmbau aus Bierbüchsen entwickelt sich zu einer großen Bierduschenspritzerei. Die Frauen können sich Männerköpfe zum Kahlscheren ersteigern, und das Geld wird den „flying doctors" gespendet. Richi schießt hierbei den Vogel ab. Die Damen pokern sich immerhin bis auf 150 Dollar hoch, um Richi mit Fleischmütze zu sehen. Er nimmt's lässig so kurz vor der nächsten langen Etappe.

In dem einen Monat auf Cocos schaffen wir es kaum, unsere Reparaturen zu erledigen. Erst einen Tag vor Abfahrt bauen wir die geschweißte Nirostaplatte am Vorstag wieder ein. Nur wegen des abgelaufenen Visums segeln wir weiter, das wir uns dummerweise nur auf einen Monat hatten ausstellen lassen; weg von dieser lebensfrohen und außergewöhnlich gastfreundlichen Inselgemeinschaft.

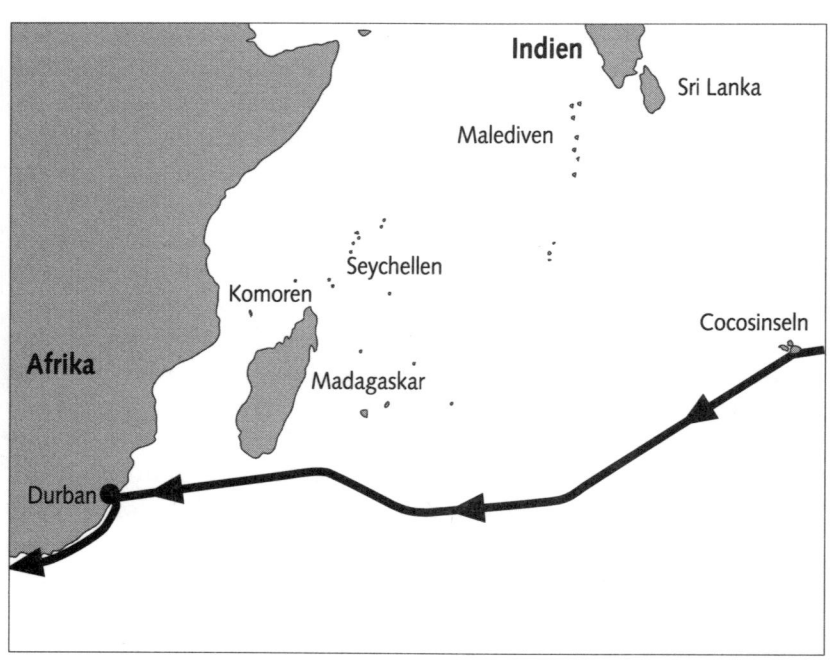

Der Starkwindquadrant und ein Bierschiff im Indischen Ozean

Der südliche Indische Ozean ist berüchtigt. Es gibt sogar einen Starkwindquadranten zwischen dem neunzigsten und fünfundsiebzigsten Längengrad, der besonders starke Winde im Winter vorzuweisen hat. Selbstverständlich ist es Winter, als wir uns dem neunzigsten Längengrad nähern. Wir haben es bisher immer geschafft, die schwierigen Seegebiete der Erde zu ihrer ungünstigsten Zeit zu befahren – warum sollten wir jetzt also von dieser lieben Gewohnheit abrücken? Wir sind im Winter durch die Biskaya gesegelt, haben Kap Hoorn im Winter gerundet und den Pazifik in der Hurrikansaison durchquert. Da ist es geradezu ein Muß, den südlichen Indischen Ozean ebenfalls in seiner ungünstigsten Zeit zu meistern.

Und ganz nebenbei: Wir haben auch keine andere Wahl. Der Weg durch das Rote Meer und den Suez-Kanal ist nicht mehr möglich. Nach Mai kann man sicher sein, daß einem der Norder so ins Gesicht bläst, daß sogar Einrumpfer Probleme haben, dagegen anzukämpfen. Und wir mit unseren unzuverlässigen Maschinen und den bescheidenen Segelleistungen unserer BLUESHIP auf der Kreuz. Dazu kommt, daß einige Staaten an den Ufern des Roten Meeres nicht gerade gastfreundlich sind. Außerdem gilt eine echte Weltumseglung nur, wenn man die Kanäle meidet. Magellan hatte schließlich auch nur die Möglichkeit, um die Kaps zu segeln.

Schon bei der Ausfahrt aus Cocos Keeling haben wir ordentlich Wind. Aber nach der Rundung Kap Hoorns fühlen wir uns vor allen Gefahren gefeit, und seit Indonesien gibt es für uns allemal kein schlimmeres Schreckgespenst als die Flaute. Sturm? – Was heißt das schon. Dann läuft man eben ab oder verkleinert seine Segelfläche, und alles ist halb so wild.

Es kommt, wie es kommen muß. Es sind nicht einmal unbedingt der Sturm beziehungsweise die Sturmtiefs, die über unsere Köpfe hinwegbrausen, den Tag in Nacht verwanden, das Seewasser von der Oberfläche aufwirbeln und dieses Gemisch aus Regen, Meerwasser und Sturm erzeugen. Es sind die Wellen, die uns fertigmachen. Sie sind hoch, steil und ohne irgendein gleichmäßiges Muster. Sie sind tückisch und unberechenbar.

Seit drei Tagen quält uns der Sturm, und wir machen kein Auge zu. An Schlafen ist gar nicht zu denken. Immer wieder hämmern die Wellen gegen den Boden des Salons. Das ganze Schiff vibriert. Es ist, als wolle die See mit roher Gewalt unser Schiff auseinanderreißen. Wir fühlen uns wie in einer Schlacht, aus der es kein Entrinnen gibt.

Wir sind beide sehr gereizt, denn selbst in den Dämmerphasen, in denen der Körper sein Recht auf Ruhe erzwingt, dominiert die Angst und hält die Sinne wach. Es ist wie auf einer Achterbahn. Mal surft unser Kat eine steile Welle ab, dann kracht es wieder ohrenbetäubend, wenn wir in eine Welle reinklatschen. Oder es hebt uns von der Seite so schnell an, daß unsere Lady tatsächlich Mühe hat, zur Seite wegzudriften und nicht umzukippen. Es ist ein Hexenkessel da draußen. Immer wieder taucht unser Schiff ein und wird von der weißschäumenden Gischt überspült.

Leicht fröstelnd stehe ich im starken Wind, um, wie man so schön sagt, nach dem Rechten zu sehen. Immer wieder geht mein Blick hinauf zu der geschweißten Stelle der Vorstaghalterung. Hoffentlich hält's. Ich sinniere gerade noch, was wir überhaupt tun können, wenn der Mast runter kommt, als wir wieder auf einer steilen Welle ins Surfen kommen. Das Schiff neigt sich so stark nach unten, daß ich unwillkürlich nach Halt greife, um nicht nach vorne zu kippen. BLUESHIP stürzt in ein Wellental.

Vor der Sitzbank klammere ich mich an der großen Winsch fest. Wir sind schnell. So schnell wie schon lange nicht mehr. Während wir in das Wellenloch rasen, sehe ich, wie sich ein anderes Wellenungetüm vor uns aufbaut. Wie eine Wand steht es vor den Rümpfen und wartet, daß wir in es hineinkrachen. Fasziniert und gelähmt stehe ich da. Es geht zu schnell. Krampfhaft halte ich mich an der Winsch fest. Schon tauchen beide Rumpfspitzen ein und bremsen uns abrupt. Mein Füße heben vom Boden ab, während unser Kat weiter

eintaucht. Es ist vorbei. Ich weiß es. Zu oft hatte ich das Unter-
schneiden der Rümpfe bei den kleinen Sportkats erlebt. Es ist das
gleiche Brodeln, das abrupte Abstoppen und das durch die Gegend
fliegen. Direkt vor mir ist das Wasser. Unsere Lady hat sich bis zum
Mast in die Welle gebohrt. Ich bekomme das Gestänge des Sonnen-
schutzes zu fassen und lande krachend an der Tür. Wir gehen nicht
über Kopf. Zu schwer sind die Motoren im Heck. Obwohl unsere
BLUESHIP bis zum Mast im Wasser steckt, hat sie sich wieder gefangen. What a boat.

Wie aus dem Nichts steht plötzlich Richi neben mir. „Alles klar,
Dude?" Er hat innen am Navtisch gesessen. Mir läuft Blut übers
Gesicht.

„Verdammt, irgendwas blutet." Ich bin noch ganz benommen von
meinem Flug. Richi holt den Verbandkasten. Überall Blut. Es strömt,
als hätte es eines meiner Hauptkabel erwischt. Aber kaum hat Richi
alles gesäubert, ist Entwarnung angesagt. Nur eine kleine Platz-
wunde am Kopf. Nicht der Rede wert. Wir haben spezielles Pflaster
für klaffende Wunden. Ordentlich Jod drauf und einen Verband um
den Kopf. Hinterher sehe ich aus, als hätte ich einen weißen Turban
auf.

„Wir hatten kurzfristig fast 22 Knoten auf dem Speedo. Das war
ganz schön knapp. Wir waren voll unter Wasser."

„Ich weiß, wir ham mal wieder ganz schön Schwein gehabt. Daß
wir vorne wieder hoch gekommen sind – unglaublich. Hätt ich nicht
das Gestänge zu fassen bekommen, wär ich über das Kabinendach
geflogen."

„Wo bist du denn mit dem Kopf gegengestoßen?"

„Keine Ahnung. Geht aber schon wieder. Scheint ja wirklich nicht
so schlimm zu sein. Bekomm' ich da 'ne Narbe?"

„Weiß nicht. Könnte schon sein. Mann mit Narbe ist interessant.
Aber es sah doch ziemlich klein aus."

„Das ist aber auch ein Hexenkessel hier. Hoffentlich ist das bald
vorbei. Guck mal, da hinten ist schon wieder alles dunkel."

Noch zwei weitere Tage werden wir gequält. Als der Sturm dann
endlich nachläßt, schlafen wir beide viel. Eigentlich stehen wir nur
mal ab und zu auf, um die Segelstellung zu verändern und was zu
essen. Ansonsten verkriecht sich jeder in seiner Koje. Ich lese „Anna

Karenina" von Tolstoi, während Richi es sich mit „Der Spieler" von Dostojewski bequem gemacht hat. Russen sind angesagt. Immer wenn meine Augen müde werden, schlafe ich ein paar Stunden. Es ist wolkenverhangen. Ab und zu regnet es.

Wir brauchen gute 48 Stunden, bevor wir wieder einigermaßen auf dem Damm sind. Dann geht es ans Nähen. Mit der Zeit sind wir richtig schnell geworden im Umgang mit den dicken Nadeln, dem Segelmacherhandschuh und dem widerspenstigen Segelstoff. Unsere Segelgarderobe hat ordentlich gelitten. Die Genua gleicht inzwischen einem Kartoffelsack. Sogar das Großsegel, das bisher noch nie betroffen war, hat ein paar kleinere Macken abbekommen. Beide Genuas haben natürlich wieder schöne lange Risse, die uns drei Tage lang mit Nähen beschäftigen. Es ist keine schlimme Arbeit und eigentlich ein ganz netter Zeitvertreib, zu sehen wie aus Zentimetern Naht irgendwann dann auch mal Meter werden. Aber im nachhinein haben wir so viel genäht, daß sich bei unserem Platzangebot auf dem Schiff eine Nähmaschine sicher gelohnt hätte.

Wir kommen zügig voran auf unserer dritten Ozean-Überquerung und hätten es bestimmt auch noch bis zu Richis Geburtstag geschafft in Südafrika anzulegen, wenn da nicht noch ein kleines Maleur passiert wäre. Doch eines Nachmittags ging unser Notebook einfach nicht mehr an. Das ist nicht weiter schlimm, wir haben ja schließlich unsere Ersatzsysteme:

Das Inmarsat-C-System, das über unseren Rechner läuft, versorgt uns mit aktuellen Wettermeldungen, GPS-Daten und unserer Telex-Verbindung nach Hause. Fürs Wetter haben wir noch einen FMD 50 an Bord, der hochkompliziert zu programmieren ist. Vorausgesetzt bei den Landstationen sitzt jemand, der korrekt geben (morsen) kann, bringt das kleine Maschinchen ab und zu auch mal 'ne Wettermeldung rüber. So weit also okay.

Und das GPS?

Es ist die Errungenschaft schlechthin. Per Knopfdruck zu wissen, wo man sich befindet. Dieses kleine elektronische Gerät – verbunden mit den Militärsatelliten – hat die Seefahrt revolutioniert. Nur so ist es uns möglich gewesen, ohne große Vorkenntnisse einfach loszusegeln. Klar, wir hatten uns auch mal einen Sextanten gekauft. So einen aus Plastik, um mal zu üben. Wir haben aber weder Beschickungstabellen noch das Nautische Jahrbuch an Bord. Brauchen wir ja auch nicht. Schließlich sind wir mit vier GPS-Systemen ausgestattet, wovon eines ein Handgerät mit Batteriebetrieb ist. Außerdem finden wir es albern, daß sich jeder Weltumsegler mit seinem Sextanten ablichten läßt. Wir haben öfter mit anderen Seglern darüber diskutiert. Der Sextant an Bord ist in unseren Augen etwa vergleichbar damit, daß man sich heutzutage eine Kurbel zum Anwerfen des Motors in sein Auto legt. Oder ist das vielleicht doch ein wenig hochnäsig?

Jedenfalls war der GPS in unserer sündhaft teuren Inmarsat-C-Rettungsboje von Fastnet-Radio schon auf dem Atlantik kaputtgegangen und auf der ganzen Welt nicht zu reparieren. Bei unserem alten Philipps-GPS hatte die Antenne in der Karibik ihren Geist aufgegeben, und eine Ersatzantenne war fast doppelt so teuer wie ein neues GPS-Handgerät. Durch die Weigerung unseres Notebooks, hochzufahren, haben wir zwar die GPS-Daten des Inmarsat-Systems irgendwo im Kabel, können sie aber leider nicht ansehen. Aber wir haben ja noch das Notgerät. Unser geliebtes Garmin. Schon im Pazifik hatte es uns aus der Klemme geholfen. Und jetzt?

Wir können es einfach nicht finden! Unter wilden Flüchen suchen wir das ganze Schiff ab. Stundenlang, ohne Erfolg. Wir haben bei all unseren Stops immer die Politik des offenen Bootes gefahren, denn wir freuen uns über Gäste. Aber irgendeiner dieser Besucher hatte unseren Garmin mitgehen lassen. Favorit Nr.1 unserer Verdächtigungen ist natürlich die verrückte Loopi von Cocos. Ansonsten sind bei uns meistens Segler an Bord gewesen, und wir können uns wirklich nicht vorstellen, daß einer von denen unser GPS hatte mitgehen lassen. Segler bestehlen sich nicht: Das ist so etwas wie ein Ehrenkodex. Und dennoch stellen wir die wildesten Vermutungen an: Wer wo gesessen und sich plötzlich verabschiedet hatte. Aber das hilft natürlich nichts. Das verflixte Ding bleibt verschwunden.

Sehr schlecht, mitten im Indischen Ozean seine Position nicht bestimmen zu können. Wirklich äußerst schlecht. Zumal die Mißweisung in diesem Gebiet besonders groß ist. Zwischen 10° und 25° Mißweisung, je nachdem, wie weit südlich man sich befindet. Dazu dann noch die Differenz zwischen unserem Fluxgate-Kompaß und unserem Kugelkompaß. Welchem sollen wir jetzt trauen? Wir beginnen, ganz klassisch unsere Geschwindigkeit zu kontrollieren und unseren Standort zu koppeln. Koppeln kann man ohne weiteres mal für ein paar Stunden, aber über Tage und Wochen wird der Fehler natürlich unglaublich groß. Also gehen wir dazu über, nach Schiffen Ausschau zu halten, die ab sofort den treffenden Namen GPS-Schiffe bekommen.

Wir wissen schon, wieso wir immer ohne Nachtwache und ohne schlechtes Gewissen schlafen gehen. Leider ist der Stromverbrauch des Radars zu groß, um es ständig laufen zu lassen. Und mit bloßem Auge sieht man eben nicht gerade weit. In den darauffolgenden 14 Tagen sichten wir genau zwei GPS-Schiffe. Einmal sind wir viel zu weit im Süden mit direktem Kurs auf die Antarktis. Dem Schiff, das uns diese Informationen übermittelte, sind wir heute noch dankbar.

Beim zweiten Mal werden wir von der Sorge erlöst, irgendwann auf Réunion zu krachen. Die Angst, auf diese Madagaskar vorgelagerte Insel zu rauschen, hat uns zu richtigen Entdeckern gemacht. Plötzlich können wir nachfühlen, wie das gewesen sein muß, als Kolumbus losfuhr und alle nur darauf warteten, von der Erdenscheibe runter zu kippen. Insgesamt kann man sagen, wir durchquerten nicht den Indischen Ozean, wir durchschlängelten ihn.

Irgendwann in diesen Tagen kommen wir auf die glorreiche Idee, unser Notebook auseinander zu schrauben. Wir nehmen die Platinen auseinander, kratzen an ein paar korrodierten Kontakten rum, setzen alles wieder zusammen – und nichts passiert. Das bringt irgendeine besonders ehrgeizige Saite in mir zum Klingen. Also setze ich mich hin, um aus zwei „halben", dem kaputten aus dem Pazifik und dem widerwilligen, einen voll funktionstüchtigen Rechner zu machen. Just in dem Moment, als ich mit dem dicken Lötkolben dem widerwilligen zu Leibe rücken will, greift Richi ein:

„Sollten wir es nicht noch einmal versuchen, bevor du jetzt alles kaputtmachst?"

„Na gut, ich steck's noch mal zusammen."

Stecker rein und: pieps. Es springt wieder an. Sicher, der Ehrgeiz, als genialer Selfmade-Computerzauberer in die Geschichte einzugehen, ist damit nicht gestillt, aber das ist angesichts des freundlich leuchtenden Bildschirms eigentlich egal.

226

Den Traum, Richis Geburtstag in Südafrika zu verbringen, können wir natürlich trotzdem vergessen. Zumal wir zwei Tage später in eine schreckliche Flaute kommen.

Besonders in solchen Situationen ist es stets das Verlangen nach einem eiskalten Bier, das am ausgeprägtesten ist. Die trockene Seeluft und ein zöschelndes Bierchen. Welch Kombination. So kommt es nicht von ungefähr, daß Richi völlig aus dem Häuschen ist, als wir einen Tag vor seinem Geburtstag von einem riesigen Frachtschiff passiert werden. „Den frag' ich nach Bier." Das Schiff kommt aus Bombay und heißt PRADUI DAYA oder so ähnlich. Jedenfalls fährt es so nah an uns vorbei, daß wir den Namen mit bloßem Auge lesen können. Nach den üblichen Begrüßungsworten über Kanal 16 rückt Richi mit seinem Anliegen raus:

„Wir sind zwei Deutsche und segeln seit fast zwei Jahren um die Welt, haben auch Kap Hoorn umrundet, und nun hat einer von uns heute Geburtstag. Für einen Deutschen ist es die schlimmste aller Welten, zu seinem Geburtstag kein Bier zu trinken. Unglücklicherweise haben wir seit Wochen kein Bier mehr an Bord. Könnten Sie uns nicht aushelfen? Ansonsten wäre das unterlassene Hilfeleistung."

Wir können hören, wie der Offizier am anderen Ende schmunzeln muß. Er werde seinen Kapitän fragen und sich dann wieder bei uns melden. Kostbare Minuten verstreichen, in denen sich das Boot, das mit ungefähr 15 Knoten dahinrauscht, schnell immer weiter entfernt.

„Biet' ihnen unseren Rum zum Tausch an."

Selbstverständlich ist das völliger Quatsch. Wie sollten die auf dem Frachter von ihrer Brücke, die wenigstens vierzig Meter über dem Wasser liegt, an den Rum rankommen? Aber auch ich bin inzwischen ganz Feuer und Flamme bei der Vorstellung, bald ein Bier zu trinken. Auch wenn die Chance, demnächst einen Gerstensaft in der Hand zu halten, extrem gering ist. Doch die Vorstellung des herben, kühlen Getränks in unseren Kehlen ist einfach zu verlockend.

Plötzlich knackt das Funkgerät, und wir haben den Kapitän am Ohr. Seinem Akzent hört man deutlich an, daß er Inder ist. Aufgeregt wiederholt Richi noch einmal die ganze Story mit dem Zusatz, daß wir auch Rum zu tauschen hätten. In aller Ruhe fragt der Kapitän noch einige Sachen zur Reise und sagt dann, wir sollen uns gedulden, er müsse über unser Anliegen nachdenken. Verdammt! Mit jeder verstrichenen Minute ist er mehr als 100 Meter weiter weg, und unsere Chancen sinken damit rapide.

„Sag' ihm, daß er das Bier auf einer Palette ins Meer schmeißen kann und uns die GPS-Position geben soll. Wir finden das dann schon."

Richi bietet ihm auch das über Funk an und ergänzt noch:

„Es wäre wirklich eine große Tat, Sir."

Inzwischen ist der Frachter schon fast am Horizont verschwunden, und auf unsere letzte Bemerkung haben wir nicht einmal mehr eine Antwort erhalten. Etwas traurig stehe ich draußen auf der Bank und beobachte das Schiff.

„Hey Dude, ich glaub der dreht!"

„Kann nicht sein", Richi kommt nach oben und guckt. Es ist kaum etwas zu erkennen, da das Schiff schon nur noch ein kleiner Punkt am Horizont ist.

„Ich glaub du hast recht. Der dreht!"

Unglaublich, was sich da vor unseren Augen abspielt. Ein Kapitän läßt einen 150 Meter langen Frachter am Horizont drehen und kommt zu uns zurück – wegen eines Bieres!

„Wir müssen das aufnehmen, daß glaubt uns keiner." Wir bauen die Kamera auf und sind sprachlos. Ruhig rauscht dieses Ungetüm BLUESHIP entgegen. Heutzutage, wo jede Minute Unsummen kostet, scheint es diesem Inder nichts auszumachen, sein Riesenschiff unter vollen Touren einen Umweg von einer halben Stunde fahren zu lassen. Nur um zwei Deutschen, die er höchstwahrscheinlich nie mehr wiedersieht, ein paar Biere zu schenken.

Es ist immer wieder faszinierend, wie groß diese Frachtschiffe sind, wenn sie nahe an einen rankommen. Und dies ist ein besonders großes Exemplar. Wir sehen die Besatzung auf der Brücke stehen und uns zuwinken. Ganz winzig sind sie.

Und dann macht es platsch!, und eine Holzpalette mit Bier schwimmt im Ozean. What a Captain, what a man. Wir brauchen fast eine halbe Stunde, bis wir das in Seenot geratene Bier in der Flaute erreichen. Zum Motoren haben wir schon lange keinen Diesel mehr. Und das beste: es ist immer noch kalt! Zwei six-packs australisches Hahn-Bier, eingepackt in zwei dicke Isotüten, liegen auf der Palette

festgebunden. Wir sind fassungslos vor Freude und dementsprechend überschwenglich fällt unser Dank aus.

Wir schicken dem freundlichen Kapitän noch ein Telex über
Inmarsat, verlegen Richis Geburtstag einen Tag vor und genießen
jeden Schluck dieses unvorhergesehenen Geburtstagsgeschenks.
„Durst ist der beste Brauer".

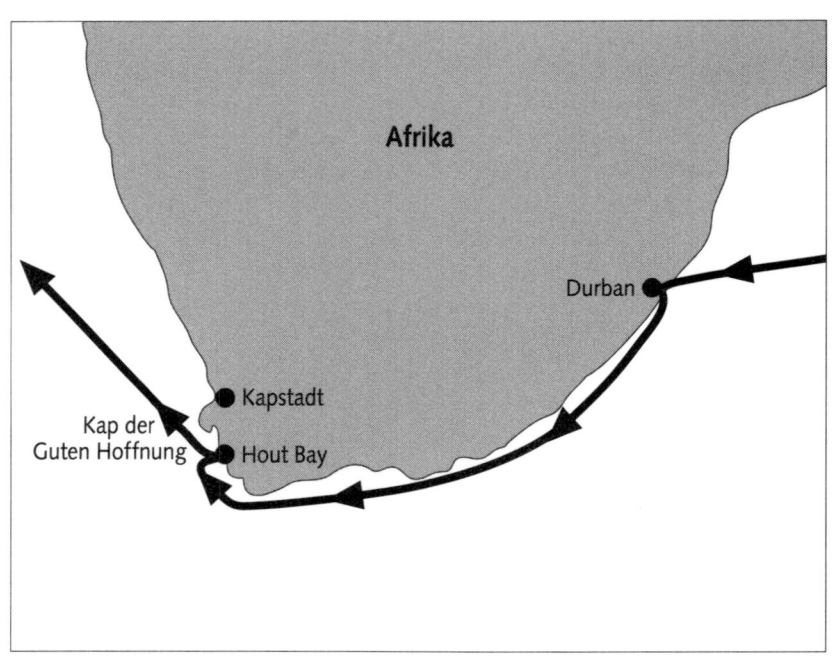

Das zweite Kap

Unsere Ankunft in Südafrika verläuft wie nach allen Etappen, die über dreißig Tage dauerten: feiern exzessiv. Wir haben nicht viel Geld und joggen vom Yachtclub in die City von Durban. Es tut gut, die Beine mal wieder so richtig zu bewegen. Plötzlich hören wir Schüsse. Leicht beunruhigt laufen wir weiter und kommen an eine Straßensperre der Polizei. Aus dem Gebäude direkt hinter ihnen müssen die Schüsse abgefeuert worden sein. Heißes Pflaster hier.

Da wir erst am nächsten Tag an das Geld von zu Hause rankommen – die letzte Sponsorenüberweisung – beschließen wir, als uns irgendwann das Geld ausgeht, den Rest der Nacht in einem 24-Stunden-Restaurant zu verbringen. Warum auch nicht. Trinken und essen die ganze Nacht, und morgen geht dann einer von uns das Geld holen, während der andere wartet. Toller Plan. Nur leider sind wir ein wenig auffallend, und dazu kommt auch noch ein Personalwechsel, bei dem die Kellnerin völlig unerwartet abkassieren will.

Wir haben inzwischen eine recht ansehnliche Rechnung, und wir sind in Südafrika. Hier ist man ohne Geld weniger als ein Nichts. Schlimmer als in den USA. Wir haben Glück, daß der Inhaber des Ladens da ist und uns gegen das Pfand meiner Omega-Seamaster die Polizei vom Hals hält. Glücklicherweise ist das Geld tatsächlich da und ich nicht gezwungen, meine Uhr für umgerechnet etwas mehr als vierzig Mark in Durban zu lassen.

Südafrika ist ein Traumland. Eine hervorragende Infrastruktur, dazu die Wildnis und eine Küstenlinie, die auf der Welt ihresgleichen sucht. Ausgiebig genießen wir die Natur: Von den Felsen aus Wale beobachten, zum Weißen Hai, dem imposantesten Raubtier der Meere, tauchen und in der Steppe auf Jagd gehen.

Hier in Durban fliegt wieder einmal unser Freund Werner ein. Er hat es sich nicht nehmen lassen, uns in allen drei Ozeanen zu besuchen, von denen er einen – den Atlantik – mit uns zusammen überquert hat. Eine halbe Stunde nach unserem ersten Anruf ruft er uns im Yachtclub zurück und hat schon sein Ticket gebucht.

Schon am nächsten Morgen landet er. Dank unserer Presseausweise haben wir eine phantastische Überraschung für ihn: Wir sind vom Natal Shark Board auf eine Tour vor der Küste Durbans eingeladen. Früh um 6 Uhr starten wir mit drei Schnellbooten. Eine wundervolle Stimmung liegt über dem größten Hafen Afrikas. Gerade löst die aufgehende Sonne die orangefarbenen Leuchten der riesigen Krananlagen ab. Wir zischen durch die Hafeneinfahrt nach draußen, um die Netze vor der Küste zu kontrollieren.

Das Natal Shark Board hat sich von einer staatlichen Institution, die die Strände zum Schutz der Badegäste vor Haien vernetzt hat, zu einer halbstaatlichen Forschungsanstalt entwickelt. Nachdem wir ihnen erzählt haben, daß wir planen, unsere Aufnahmen an das deutsche Fernsehen zu geben, nehmen sie kurzerhand einen Hai aus der Tiefkühltruhe mit. Die Netze sind leer, und so muß unser „Eishai" ran. Netz hoch, Hai rein, Kamera an.

Dann das Netz noch einmal „kontrollieren" und siehe da: Es hat sich doch tatsächlich so ein Biest verfangen. Später erzählt uns Dave, der PR-Mann des Natal Shark Board, daß die Fernsehteams den Service mit dem Eishai immer sehr schätzen, denn ewig lang die Netze absuchen muß ja nun nicht sein. Doch das NSB fährt nicht nur Patrouille, es hat auch eine Neuentwicklung auf den Markt gebracht, den POD, Protection Ocean Device.

Ausgestattet mit einer Anode an der Finne und der Kathode am Tank, ist der Taucher mit diesem Gerät sicher vor Haien aller Art, auch vor dem „großen Weißen". Auf Knopfdruck baut sich ein elektrisches Feld um den Taucher auf, daß den Hai von Angriffen abhalten soll. Wichtig ist natürlich, daß man den Hai sieht und dann nicht vor lauter Aufregung vergißt, aufs Knöpfchen zu drücken. Leider sind sie noch in der Erprobungsphase, aber wir bekommen die Adresse der Tester unten am Kap und freuen uns schon auf die Hai-Experten.

Am nächsten Morgen ist ein mehrtägiger Landausflug geplant. Allerdings steht uns nicht der Sinn nach einer dieser Touren, bei denen man aus japanischen Mikrobenvans Tiere schauen darf. Nein, eine richtige afrikanische Jagd soll es schon sein. Nach langwierigen Verhandlungen haben wir einen Jäger gefunden, der sich von seinem rich-american-tourist Preis auf einen akzeptablen poor-sailor Preis runterhandeln läßt. Und wieder geht es sehr früh los. Im Landrover fahren wir weg von der Küste, God's Eye entgegen. Ein unglaublich wohltuender Effekt für die Augen. Nach dem unendlichen Blau des Ozeans verwöhnt uns der Weitblick der afrikanischen Steppe. Jan, ein Bure wie er im Buche steht, hat uns in eine der zahlreichen Jagd-Lodgen eingemietet.

Bevor es am nächsten Tag auf die Jagd geht, müssen wir noch unsere Schießkünste unter Beweis stellen. Jan hat eine Zielscheibe aufgestellt und jeder von uns Möchte-Gern-Großwildjägern muß mal ran. Er drückt uns ein Gewehr mit Zielfernrohr und dicker Munition in die Hand, das zudem einen nicht zu unterschätzenden Rückstoß hat, wie Richi leider feststellen muß. Schon nach dem ersten Schuß wird er aufgenommen in den halfmooners-club. Zu nah war er mit dem Kopf am Zielfernrohr, und bei dem Rückstoß stanzt es ihm einen wunderschönen Halbmond auf die Stirn. Jan kennt das schon und bringt mit einem auf Jod basierenden Gemisch aus einer kleinen Flasche die Blutung zum Stillstand. Eine bleibende Erinnerung. Die Lodge ist nur vom Feinsten. Am Abend genießen wir die ausgezeichnete Küche. Natürlich gibt es Wild, serviert in einem Raum, in dem alle Tiere der südafrikanischen Steppe ausgestopft auf einem großen Felsen Platz genommen haben. Wirklich sehr beeindruckend. Dazu gibt es ausgezeichneten südafrikanischen Rotwein.

Wieder früh raus und ab in die Steppe. Wir diskutieren nur kurz, wer Schütze sein darf, denn nur einer von uns kann sich zum Großwildjäger küren lassen. Jagen nach Trophäen widerspricht der BLUESHIP-Philosophie. Gejagt wird, was gegessen wird, und da reicht eine Antilope völlig aus. Den ganzen Tag verbringen wir in der Steppe. Immer mal wieder legt Werner an, aber Antilopen sind nun mal flink. Stundenlang schaukeln wir mit dem Landrover durch die Landschaft. Und dann passiert's: Mir wird ruckartig fürchterlich schlecht. Zunächst will ich es mir gar nicht eingestehen. Mir ist schließlich noch nie an Bord schlecht geworden und jetzt hier auf der Ladefläche eines Autos? Das kann doch gar nicht sein. Ich gucke in den Busch, atme tief durch und hoffe, daß keiner von den beiden mein grünes Gesicht bemerkt. Den ersten Mund voll spucke ich noch unbemerkt während der Fahrt aus. Doch dann hält Jan den Wagen an. Er hat mich im Rückspiegel beobachtet und gibt mir die Gelegenheit, mich schnell hinter einen Baum zu verziehen. Als ich zurückkomme, werde ich schon mit meinem neuen Spitznamen begrüßt: „Ah, Graf Kotzebu ist wieder da."

Neben uns im Busch entdecken wir wieder eine Antilope. Bestimmt die zehnte Chance für Werner. Wir sind am Rand des Jagdgebiets angekommen, das mit Zäunen gesichert ist. Jan parkt eng am Zaun, und Werner schlüpft mit der Waffe in der Hand aus dem Landrover. Wir sitzen hinten auf der Ladefläche und halten uns ruhig. Plötzlich ein Schrei von Werner, verbunden mit Bewegungen, die jeden break-dancer vor Neid erblassen lassen hätten. Werner ist beim eleganten Rausgleiten aus dem Wagen an dem Elektrodraht hängengeblieben und der scheint keiner von den harmlosen zu sein, wie sie bei uns in der Heimat verwendet werden.

Wir können uns nicht mehr halten vor Lachen und prusten los. Obwohl das nun wirklich nicht die feine Art ist, aber es sieht einfach zu lustig aus. Werner läßt sich nicht beirren und pirscht mit Jan hinter der Antilope her, die sich auf Distanz begeben hat. Während des Anpirschens zieht Werner plötzlich eine geheimnisvolle Dose aus der Tasche – und setzt sich eine Brille auf. Wir sind völlig baff. Wir wußten nicht mal, daß er eine hat. Mit leicht gebeugten Knien legt er ohne Auflage an und schießt. Das gut hundert Meter entfernte Tier knickt sofort zusammen und fällt um. Ein Blattschuß. Jan hält sich mit seinem Lob nicht zurück. Ein grandioser Schuß. Werner ist stolz wie Oskar und das zu Recht. Er bekommt selbstverständlich den Titel „Großwildjäger" zuerkannt, doch neben dem „half-mooner" und „Graf Kotzebu" überwiegt trotzdem sein hart erkämpfter Spitzname „electric-boy".

Wir lassen die Antilope drei Tage hängen und erkunden mit Jan die Gegend. Dabei stoßen wir nicht nur auf jede Menge Tiere, sondern auch auf eine große Südafrika-Rallye, bei der der Start wahrscheinlich das spektakulärste an dem ganzen Rennen ist. Gestartet wird in drei Gruppen, Autos, Motorräder und Tri-bikes. Das an sich ist noch nicht ungewöhnlich. Auch nicht, daß auf dem Rollfeld eines Buschflughafens gestartet wird. Doch dann trauen wir unseren Augen nicht, als auf das Startfeld eine einmotorige Cessna zurast, in nicht mal einem Meter Höhe. Kurz vor Erreichen der vorderen Reihe schaltet der Pilot seinen Landestrahler am vorderen Bugrad ein, das Startsignal, und zieht die Maschine hoch, knapp über den Köpfen der losbrausenden Rennfahrer. Einfach unglaublich. Als die Cessna zwischen den Starts landet, sprechen wir mit dem smarten Piloten. Wir wollen unbedingt den nächsten Start von seinem Cockpit aus filmen. Miles, der nicht nur aussieht wie Robert Redford, sondern ebenso sympathisch ist, muß uns den Zahn aus versicherungstechnischen Gründen leider ziehen. Als er unsere traurigen Gesichter sieht, lädt er uns auf einen Rundflug nach dem Rennen ein. So kommen wir in den Genuß, unser Jagdgebiet zu überfliegen und bekommen aus der Luft einen noch besseren Eindruck vom einzigartigen Charme der afrikanischen Landschaft. Miles wird zu einem richtigen Freund, den wir noch zweimal während unseres Durban-Aufenthalts besuchen und zu dem wir heute noch intensiven Kontakt halten.

Voller Eindrücke kehren wir zu unserer Antilope zurück, packen sie ein und fahren zum Schiff. Dabei erfahren wir, daß wir die ersten sind, die sich keine Trophäe machen lassen, sondern Wert auf das Fleisch legen. Fast einen Monat zehren wir von dem köstlichen Impalafleisch. Zusätzlich können wir alle Segler unseres Yachtclubs zu einem Barbecue einladen. Eine rundum gelungene Landexpedition. Leider mußte uns Werner anschließend wieder verlassen.

Die nächsten Tage verbringen wir mit den Vorbereitungen für unsere nächste Etappe. Vor uns liegt die wild-coast und dann das „Kap der Stürme", wie das Kap der Guten Hoffnung auch gerne genannt wird. Die Diskussionen, welches Kap das Schlimmere ist, waren schon immer beliebt in der Seglerwelt. Besonders gerne beteiligen sich an diesem Disput Segler, die nur eines der beiden Kaps kennen. Grundsätzlich möchten wir diese Debatte nicht anheizen, da hier sicherlich die subjektive Erfahrung eine große Rolle spielt, beziehungsweise das Wetter, bei dem man das jeweilige Kap rundet. Aber es gibt Unterschiede, die unseres Erachtens eine objektive Entscheidung zulassen.

Die Wetterberichte bei Kap Hoorn haben nicht annähernd die Qualität der südafrikanischen und sind zudem noch in spanisch. Auf dem Weg zum Kap der Guten Hoffnung hat man, außer dem Stück wildcoast, an jeder Ecke einen Hafen, in dem man Schutz suchen kann. Das ist auf dem Weg zur Spitze Südamerikas anders. Da ist einfach nichts. Kap Hoorn liegt auf dem fünfundfünfzigsten Breitengrad, ist unvergleichlich kälter, nur einen Katzensprung von der Antarktis entfernt, während Kapstadt nicht mal den fünfunddreißigsten Grad erreicht. Da unten ist die Sturmhäufigkeit nun mal einfach höher. Last but not least segeln jedes Jahr Massen ums Kap der Guten Hoffnung, während man sich nach dem Runden des „Teufelskaps" in die immer noch kleine Gruppe der Kapbezwinger einreihen darf.

Wir verfolgen die Wetternachrichten. An unserem ersten Auslaufen werden wir durch einen dummen Zwischenfall gehindert. Wir haben gerade getankt. Die Tide in Durban ist ausgesprochen groß, und so ist es völlig normal, daß Richi den Wachmann, der oben auf der Kaimauer steht, um eine helfende Hand bittet. Doch kaum hat er seine Hand ergriffen, verliert dieser das Gleichgewicht, stürzt von oben runter und nimmt Richi mit in die enge Rinne zwischen Boot und Kaimauer. Der Wachmann ist verschwunden. Ich sehe nur Richis Kopf, der aber sofort abtaucht, um nach dem Unglücklichen zu suchen. Nur gut, daß der Wind BLUESHIP von der Mauer freihält. Richi taucht auf und hält den Mann über Wasser, der hektisch um Hilfe schreit. Ich springe auf die Badeplattform und übernehme ihn von Richi. Er blutet am Kopf und hat einen Schock, denn er kann nicht schwimmen, wie fast alle Farbigen in Südafrika. Ein paar Klapse auf die Wangen holen ihn ins Leben zurück.

Was sollen wir jetzt tun? Natürlich hat er keine Versicherung oder ähnliches. Wir fahren mit ihm zu einer Klinik, wo er verbunden wird. Zum Glück hat er sich nichts gebrochen. Die ganze Aktion dauert ein paar Stunden, und danach ist uns die Lust aufs Ablegen vergangen. Also warten wir weitere Tage, bevor sich uns wieder eine passende Wettersituation bietet.

Zugebenermaßen hat uns die wild-coast auch ganz schön zu schaffen gemacht. Die unnachgiebige Welle, die der stürmische Wind gegen den schnellen Agulhasstrom aufbaut, gibt uns zwei Tage und zwei Nächte wieder das Gefühl, in einer Nußschale den Naturge-

236

walten hilflos ausgeliefert zu sein. Doch inzwischen sind wir fatalistisch geworden, wehren können wir uns sowieso nicht. Was wir tun können, und das ist nicht viel, wird getan, und dann? Warten wir mit einer inneren stoischen Ruhe auf das, was noch kommt. Als uns eine Bö die Mastrutscher rausreißt, haben wir schwer zu kämpfen, um unser Segel zu bergen. Fluchend bändigen wir Meter für Meter des umherschlagenden Riesenlappens. Feine Sache. Nicht nur die Bergung des Segels hat Spaß gemacht, auch der Preis hat es in sich. Der nette Windstoß kostet uns mal eben 2.800,– DM. Ansonsten zerfetzt uns der Wind natürlich wieder unsere Vorsegel, eines davon kurz vor Schluß, so daß wir in Hout Bay, einem Hafen kurz vor Kapstadt, nur noch mit Sturmfock einlaufen können.

Dort angekommen, stolz unser zweites Kap gerundet zu haben, hören wir von David, einem Segler aus Durban, der mit zwei Freunden an dem Tag ausgelaufen ist, als wir das Mißgeschick mit dem Wachmann, der „Butterhand", hatten. David ist ein anerkannter Fachmann für das Kap und hat das Schiff als Auftrag überführt. Geendet hat die Odyssee für David mit Beinbruch im Krankenhaus. Und das Schiff? Das liegt einige Plätze neben uns. Ohne Mast. Also, so ganz ohne ist das Kap nun offensichtlich auch nicht.

Afrikanische Gastfreundschaft

Der Mann, der beim Anlanden in Hout Bay unsere Leinen in Empfang nimmt, heißt Gianni. Es ist schwierig, ihn zu beschreiben. Er ist Italiener, ein Genie, ein bon-vivant, ein Unternehmer und ein Gastgeber par excellence. Seine verschmitzten großen Augen, sein grauer Schnäuzer und seine gedrungene Gestalt verleihen seiner Person eine unfreiwillige Komik. Ihn deswegen zu unterschätzen wäre ein kardinaler Fehler. Sein sprühender Intellekt und seine teilweise aufbrausende Art haben ihm im Yachtclub mehr als Respekt eingebracht. Einige verstecken sich regelrecht vor ihm. Denn wehe, du rufst ihn zu Hilfe oder übernimmst gar einen Auftrag von ihm: Gianni ist ein Pedant und erwartet von sich und allen anderen Top-Leistungen. Es kann einem schon mal passieren, daß man Gianni fragt, ob er einem mal beim Motor helfen kann, und kurze Zeit später steht man da wie ein kleiner Junge, der sich eine Standpauke vom Vater anhören muß. Beginnen tut das meistens mit einem langgestreckten, in hoher Tonlage: „Are you crazy?" oder „What are you doing?" Die Intonation ist dabei so gewählt, daß sich bei der ersten Silbe des letzten Wortes seine Stimme fast überschlägt. Hinzu kommt noch die Gestik. Beide Hände flehen einen geradezu an, im Rhythmus der Stimme. Eben ein waschechter Italiener.

Einige derer, die Gianni zum ersten Mal live erleben, sind eingeschnappt oder gar beleidigt. Wir kommen nicht umhin, beim ersten Mal zu grinsen. Zunächst beendet er noch aufgeregt seinen Redeschwall und erklärt uns die gesammelte Latte unserer Fehler. Dann aber macht sich auch auf seinem Gesicht ein Lächeln breit, der vorwurfsvolle Gesichtsausdruck verschwindet, und wir können an die Lösung der Probleme gehen. Wenn man seine Anfälle nicht bierernst nimmt, kann man wunderbar mit ihm auskommen.

Natürlich sind es wieder unsere Motoren, dazu die Mastrutscher, die Segel und, und, und. Gianni hat für alles seine Leute. Mal holt er uns in seinem Mercedes-Geländewagen ab, mal im Jaguar Double-Six, kutschiert uns quer durch die ganze Kap-Region und vermittelt uns Handwerker, die selbst den Ansprüchen unseres Gianni gerecht werden. Alle lieben sie ihn, den Herrn Ingenieur mit den hohen Anforderungen. Und alle sind sie echte Originale und verstehen ihr Handwerk. Ein unschätzbarer Vorteil, wirklich gute Leute zu kennen. Denn für die Einstellung unserer Einspritzpumpe am Backbordmotor haben wir nun schon zweimal bezahlt und sie ist immer noch nicht in Ordnung. Ein Fall für Briegel, einen deutschen Auswanderer, dessen Riesenwerkstatt von der Ordnung und Reinlichkeit an eine Klinik erinnert.

Aber nicht nur die Hilfe bei Reparaturen sind es, die ihn mit uns verbindet. Gianni lebt im exklusiven Llandadno nahe Hout Bay in einer Villa am Berg mit einem herrlichen Blick über den Atlantik und einem grandiosen Sonnenuntergang. Bei seinen Einladungen kocht der Meister selbst. Die Delikatessen, die er kredenzt, lassen einen nur noch Gaumen sein. Der Rest des Körpers wird zum rudimentären Fortsatz. – Und was haben wir ihm zu bieten, außer den guten Weinen, die wir zu den zahlreichen Einladungen mitbrachten?

Da muß ich etwas weiter ausholen. In Durban hatten wir bei einer Veranstaltung, zu der wir uns mit unseren Presseausweisen Zutritt verschafft hatten, das Glück, Kassandra kennenzulernen. Es war eine Veranstaltung, bei der Nelson Mandela den Zulu-King traf, den größten Landbesitzer Südafrikas. Kassandra, eine Inderin, die dem amerikanischen Showstar Ophrah zum Verwechseln ähnlich sieht, war in ihrer Funktion als Assistentin des Umweltministers dort.

Kurz nach unserer Ankunft in Kapstadt treffen wir sie, und sie lädt uns zu ihrer Freundin Arlene ein. Arlene ist mehrmals „Business-Woman of the Year" gewesen und mit wenigen Ausnahmen jedes Jahr regelmäßig zur besten Journalistin Südafrikas gekrönt worden. Sie verfaßt unter anderem ein Umweltmagazin zum Selbstkostenpreis und wohnt nur fünf Minuten von Gianni entfernt.

Beide Frauen sind nicht nur hochintelligent, sondern auch attraktiv und mit einer gehörigen Portion Humor ausgestattet. Und genau das ist die Mischung, die Gianni liebt. Als wir sie zusammenbringen, mögen sich alle drei auf Anhieb und stellen viele gemeinsame Interessen fest. Gianni hatte, ganz im Selbstverständnis des römischen Bürgers, eine zwanzig Seiten füllende juristische Abhandlung zum Baugesetz geschrieben, weil er dem Wildwuchs im Baugewerbe und der damit einhergehenden Zerstörung der Natur nicht tatenlos zusehen wollte. Als ich ihm nach kurzer Lektüre seines Werkes erkläre, daß das so kompliziert ist, daß selbst Juristen damit ihre Schwierigkeiten haben werden, guckt er mich verschmitzt an und erklärt, daß dies auch so gedacht sei. Danach würden ihm die Politiker aus der Hand fressen. Typisch Gianni.

Arlene hat über dieses Problem bereits einen Artikel in ihrem Magazin veröffentlicht, und Kassandra hat selbstverständlich auch einiges dazu zu sagen. So können wir als Gäste in Kapstadt einen Freundeskreis bilden, der sich nach unserer Abreise weiter entfaltet hat. Und das hat Gianni sehr gefallen.

Es ist einfach traumhaft. Mal lädt Arlene zum großen Fischgrillen ein, bei dem sich Gianni das Vorrecht des Maître de Cuisine natürlich nicht nehmen läßt. Das andere Mal sind wir dann wieder bei Gianni zu Gast. So geht es hin und her. Besonders beliebt sind die Leseabende, bei denen jeder mal an der Reihe ist, den anderen besonders pikante Kapitel vorzutragen. Oder Dezi Ray wird geladen, die südafrikanische Liza Minelli, und wir singen bis in die frühen Morgenstunden. Oder es wird einfach nur geschlemmt und dann bei klassischer Musik in gemütlicher Runde an Giannis Pool geplaudert. Es sind alles besondere Abende.

In dem ganzen Monat schaffen wir es nur einmal, aus diesem Traumleben auszubrechen. Grund ist der Weiße Hai, den wir uns nicht entgehen lassen wollen. Es gibt nur zwei Plätze auf dieser Erde, an denen man den Weißen Hai zu Gesicht bekommen kann. Bei Neptun Island in North-South-Wales, Australien, und Danger Point, nah dem Kap der Guten Hoffnung. Mark Marks, ein kalifornischer Student, der wegen seiner Doktorarbeit ans Kap gezogen ist, verkörpert genau das Gegenteil von dem, was wir uns unter einem Wissenschaftler vorstellen. Mit seinen langen Haaren und seinem durchtrainierten braunen Körper sieht er nicht nur aus wie ein kalifornischer „Surfdude", er hat auch dieses sonnige Gemüt, was nicht heißen soll, daß er seine Arbeit etwa nicht ernst nimmt. Er ist geradezu verrückt nach dem Weißen Hai und sicher einer der weni-

240

gen, der mehrmals mit dieser Freßmaschine tauchen gegangen ist und immer noch alle Gliedmaßen hat.

Sein Institut, eine Garage – wie kann es anders sein bei einem aufstrebenden kalifornischen Wissenschaftler – hängt voll mit Gebissen, Finnen und Robbenmodellen. Wenn er über das Urvieh zu referieren beginnt, das seit 300 Millionen Jahren unverändert Herrscher seines Lebensraums ist, glühen seine Augen vor Begeisterung.

Dummerweise entdeckten vor ein paar Jahren ein paar clevere Dorfbewohner, daß sich mit dem Ungeheuer aus der Tiefe Geld machen läßt. Nur ein paar Wochen später starteten die Touren, bei denen sich zahlungskräftige Touris dem thrill aussetzen können, in einem Drahtkäfig tauchend dem Weißen Hai zu begegnen.

Dieser Haitourismus hat Mark seine ganze Versuchsreihe zerstört. Die Haie, angelockt mit Walblut und Fischköder, galten für die Wissenschaft mehr oder weniger als nicht mehr in ihrer natürlichen Umgebung lebend, und Marks bisherige Doktorarbeit war für die Katz. Sein Kampf gegen die Vermarktung dieses Tiers hat ihn eine Stange Geld gekostet und viele Feinde im Dorf eingebracht. Zusammen mit ihm und seinem Freund André, dem mehrfachen südafrikanischen Meister im Harpunentauchen, unternehmen wir eine Tour.

Auf einem Boot des Natal Shark Board soll der POD getestet werden. Achtzehn verschiedene Weiße Haie zwischen drei und fünf Metern Größe bekommen wir zu sehen. Ein einzigartiger Tag, wie uns die Leute vom NSB am Abend versichern, denn sie haben auch schon einige Tage erlebt, an denen sie nur mal einen oder keinen zu Gesicht bekamen. Es ist wahnsinnig aufregend. Unter Marks souveräner Führung erleben wir den Weißen Hai von Angesicht zu Angesicht. Mal schnappt er direkt vor uns nach einem Köder, dann wiederum können wir ihm unter Wasser direkt in die Augen schauen. Wir ziehen es allerdings vor, dies aus Andrés Käfig heraus zu tun. Mark jedoch scheint auch ansonsten ein ganz besonderes Vertrauensverhältnis zu den Tierchen zu haben. Während wir uns schon sehr mutig fühlen, nur eine Armlänge von dem wild um sich schnappenden Maul entfernt zu sein, streichelt Mark ihnen immer mal den Kopf, während sie in den Köder beißen.

Dann überlegen wir uns einen netten Test, von dem Mark sofort begeistert ist. Richi spendiert seinen Taucheranzug, und wir füllen

Arme und Beine mit Luftballons. Leider fehlt uns für einen Arm die passende Luftfüllung, doch in irgendeiner tiefen Tasche wird noch ein Kondom gefunden. Wie praktisch. Es ist übrigens gar nicht so einfach aufzublasen. Dann bekommt unser Dummy noch ein Sponsor-T-Shirt angezogen und rein mit ihm ins haiverseuchte Gewässer.

Wir wollen testen, ob der Hai eine menschenähnliche Form angreift, die regungslos auf dem Wasser liegt. Es dauert keine zehn Minuten, bis sich „Jaws" nähert. Dreimal umkreist er sein Opfer, dann kommt er näher. Kurz bevor er vorbei ist, dreht er ruckartig und schnell seinen wirbellosen Körper um neunzig Grad und schnappt zu. Unter heftigen Schwanzschlägen reißt er unserem Dummy einen Arm ab und verschwindet.

Mark Marks ist überrascht. Damit hat er nicht gerechnet. Eigentlich ist er ein Anhänger der These, daß ein lebloses Objekt uninteressant für einen Hai sei. Doch schnell hat er eine Erklärung zur Hand.

„Ihr müßt das mal so sehen. Dieses Tier hat halt keine Hände und Finger, um zu fühlen, was da im Wasser treibt. Er hat eben nur ein Maul und beißt aus reinem Interesse. Er ist wie die meisten Lebewesen eben neugierig." – Na, wenn das so ist, kann der arme Hai einem ja fast schon leid tun. So ohne Hände.

Noch während Mark seine Theorie vom „tastenden" Tier entwickelt, schießt der Hai erneut empor, greift sich den auf dem Wasser treibenden Arm aus Gummi und verschluckt ihn. Mark ist verblüfft und ganz aus dem Häuschen. Dies ist eine Beobachtung, über die er gleich morgen eine Abhandlung schreiben will. Nach dem Dinner sitzen wir bei Mark mit den NSB-Leuten bis tief in die Nacht zusammen, bis wir irgendwann todmüde auf seinen Wohnzimmersofas zusammensinken.

Nicht nur in puncto Gastfreundschaft ist Kapstadt die Spitze unserer Tour. Die Natur mit ihren dolomitenähnlichen Gebirgen, die unglaubliche Vielfalt der Tierwelt vom Pinguin bis zum Elefanten, der Indische und der Atlantische Ozean, das europäische Klima, die Weingebiete und nicht zuletzt die Szene Kapstadts, die dem San Franzisko der sechziger Jahre ähnelt, abgefahren, trippig und mit viel

Live-Musik, sind es, die diesen Stop zu einem echten Highlight der Tour machen.

Um unsere Bordkasse ein wenig aufzufrischen und die Reparaturen zu bezahlen, verkaufen wir unsere Tauch- und Flugausrüstung. Doch auch dieses Geld neigt sich dem Ende, und unser Abschied wird mehr oder weniger erzwungen.

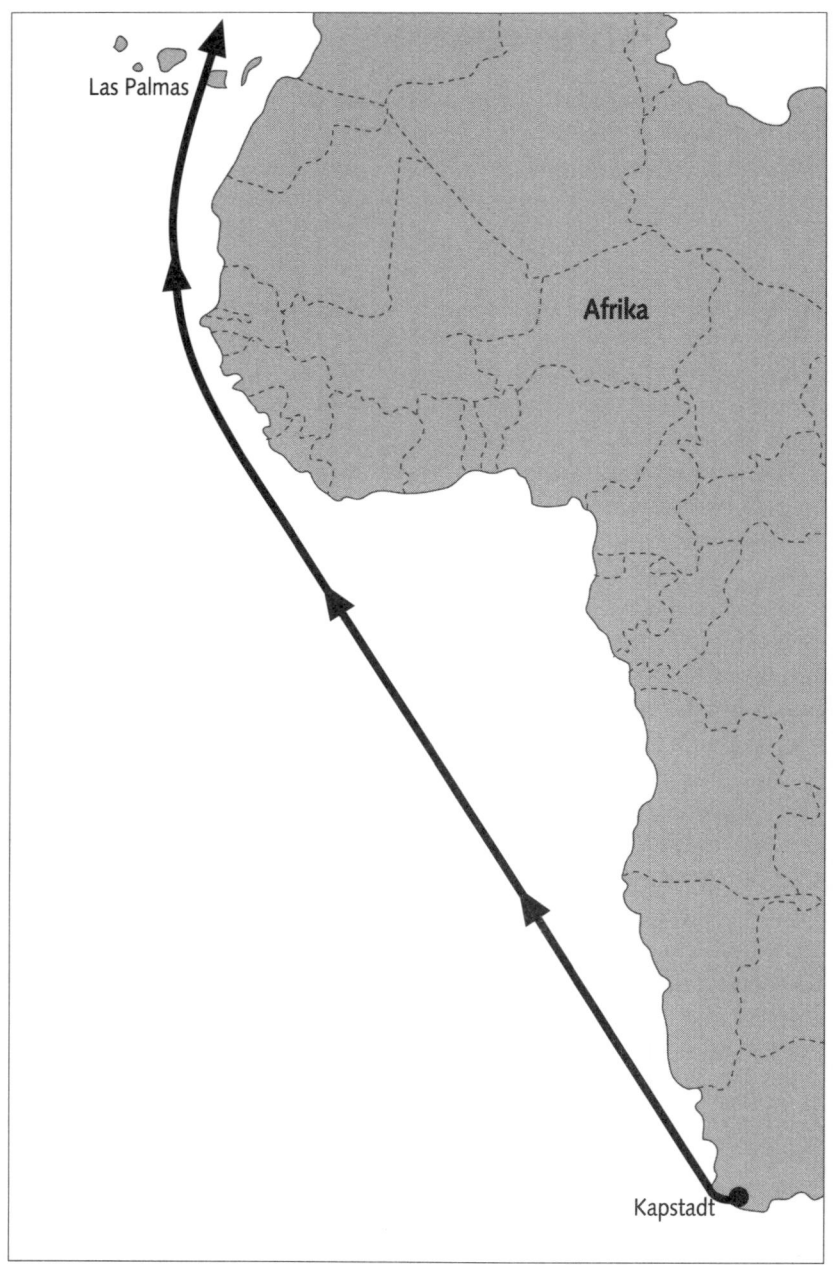

Die letzte Etappe

Wir sind aus der Bucht am Tafelberg ausgelaufen und werden von einem stetigen Südoster begrüßt, der uns von da an für zwei Wochen nicht mehr verlassen soll. Wir haben den Spinnaker gesetzt, und 240 m² Tuch treiben unsere BLUESHIP auf dem Weg nach Hause an.

Wir sind jetzt schon knapp über zwei Jahre unterwegs. Wie wird es sein, wenn wir zurückkommen? Haben wir uns verändert? Bald werden wir den großen Moment feiern können: Ausgangskurs gekreuzt. Welt umsegelt.

Wie wird das sein, wenn wir jetzt bald wirklich Weltumsegler sind? Nicht mal Wolle (W. Hausner), dessen Buch uns vor vierzehn Jahren den Anstoß zu dem Traum Weltumseglung gab, hatte es damals geschafft. Er hat seinen Kat kurz vor Beendigung seiner Weltumseglung aufs Great Barrier Reef gesetzt.

Kann uns jetzt auch noch so etwas passieren? Bei solchen Gedanken fällt mir das Einschlafen schwer. Jetzt, so kurz vor Schluß, sollten wir vielleicht das Schicksal nicht noch unnötig herausfordern und lieber Wache gehen. Die Vorstellung, nachts gegen ein anderes Schiff zu krachen, wird plastischer denn je. Aber ich beruhige mich damit, daß sich ja eigentlich gar nichts geändert hat. Und nur weil das jetzt unsere letzte Etappe ist, wird nicht plötzlich das Schiff untergehen.

Wir haben uns viel vorgenommen. Von Kapstadt bis Hamburg, über 8000 Seemeilen, fast 15000 km, wollen wir non-stop zurücklegen. Noch einen Superlativ zum Abschluß. Wir wollen auf Teufel komm raus Weihnachten zu Hause sein.

Während der zwei Wochen, in denen wir Tag und Nacht unter voller Beseglung der Heimat entgegenfliegen, haben wir viel Zeit. BLUESHIP fährt wie auf Schienen, ohne auch nur einmal unter die zehn Knoten zu gehen. Wir müssen so wenig an der Segelstellung ändern, daß wir ab und zu die Schoten minimal variieren, um die Belastung auf mehrere Stellen zu verteilen und das Durchscheuern zu vermeiden. Wir nutzen die Zeit zu einem Resümee.

„Sag' mal, bist du nicht auch der Meinung, daß sich unsere Träume mehr als erfüllt haben? Oder hast du noch irgendeinen Traum offen?"

Richi überlegt lange: „Eigentlich nicht. Besser hätte es nun wirklich nicht sein können." Noch eine Pause und dann rückt er raus mit seinem letzten Wunsch: „Also das einzige, ohne dabei vermessen sein zu wollen, ich bin wirklich mit allem zufrieden...", noch mal eine Pause, „also ich hätte noch gerne einen Blue Marlin gefangen."

Schon zweimal hatten wir diesen sagenumwobenen Fisch an der Angel gehabt. Diesen Fisch, der den Fischer in Hemingways „Der alte Mann und das Meer" hinauszieht und alles um sich herum vergessen läßt. Die größte Trophäe des Hochseefischens. Ihn zu fangen, war uns bisher nicht vergönnt gewesen. Beide Male hatte er unsere dicken Leinen zerrissen, als wären sie aus Papier gewesen. Das eine Mal war er steil aus dem Wasser emporgestiegen und hatte uns seinen herrlichen Flügel gezeigt.

„Ja, du hast recht. Das wär' noch schön gewesen." Ich klinge vielleicht etwas verärgert.

„Also versteh' mich nicht falsch. Ich bin voll zufrieden", und mit einem Grinsen fügt Richi hinzu, „aber gefangen hätt' ich dennoch gern einen."

Zwei Tage nach dieser Diskussion kommt Richi morgens zu mir in die Kajüte gelaufen. „Alten, wir haben einen Fisch". Ab und zu lassen wir auch nachts die Angelleinen draußen, doch nur einmal haben wir einen Fisch dabei gefangen. Ich springe aus dem Bett und ab nach draußen. Handschuh an und Leine einholen.

„Scheint ein dicker Brocken zu sein. Kämpfen tut der nicht mehr. Hängt wohl schon etwas länger."

Wir trauen unseren Augen nicht, als wir den Fisch auf unsere Plattform am Ende des Steuerbordschwimmers ziehen. Nur mit dem vorderen Drittel liegt er auf. Er ist zu groß und zu lang. Der Haken steckt im Horn des langen Schwerts. Er lebt noch. Ein, zwei Schläge gezielt auf den Hinterkopf, ein kurzes Zappeln, und dann glänzt der Schweif noch einmal kurz schillernd blau auf. Ein Blue Marlin. In ehrfurchtsvoller Stille holen wir ihn an Bord. Zu gut erinnern wir uns an unsere Unterhaltung vor ein paar Tagen. Von der Spitze bis zum Ende der Schwanzflosse mißt unser Marlin ganze 2,56 Meter.

„Da hast du deinen Marlin."

„Sag' mal, ist das noch normal, Dude? Das darf doch gar nicht wahr sein!" Richi ist außer sich vor Glück.

Doch es ist so. Vor uns liegt ein großer Blue Marlin. Quasi stellvertretend dafür, daß es da einen gibt, der auf uns aufpaßt und für den nichts unmöglich ist. Wir fallen zwar nicht auf die Knie und fangen an zu beten, aber uns ist klar, daß es Zufälle gibt, die keine sind. Dieses Abenteuer hat von Anfang an, vom Brückenrammer bis zum Blue Marlin, unter einem besonderen Stern gestanden.

Ein paar Tage später überqueren wir den Äquator. Zurück im Nordatlantik. Wir müssen wieder durch die Doldrums, ertragen noch einmal neun zermürbende Tage in einer Flaute, bevor wir den Nordostpassat erreichen. Zehn Tage später ist es geschafft: Wir kreuzen unseren Ausgangskurs. Wir sind Weltumsegler. Der Champuskorken knallt.

Wir schicken ein langes Telex nach Hause und zurück kommt eine Flut von Glückwunschtelegrammen. Wir feiern, hin und her gerissen zwischen überschäumender Freude und tiefem Glücksgefühl, fast die ganze Nacht durch.

Doch Hamburg erreichen wir nicht. Der Nordatlantik wird von einem Sturmtief nach dem anderen durchzogen. Es ist Dezember, und wir hören neben den Wettermeldungen von Schiffen in Seenot und Schneestürmen im Norden. Schwachsinn, jetzt da noch hoch zu wollen. Wir haben unsere Weltumseglung in der Tasche. Warum jetzt noch das Schiff riskieren? Was soll BLUESHIP im kalten, regnerischen Hamburg? Wieso nicht nach Las Palmas?

Kurzerhand ändern wir unsere Pläne und segeln am Rand eines Sturmtiefs den Kanaren entgegen. Bei der Ankunft ist keiner da. Zu kurzfristig war die Kursänderung und zu groß ist der Vorweihnachtsstreß.

Wir legen im Hafen von Las Palmas an der Tankstelle an. Wir wissen, daß wir hier die gute Seele des Hafens treffen. Pedro, dem die Tankstelle gehört, erklären wir kurz unsere Situation und sofort fragt er: „Wieviel Geld braucht ihr?" Ohne Diskussion und ohne etwas zu unterschreiben, gibt er uns aus seiner Kasse Peseten im Gegenwert von zweihundert Mark. Wie gut, daß es solche Leute gibt.

Während wir noch an der Tankstelle liegen, kommen ein paar Leute vorbei und gucken mehr oder weniger interessiert. Einer jedoch, der Ähnlichkeit mit einem Maestro hat, löst sich aus der Menge und kommt auf uns zu.

„Where do you come from?"

Als wir ihm erzählen, daß wir aus Kapstadt kommen, ist er erst mal platt. Als er dann aber noch hört, daß wir die Welt umsegelt haben und keiner gekommen ist, um uns willkommen zu heißen, tun wir ihm geradezu leid. Wir sollen später zu ihm an Bord kommen. Nachdem wir unsere Lady an ihrem Liegeplatz untergebracht haben, um ihr die wohlverdiente Ruhe zu gönnen, entern wir den Katamaran von Vladimir. Er ist kanadischer Architekt, und wir sind uns auf Anhieb sympathisch.

„Es ist genau das Richtige, was ihr getan habt. Guckt sie euch an, die Reichen dieser Welt. Meint ihr, die sind glücklich? Nein. Als Ted Turner begonnen hat, habe ich ihm Geld geliehen. Er war damals ein Mensch voller Tatendrang, und man konnte ihm ansehen, wie glücklich er war. Und jetzt? Er hat zwar Milliarden, aber schaut euch mal sein Gesicht an. Ich habe ihn schon lange nicht mehr lachen sehen. Ich glaube, er ist nicht mehr glücklich. Viele träumen von einer Weltumseglung, und es ist ihnen nicht vergönnt. Ihr seid zu beneiden."

Wir merken sofort, daß wir es hier mit einem Mann zu tun haben, der keinem Mensch etwas neidet. Er ist ein äußerst erfolgreicher Architekt Kanadas und es scheint, als hätte er in seinem Leben immer die Waage zwischen Fun und Business im Gleichgewicht gehalten.

Bei einem köstlichen Essen tauschen wir Anekdoten aus. Er ist auf dem Weg in die Karibik, und wir leihen ihm noch unser Inmarsat-C-System für die Überquerung. Ein wirklich beeindruckender Mann. Zum Abschluß lädt er uns dann noch ein. Wir sollen ihn besuchen, zum Skifahren in Kanada. Er hat dort ein ganzes Dorf entworfen. – Ist doch Ehrensache, daß wir eine solche Einladung nicht abweisen.

Einer ist dann doch noch aus der Heimat gekommen. Der Mann,

der uns in allen Teilen der Erde besucht hat. Nur zwei Tage, nachdem wir den Fuß wieder an Land gesetzt haben, steht Werner vor dem Boot mit Champus in der Hand. In einer feuchtfröhlichen Zeremonie lasse ich mir von den beiden mit dem großen Bolzenschneider meinen Ohrring vom Ohr schneiden, das trotz der etwas zu großen Schnittfläche für das Ringelein und der Wackelei noch dran bleibt. Die Seefahrerzeit ist jetzt erst mal vorbei.

Wiederum zwei Tage später fliegen wir auf dem Düsseldorfer Flughafen ein. Großer Bahnhof, viel Champagner, Umarmungen und Wiedersehenstränen ... und dann? Diese Frage scheint alle mehr zu interessieren als die eigentliche Weltumseglung. Wie ist das nach so einer langen Zeit? Kann man sich denn da einfach wieder so einleben? Die Antwort heißt schlicht: ja.

Wir haben zwei Jahre und zwei Monate die Welt umsegelt. Wir haben 42.000 Seemeilen zurückgelegt, fast 78.000 Kilometer. Nahezu zweimal den Erdumfang am Äquator.

Dabei haben wir die Zeit durchfahren. Wir haben sie erfahren, indem wir die 360 Längengrade durchsegelt sind mit der Durchschnittsgeschwindigkeit langsamer als ein Mofa. Dennoch haben wir einen ganzen Tag doppelt erlebt, als wir die Uhr an der Datumsgrenze 24 Stunden zurückdrehen mußten. Wir haben ein neues Zeitgefühl gewonnen und leben unser Leben seit dieser Zäsur noch bewußter.

Ein Leben im Leben leben. Wir haben es geschafft und sind uns sicher, auch die Herausforderungen und Schwierigkeiten, die unser altes beziehungsweise neues Leben bestimmt für uns bereithält, zu meistern. Wir wollen jeden Augenblick so genießen, wie es ihm gebührt. Leben im Jetzt und ganz dasein in der Gegenwart.

Es wird ohne Frage kein einfacher Wiedereinstieg werden. Aber schon bei den Indianern heißt es: Wo Wasser war, kommt Wasser hin.

Anhang

Technische Daten BLUESHIP	
Länge ü.A.:	14,70 m
Breite ü.A.:	8,05 m
Tiefgang:	1,30 m
Verdrängung:	ca. 15 t
Segelfläche am Wind:	130 m²
Segelfläche Spinnaker:	110-160 m²
Motoren:	2 x Vetus Peugeot 42 kw
Wasser- und Dieseltanks:	jeweils 2 x 200 Liter

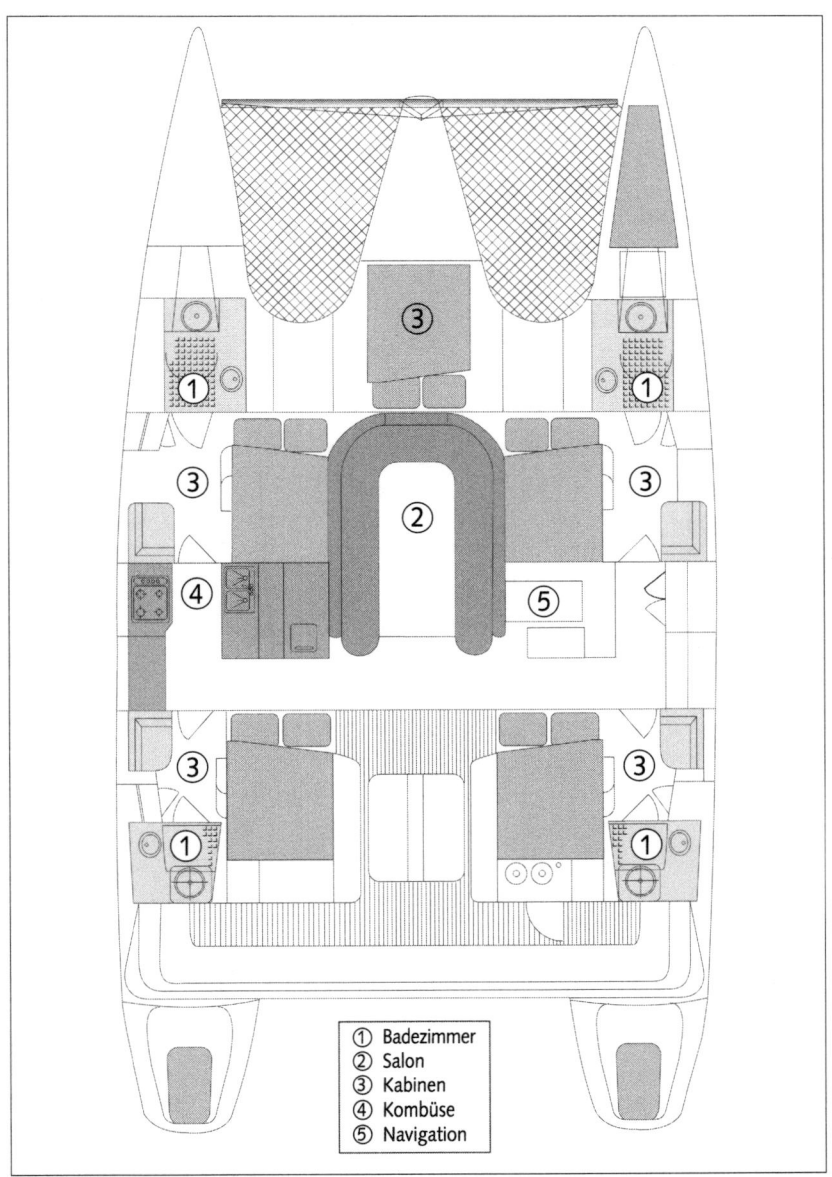

1. Badezimmer
2. Salon
3. Kabinen
4. Kombüse
5. Navigation

Danksagung

Danksagungen haben gemeinhin etwas Langweiliges für den Leser. Um unsere ein wenig interessanter zu gestalten, haben wir unsere Gönner in zeitliche Phasen eingeteilt.

In der „ante-navigare"-Phase gab es eigentlich niemanden, der uns sonderlich unterstützt hätte. Natürlich waren da hin und wieder Freunde, die uns mit Rat und auch mit Tat zur Seite standen. Aber finanziell waren wir auf uns selbst gestellt. Etliche Sponsoringbriefe blieben unbeantwortet oder wurden mit Zweizeilern abgehandelt. Wer sponsort auch schon zwei Laien, und noch dazu zwei offenbar Verrückte. Lediglich der WDR hatte sich bereit erklärt, regelmäßig über uns zu berichten, und uns aus diesem Grund eine Kamera zur Verfügung gestellt.

Während unserer Reise änderte sich die Situation radikal. Wir konnten uns nicht nur über echtes Firmensponsoring freuen, sondern auch über die Hilfe von Freunden, wobei hinter den unpersönlichen Firmennamen natürlich auch Freunde stehen, die sich persönlich für uns eingesetzt haben.

Die Electronic Arts konnte durch eine persönliche Freundschaft meines Bruders Markus gewonnen werden und nahm uns in ihre EA-Sport-Familie auf. Verbunden war diese Adoption mit einem ansehnlichen Geldbetrag, der völlig unbürokratisch, ohne schriftlich fixierte Gegenleistung, bereitgestellt wurde. Selbstverständlich wurden danach alle Filmaufnahmen immer in EA-Shirts gemacht und selbst der Weiße Hai kam nicht umhin, einen großen Testbiß ins weiß-rote EA-Sportslogo zu tätigen.

Ähnlich verhielt es sich mit der Firma Zentis. Ein Freund aus der Heimatstadt half ebenso unbürokratisch. Gelder und Konfitüre wurden zu unserem Wohlbefinden bereitgestellt. Übrigens haben wir auch hier den „shark-Test" durchgeführt: Eine Feinschmeckerkonfitüre von Zentis wurde auf einem kleinen Schwimmtablett dem Weißen Hai im direkten Vergleich mit einem blutenden Haifischköder dargeboten. Wir waren alle überrascht – insbesondere Mark Marks –, als sich der Hai ohne viel Zaudern über die rote Erdbeerkonfitüre hermachte. Es hat ihm so gut geschmeckt, daß er unser Tablett gleich mitgefressen hat. Zentis gehört auch jetzt noch, in der „post-navigare"-Phase, zu den aktiven Sponsoren unseres Abenteuers.

Doch was wären all diese Erlebnisse, wenn da nicht die Telemaz gewesen wäre, die alle Filme auf dem Profisystem Beta gesichert hat. Insbesondere in der „post-navigare"-Phase hat sich die Telemaz hervorgetan. So konnte Richi ständig die Schneidetische nutzen und unseren Film vorbereiten. Als dann noch die verrückte Idee auftauchte, zu der Musik auch noch einen Clip zu drehen, hat Jürgen Bertrams, einer der Gesellschafter der Telemaz, einfach nur freudig genickt: „Klasse Idee, Jungs. Dann macht mal." Selbstverständlich wurde in seinem Studio gedreht, mit seinem Kameramann und ebenso selbstverständlich umsonst. Den Vogel hat Jürgen aber damit abgeschossen, daß er über dieses Buch in Zusammenarbeit mit meinem Bruder Markus einen Werbefilm machen will.

Die Musik hat die Chroma, ein Studio aus unserer Heimatstadt, mit viel Geduld produziert. Auch hier wurde das Studio samt Techniker und Musikern in der Hoffnung auf zukünftige Erfolge kostenlos bereitgestellt.

Sogar eine BLUESHIP-Modelinie ist entstanden. Dies verdanken wir der Firma Pro-Idee.

Klaus Kern von der Fa. Kern-Haus danken wir für die hervorragenden Kontakte, die er uns vermittelt hat, und hoffen auf ein schönes Haus, wenn wir uns doch noch zur Seßhaftigkeit entschließen sollten.

Bei all diesen Firmen wollen wir uns an dieser Stelle herzlich bedanken.

Und nun zu den Freunden. Dem aufmerksamen Leser werden zwei Personen sicher nicht entgangen sein: Mein Bruder Markus und unser Freund Werner. Die beiden ragen aus dem Kreis der Helfer und Mitstreiter heraus. Sie haben mit ihrem persönlichen Einsatz die Reise tatkräftig unterstützt. Und dann sind da auch Andreas, Jan und Arno zu nennen, die unkompliziert geholfen haben, als es zwischendurch eng wurde. Paul, der als Nachrichtenoffizier in der Heimat über einen Rechner eine Verbindung zu unserem Inmarsat-C-System aufgebaut und dadurch die Kommunikation mit den Daheimgebliebenen ermöglicht hat. Dirk, der in der anfangs schwierigen „post-navigare"-Phase einfach ein Büro mit Telefon in der Mitte Berlins zur Verfügung gestellt hat. Und natürlich auch Gila, die beim Schreiben des Buchs sowie als geduldige Zuhörerin mit Verbesserungsvorschlägen mitgeholfen hat.

Tja, und wer hilft wohl am meisten und ist hier noch nicht erwähnt? Natürlich die Eltern und Geschwister. Die Eltern wandelten sich von Blockierern in der „ante-navigare"-Phase – was nur zu verständlich war – zu großartigen Helfern in der „post-navigare"-Phase. Ihnen und unseren Geschwistern, insbesondere Richis Schwester Tina, möchten wir noch einmal auf diesem Wege ganz herzlich danken.

Jetzt hoffen wir natürlich, daß wir keinen vergessen haben, was ja schrecklich peinlich wäre. Vorbeugend möchten wir uns daher auch bei denen bedanken, die hier nicht erwähnt sind und uns dennoch geholfen haben.

Glossar

Da nicht jeder Leser mit der Fachsprache der Segler etwas anfangen kann, erklären wir hier die Begriffe, die sonst eventuell schwer zu verstehen sind.

Ablaufend Wasser: Bei Ebbe läuft das Wasser weg, bei Flut kommt es wieder (auflaufend Wasser).

Achterliek: Hintere Kante eines Segels.

Achterstag: Spannt den Mast nach hinten (= achtern) ab, damit er nicht nach vorne (zum Bug) fallen kann.

Achterwant: Spannt den Mast zur Seite und leicht nach hinten ab.

Auf der Kreuz: Ständiges Wenden (= das Schiff mit der Nase durch den Wind drehen).

Beschickungstabellen: Korrekturwerte, um einen Wert von seinen (bekannten) Fehlern zu befreien.

Dekompression: Druckausgleich, der beim Tauchen, Fliegen oder Bergsteigen erforderlich ist, damit es nicht in den Ohren dröhnt.

Echolot: Tiefenmesser.

Etmal: Die Strecke, die man innerhalb von 24 Stunden zurückgelegt hat.

Halse: Beliebtes Manöver, um unbeliebte Menschen über Bord zu befördern, da das Großsegel mit viel Wucht in Kopfhöhe von einer Seite zur anderen schwingt. Eigentlicher Sinn liegt aber darin, das Heck eines Schiffes durch den Wind zu bringen.

Kentern, durchkentern: Eines der unangenehmsten und vor allem nie geplanten Manöver: Das Schiff kippt um bzw. dreht sich um 180°, so daß der Mast zum Meeresboden und der Rumpf in den Himmel zeigt.

Killen: Klingt dramatischer, als es ist (kann aber trotzdem nervtötend sein, und schlecht fürs Material ist es obendrein): die Segel flattern.

Klampe: Herrliche Stolperfalle an Deck, dient zum Belegen (= Festmachen) der Schoten und anderer Leinen.

Knoten: Geschwindigkeitseinheit. 1 Knoten = 1 Seemeile pro Stunde (1 Seemeile = 1,852 Kilometer).

Koppeln: Den Schiffsstandort durch genaues Mitschreiben von Kurs und Geschwindigkeit ermitteln.

Mißweisung: Abweichung zwischen dem geographischen und dem durch die Kompaßnadel angezeigten magnetischen Nordpol.

Radeffekt: Durch die Drehrichtung der Schiffsschraube verursachtes heimtückisches Wegdrehen des Schiffes.

Schäkel: Praktischer, verschließbarer Bügel in nahezu allen Größen.

Sextant: Instrument zum Winkelmessen. Nahezu jeder Segler, der etwas auf sich hält, läßt sich mit dem Sextanten vor dem Auge fotografieren. Um mit dem Winkel auch etwas anfangen zu können, muß man diverse Tabellen und Rechnungen bemühen, um ihn in eine Position umzurechnen.

Wahrer Wind: Die im Stillstand beobachtete Windrichtung und -stärke. Leider fährt man ja meist auf einem Schiff, so daß man den dort gemessenen Wind erst umrechnen muß.

Winsch: Besonders auf Regattayachten beeindruckende Winden, die ein kräftesparendes Bedienen der Segel ermöglichen.

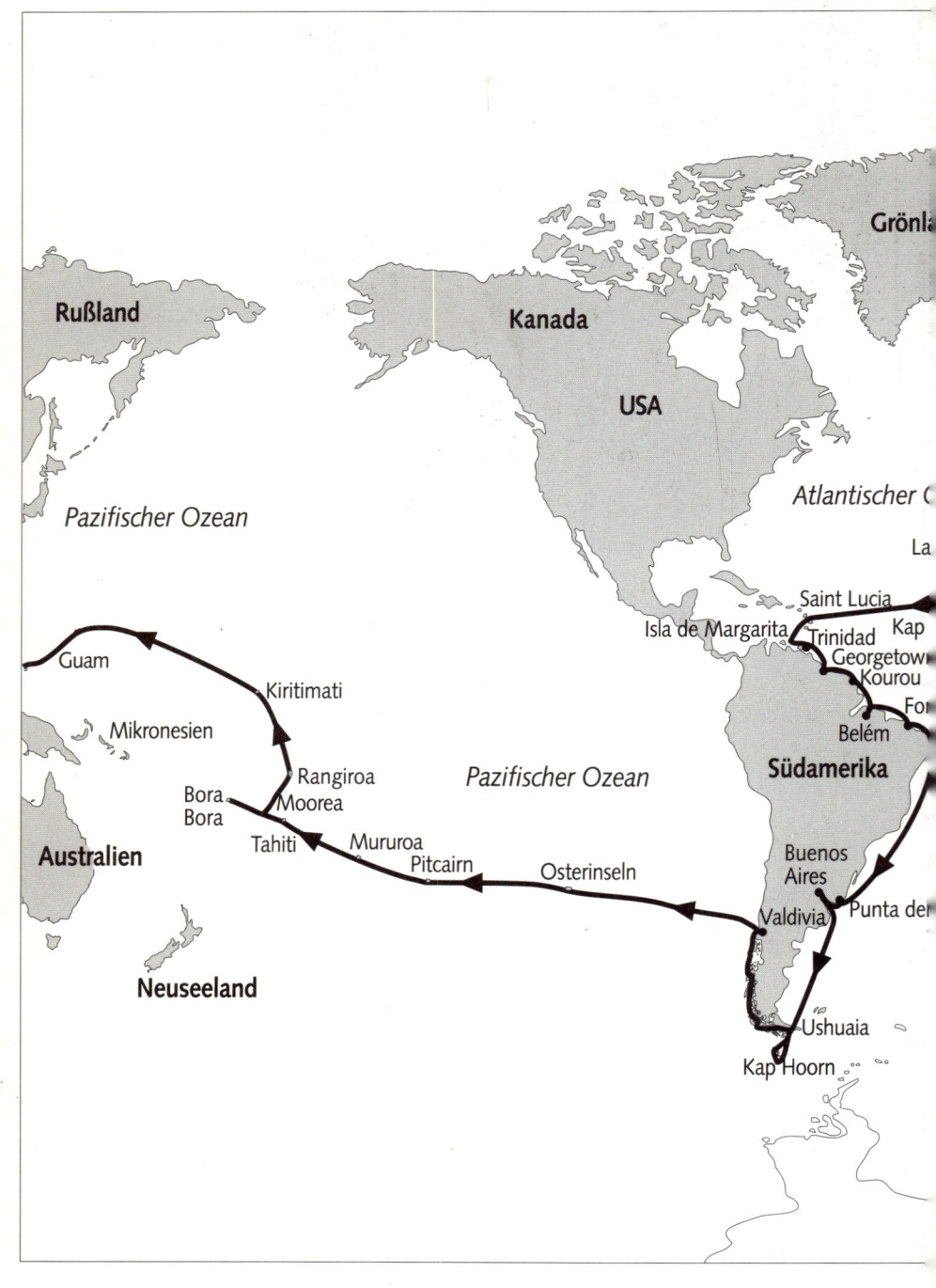